国家卫生健康委员会“十四五”规划教材

全国高等学校教材

供医学检验技术专业用

临床免疫学检验技术实验指导

第2版

主　　编　陈　敏

副 主 编　张国军　田兆菊

编　　委（以姓氏笔画为序）

王雪松　北华大学医学技术学院
王瑜敏　温州医科大学附属第一医院
牛　倩　四川大学华西医院
田兆菊　山东第一医科大学
皮　江　广东医科大学
朱小飞　河南医药大学
许　方　大连医科大学附属第二医院
李　妍　吉林医药学院
张国军　首都医科大学附属北京天坛医院
陈　敏　福建医科大学
林锦骠　上海交通大学医学院附属同仁医院
周　骁　中南大学湘雅三医院
黄金兰　福建医科大学附属第一医院
黄俊琼　遵义医科大学附属医院
董作亮　天津医科大学总医院

编写秘书　吴　娟　福建医科大学

人民卫生出版社

·北　京·

图书在版编目（CIP）数据

临床免疫学检验技术实验指导 / 陈敏主编. -- 2 版.
北京 ：人民卫生出版社，2025. 8. --（全国高等学校医学检验专业第七轮暨医学检验技术专业第二轮规划教材）.
ISBN 978-7-117-38459-9

Ⅰ. R446. 6

中国国家版本馆 CIP 数据核字第 2025MG3390 号

临床免疫学检验技术实验指导

Linchuang Mianyixue Jianyanjishu Shiyan Zhidao

第 2 版

主　　编：陈　敏
出版发行：人民卫生出版社（中继线 010-59780011）
地　　址：北京市朝阳区潘家园南里 19 号
邮　　编：100021
E - mail：pmph @ pmph.com
购书热线：010-59787592　010-59787584　010-65264830
印　　刷：人卫印务（北京）有限公司
经　　销：新华书店
开　　本：787 × 1092　1/16　　印张：12　　插页：1
字　　数：300 千字
版　　次：2015 年 2 月第 1 版　　2025 年 8 月第 2 版
印　　次：2025 年 9 月第 1 次印刷
标准书号：ISBN 978-7-117-38459-9
定　　价：45.00 元
打击盗版举报电话：010-59787491　E-mail：WQ @ pmph.com
质量问题联系电话：010-59787234　E-mail：zhiliang @ pmph.com
数字融合服务电话：4001118166　E-mail：zengzhi @ pmph.com

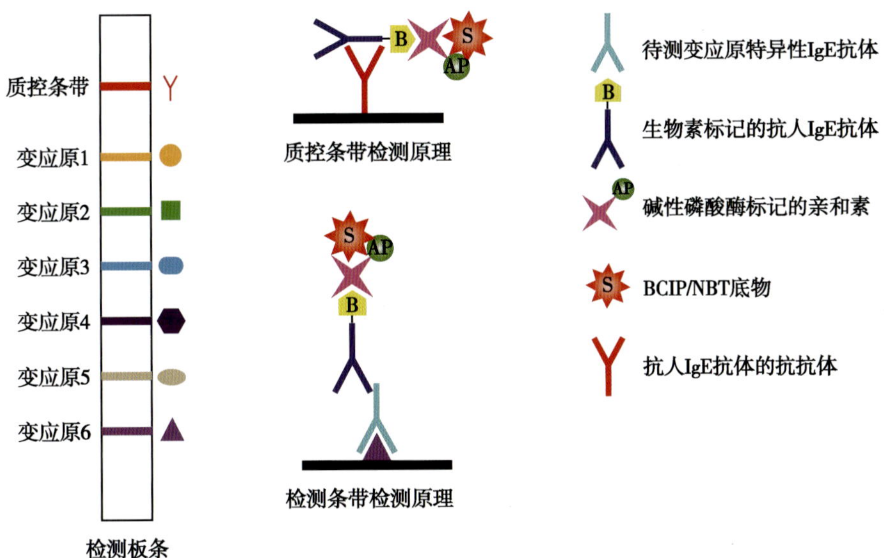

图 10-3　血清特异性 IgE 抗体检测原理示意图

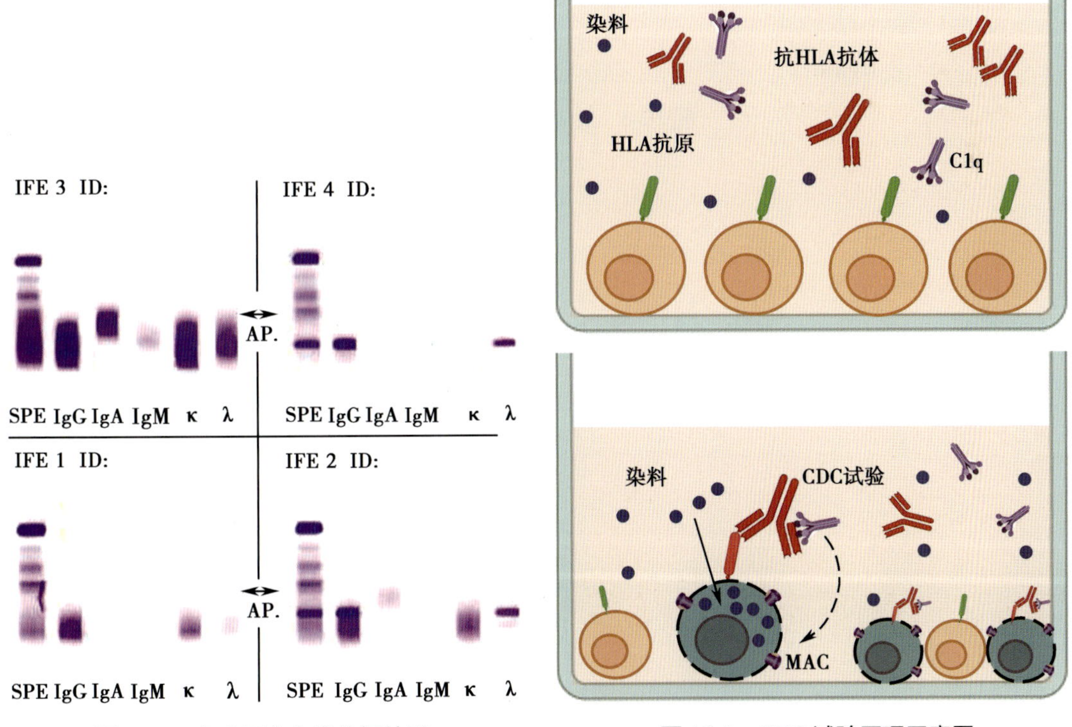

图 12-1　免疫固定电泳分析结果

图 15-1　CDC 试验原理示意图

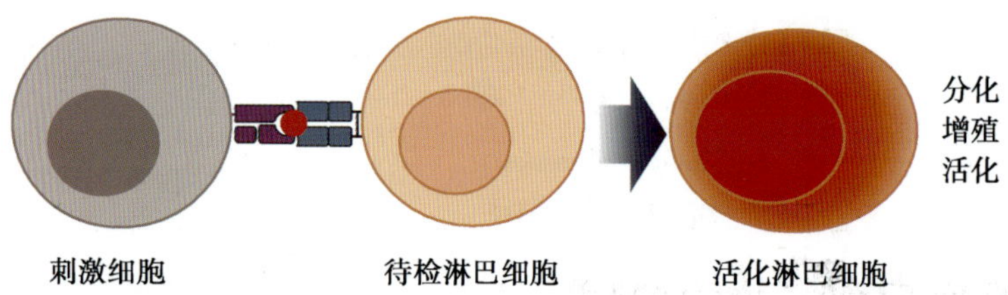

图 15-2 单向 MLC 原理示意图

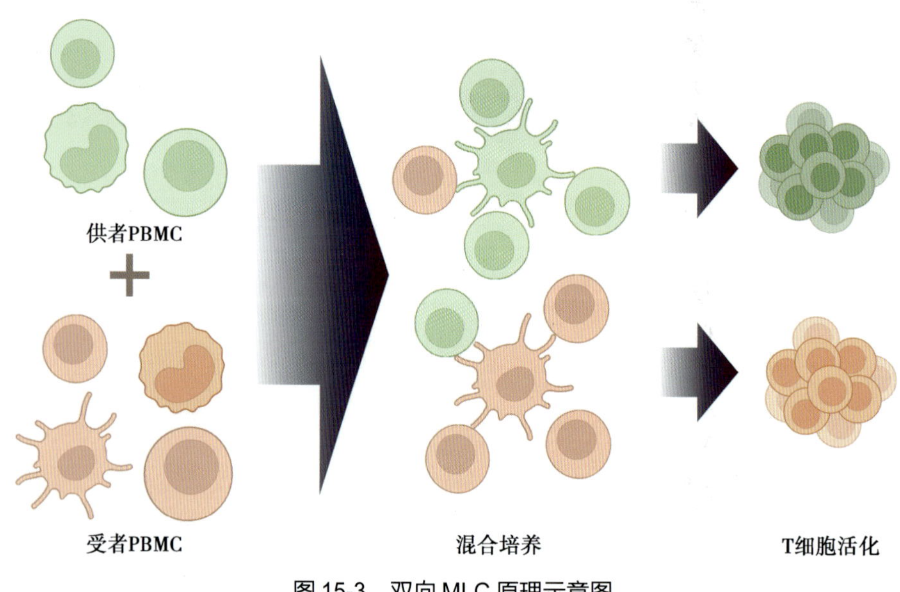

图 15-3 双向 MLC 原理示意图

新形态教材使用说明

新形态教材是充分利用多种形式的数字资源及现代信息技术，通过二维码将纸书内容与数字资源进行深度融合的教材。本套教材全部以新形态教材形式出版，每本教材均配有特色的数字资源，读者阅读纸书时可以扫描二维码，获取数字资源。

获取数字资源的步骤

1. 扫描封底红标二维码，获取图书“使用说明”。

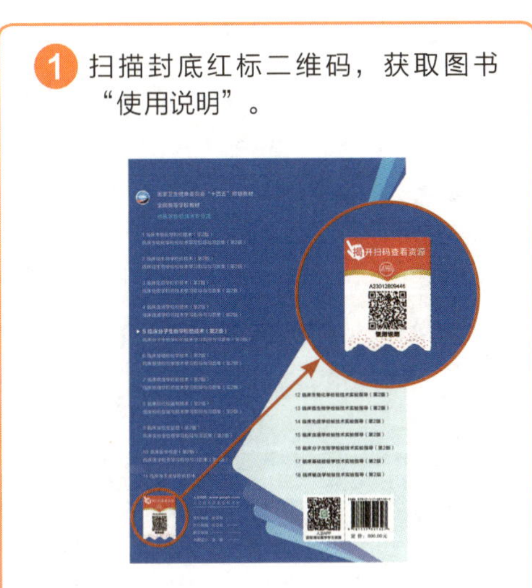

2. 揭开红标，扫描绿标激活码，注册/登录人卫账号获取数字资源。

3. 扫描书内二维码或封底绿标激活码随时查看数字资源。

4. 登录 zengzhi.ipmph.com 或下载应用体验更多功能和服务。

客户服务热线 400-111-8166

读者信息反馈方式

欢迎登录“人卫 e 教”平台官网“medu.pmph.com”，在首页注册登录后，即可通过输入书名书号或主编姓名等关键字，查询我社已出版教材，并可对该教材进行读者反馈、图书纠错、撰写书评以及分享资源等。

全国高等学校医学检验专业第七轮暨医学检验技术专业第二轮规划教材修订说明

我国高等医学检验专业建设始于20世纪80年代初，人民卫生出版社于1989年出版了第一套医学检验专业规划教材，共5个品种。至2012年出版的第五轮医学检验专业规划教材，已经形成由理论教材与配套实验指导和习题集组成的比较成熟的教材体系。2012年，教育部对《普通高等学校本科专业目录》进行了调整，将医学检验专业（五年制）改为医学检验技术专业（四年制），隶属医学技术类，授予理学学士学位。人民卫生出版社于2013年启动了新一轮教材的编写，在2015年推出了全国高等学校医学检验专业第六轮暨医学检验技术专业第一轮规划教材，对医学检验技术专业的发展起到了非常关键的引领和规范作用。

进入新时代，在推进健康中国建设，从“以治病为中心”向“以健康为中心”的转变过程中，医学检验技术专业的发展面临更多机遇与挑战。《国务院办公厅关于加快医学教育创新发展的指导意见》中明确指出，要推进医工、医理、医文学科交叉融合，加强“医学+X”多学科背景的复合型创新拔尖人才培养。党的二十大报告也提出，要加强基础学科、新兴学科、交叉学科建设。医学检验技术属于典型的交叉学科，医工、医理结合紧密，发展迅速，学科内容不断扩增，社会需求不断增加，目前开设本专业的本科院校已增加到160余所，广大院校对教材建设也提出了新需求。

为促进教育、科技、人才一体化发展，人民卫生出版社在与教育部高等学校教学指导委员会医学技术类专业教学指导委员会、全国高等医学院校医学检验专业校际协作理事会联合对第一轮医学检验技术专业规划教材的使用情况进行广泛调研的基础上，启动全国高等学校医学检验专业第七轮暨医学检验技术专业第二轮规划教材的编写修订工作。

本轮教材的修订和编写特点如下：

1. 坚持立德树人，满足社会需求　从教材顶层设计到编写的各环节，始终坚持面向需求凝炼教材内容，以立德树人为根本任务，以为党育人、为国育才为根本目标。在专业内容中有机融入思政元素，体现我国医学检验学科40多年取得的辉煌成就，培育具有爱国、创新、求实、奉献精神的医学检验技术专业人才。

2. 优化教材体系，服务学科建设　为了更好地适应医学检验技术专业教育教学改革，体现学科特点，提升专业人才培养质量，本轮教材将原作为理论教材配套的实验指导类教材纳入规划教材体系，突出本专业的技术属性；第一轮教材将医学检验专业规划教材中的

《临床寄生虫检验》相关内容并入《临床基础检验学技术》，根据调研反馈意见，本轮另编《临床寄生虫学检验技术》，以适应院校教学实际需要。

3. 坚持编写原则，打造精品教材 本轮教材编写立足医学检验技术专业四年制本科教育，坚持教材"三基"（基础理论、基本知识、基本技能）、"五性"（思想性、科学性、先进性、启发性、适用性）和"三特定"（特定目标、特定对象、特定限制）的编写原则。严格控制纸质教材字数，突出重点；注重内容整体优化，尽量避免套系内教材内容的交叉重复；提升全套教材印刷质量，全彩教材使用便于书写、不反光的纸张。

4. 建设新形态教材，服务数字化转型 为进一步满足医学检验技术专业教育数字化需求，更好地实现理论与实践结合，本轮教材采用纸质教材与数字内容融合出版的形式，实现教材的数字化开发，全面推进新形态教材建设。根据教学实际需求，突出医学检验学科特色资源建设、支持教学深度应用，有效服务线上教学、混合式教学等教学模式，推进医学检验技术专业的智慧智能智育发展。

全国高等学校医学检验专业第七轮暨医学检验技术专业第二轮规划教材共 18 种，均为国家卫生健康委员会"十四五"规划教材。将于 2025 年出版发行，数字内容也将同步上线。希望广大院校在使用过程中能多提供宝贵意见，反馈使用信息，为第三轮教材的修订工作建言献策，提高教材质量。

主编简介

陈　敏

教授，硕士研究生导师。现任福建医科大学临床免疫教研室主任；兼任福建省生物医学工程学会副理事长，福建省医学会第八届和第九届检验医学分会副主任委员、临床免疫学组副组长，福建省微生物学会首届临床微生物专业委员会副主任委员。曾任福建医科大学医学检验系主任。

从事医学检验教学与科研工作39年，担任国家级一流本科课程“临床免疫学与检验”负责人，福建省复合型医学检验人才培养模式创新实验区和医学检验技术实验教学示范中心负责人；国家级一流本科专业、福建省特色专业与本科高校医学检验专业综合改革试点等3个专业建设点的重要骨干成员。主要研究方向为自身免疫病及检验，主持完成福建省自然科学基金、省科技厅和教育厅等研究项目13项，参与国家自然科学基金项目2项，在国内外学术期刊发表论文73篇，其中SCI收录25篇。主持福建省重大教育教学改革项目，获评省级优秀案例，入选《福建省本科高校教育教学研究典型案例汇编》（第三册）。两次获得福建省教学成果奖二等奖，副主编、参编教材8部。

副主编简介

张国军

教授，博士研究生导师。首都医科大学附属北京天坛医院实验诊断中心主任、国家药品监督管理局体外诊断试剂质量控制重点实验室主任、“十四五”国家重点研发计划首席科学家、北京市免疫试剂临床工程技术研究中心主任，首都劳动奖章获得者。兼任中华医学会检验医学分会委员、中华医学会微生物与免疫学分会委员、中国生物医学工程学会医学检验工程分会主任委员、北京市住院医师规范化培训专业委员会检验医学科分会主任委员等。

主持“十四五”国家重点研发计划、国家自然科学基金、北京市自然科学基金联合基金重点项目、“首都医学发展科研基金”重点项目等课题20余项，主编、副主编书籍15部，获国家授权发明专利7项、软件著作权1项。

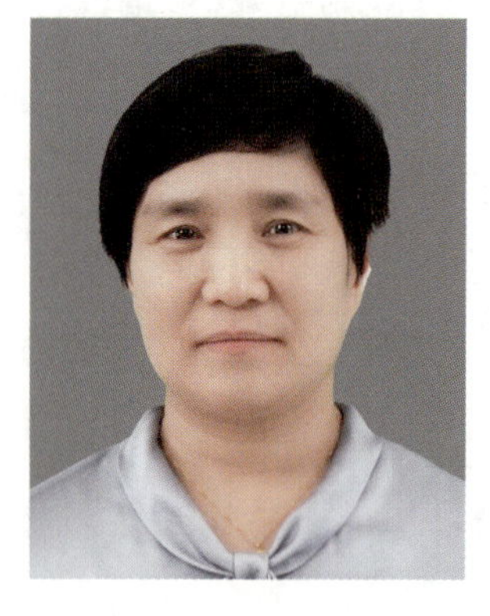

田兆菊

教授，硕士研究生导师。山东第一医科大学医学检验技术专业负责人，国家级和山东省医学检验技术一流专业建设点主要成员。兼任山东省医院协会临床检验专业委员会委员等。

从事教学工作至今19年。主要研究方向为细胞因子与临床疾病，主持省级科研项目2项，发表科研论文20余篇，SCI收录5篇。为校级精品课程、一流课程负责人，省级优秀教学团队和一流课程主要成员。主持省级重点教研项目1项，参与编写教材5部。

前　言

本书是医学检验技术专业核心课程“临床免疫学检验技术”的实验课教材，也可作为独立设置的专业实验课教材。《临床免疫学检验技术实验指导》第 1 版于 2015 年出版，在使用过程中取得了良好的教学效果，得到了广大师生的好评。

本书在保留上一版教材主要内容和结构框架的基础上，以“加强基础、注重综合、体现先进、突出创新”的教学理念为指导，遵循“三基五性三特定”的编写原则，将实验教学内容精简、模块化，在保留必要的经典实验项目基础上，适当引入新技术、新方法及其临床应用，增加综合性实验项目比例。每单元都提供设计性实验的问题背景资料、实验设计提示和小组讨论提纲，并在各免疫学技术单元增加了自动化免疫检测仪器的临床实验室见习内容。以期通过基础验证性实验、综合应用性实验、研究设计性实验、临床实践性见习等多层次、多类型实验技术训练，满足学生多元化学习的需求。另外，选择代表性的免疫学技术与临床应用项目制作了实验流程和操作视频，充分体现本教材的实用性和指导性。使学生能够系统掌握免疫学检验技术类型、方法原理和实验设计思路，熟悉免疫学检验的常用技术方法及其在临床的实际应用，更好地巩固所学的理论知识，激发学生的探究精神，培养严谨的科学态度和创新思维，提升学生分析问题、解决问题的高阶思维能力。

本书的编写得到了各参编者单位和临床免疫学检验技术同行的大力支持。数字资源制作过程中，相关单位和同行积极协助，尤其在实验操作视频的拍摄工作中给予了大力支持。对于教材参与者的辛苦付出，在此一并致以诚挚的感谢！

现代免疫学检验技术发展日新月异，新技术和新指标不断涌现，但考虑到教学实验的可操作性和临床的实际应用性，本书仅选择具有代表性的免疫学检验技术方法和临床项目进行编排。因编者的认识水平有限，难免有疏漏和不足之处，恳请广大师生和同仁对本书提出宝贵的意见和建议，以便今后进一步完善和提升。

陈　敏

2025 年 3 月

目 录

第一单元　免疫凝集试验……1
验证实验一　直接凝集试验……1
验证实验二　间接凝集试验……3
综合实验　细菌抗原与其抗体的凝集试验……4
设计实验　不完全抗体检测实验设计……8

第二单元　免疫沉淀试验……10
验证实验一　双向免疫扩散试验……10
验证实验二　单向免疫扩散试验……12
综合实验　免疫电泳试验……14
设计实验　免疫浊度测定实验设计……16
临床见习　全自动特定蛋白分析系统……16

第三单元　抗体制备技术……23
综合实验一　溶血素的制备……23
综合实验二　兔抗人全血清的制备……25
综合实验三　抗体的纯化……27
设计实验　单克隆抗体制备……29

第四单元　荧光免疫试验……31
验证实验一　间接免疫荧光试验……31
验证实验二　抗双链 DNA 抗体检测……33
综合实验　荧光标记抗体的制备……35
设计实验　抗中性粒细胞胞质抗体检测实验设计……37
临床见习　荧光免疫分析系统……38

第五单元　酶免疫试验……44
验证实验一　酶联免疫吸附试验……44
验证实验二　酶免疫组织化学技术……46
设计实验一　定量酶免疫分析中标准曲线数学模型的建立……48
设计实验二　酶联免疫试剂盒的研制……53
临床见习　全自动酶免疫分析系统……54

第六单元 其他免疫标记技术…… 60
验证实验一 胶体金免疫层析试验…… 60
验证实验二 免疫印迹试验…… 61
设计实验 免疫印迹增敏实验…… 64
临床见习 全自动化学发光免疫分析系统…… 64

第七单元 免疫细胞检测技术…… 71
验证实验一 外周血单个核细胞的分离…… 71
验证实验二 T 淋巴细胞增殖试验…… 72
综合实验 T 淋巴细胞亚群检测…… 75
设计实验 白细胞杀菌能力测定实验设计…… 78
临床见习 流式细胞分析系统…… 79

第八单元 其他免疫物质检测实验…… 87
验证实验一 血清总补体活性测定…… 87
验证实验二 血清循环免疫复合物检测…… 90
设计实验 细胞因子检测实验设计…… 92

第九单元 感染性疾病免疫检测…… 95
验证实验一 梅毒螺旋体抗体检测…… 95
验证实验二 乙型肝炎表面抗体检测…… 100
设计实验 TORCH 感染检测实验设计…… 102

第十单元 超敏反应性疾病免疫检测…… 105
验证实验一 血清总 IgE 抗体检测…… 105
验证实验二 血清特异性 IgE 抗体检测…… 108
设计实验 变应原筛查实验设计…… 111

第十一单元 自身免疫病免疫检测…… 113
验证实验一 可提取性核抗原抗体谱检测…… 113
验证实验二 抗环瓜氨酸肽抗体检测…… 117
设计实验 自身抗体筛查实验设计…… 120

第十二单元 免疫增殖性疾病免疫检测…… 122
验证实验一 尿本周蛋白检测…… 122
设计实验 M 蛋白检测实验设计…… 123
临床见习 自动免疫固定电泳系统…… 125

第十三单元 免疫缺陷病免疫检测…… 130
验证实验一 人类免疫缺陷病毒抗体筛查试验…… 130

验证实验二　人类免疫缺陷病毒抗体确证试验（免疫印迹法）…… 132
设计实验　细胞免疫缺陷检测实验设计…… 135

第十四单元　肿瘤免疫检测…… 137
验证实验一　甲胎蛋白定量检测…… 137
验证实验二　EB 病毒衣壳抗原 IgA 抗体检测…… 139
设计实验　肿瘤标志物诊断性能评价…… 141

第十五单元　移植免疫检测…… 144
验证实验一　微量淋巴细胞毒试验…… 144
验证实验二　混合淋巴细胞培养试验…… 147
设计实验　移植排斥反应监测实验设计…… 150

第十六单元　免疫试剂盒说明书阅读及性能评价…… 152
实验一　检测限验证实验…… 154
实验二　精密度验证实验…… 156
实验三　可报告范围验证实验…… 161
实验四　特异性验证实验…… 164
实验五　参考区间评价实验…… 166
附：免疫试剂盒说明书基本要求…… 169

附录…… 172
附录 1　免疫学实验常用试剂的配制方法…… 172
附录 2　临床免疫实验室主要检测技术平台和检验项目…… 176

第一单元 免疫凝集试验

免疫凝集试验是一种经典的血清学反应，它是指细菌、红细胞、螺旋体和寄生虫等颗粒性抗原或表面包被可溶性抗原（或抗体）的颗粒性载体与相应抗体（或抗原）特异性结合后，在适当电解质存在下，出现肉眼可见的凝集现象。参与凝集反应的抗原称为凝集原，参与凝集反应的抗体称为凝集素。免疫凝集试验可分为直接凝集试验和间接凝集试验两大类型，由于方法简便，操作简单，在临床中被广泛应用于细菌鉴定、菌种分型、ABO 血型鉴定以及抗体效价测定等方面。

验证实验一　直接凝集试验

直接凝集试验（direct agglutination test）是指细菌、红细胞、螺旋体和寄生虫等颗粒性抗原与相应抗体直接反应，在适当电解质存在下，出现肉眼可见的凝集现象。直接凝集试验可以用已知抗原检测未知抗体，也可以用已知抗体检测未知抗原。常用的实验方法有玻片法和试管法两种。本实验以肥达试验（Widal test）检测抗体效价为例介绍试管凝集试验。

【实验目的】

掌握直接凝集试验的原理和操作步骤，熟悉结果判断的正确方法，了解直接凝集试验的临床应用及检测意义。

【实验原理】

将已知的颗粒性抗原（伤寒沙门菌 O 抗原）定量加入倍比稀释的待测血清中，根据各稀释血清的凝集情况，判定血清中有无相应抗体，并判断抗体的效价。

【试剂与器材】

1. 抗原　伤寒沙门菌 O 抗原诊断菌液（7×10^8/ml）。

2. 抗体　将待检伤寒沙门菌的免疫血清或疑似感染伤寒沙门菌的待测血清用生理盐水做 1∶20 稀释（生理盐水 3.8ml 加待测血清 0.2ml 混匀）。

3. 其他　生理盐水、试管架、试管、刻度吸管、吸耳球、微量加样器、吸头、恒温水浴箱等。

【操作步骤】

1. 试管准备　取干燥、洁净试管 7 支排列于试管架上，依次编号做好标记；在每支试管中各加入生理盐水 0.5ml。

2. 血清倍比稀释　取 1∶20 稀释的待测血清 0.5ml 加入第 1 支试管，充分混匀后吸取 0.5ml 加入第 2 支试管，混匀后吸取 0.5ml 加入第 3 支试管，以此类推，至第 6 支试管，第 6 支试管混匀后吸取 0.5ml 弃去，第 7 支试管不加待测血清，作为阴性对照。此时，第 1～6 支试管中血清的稀释度依次为 1∶40、1∶80、1∶160、1∶320、1∶640、1∶1 280，血清倍比稀释方法见表 1-1。

3. 加诊断菌液 在上述第 1～7 支试管中各加入伤寒沙门菌 O 抗原诊断菌液 0.5ml，混匀，此时，第 1～6 支试管中血清的最终稀释度依次为 1∶80、1∶160、1∶320、1∶640、1∶1 280、1∶2 560。

表 1-1 试管凝集试验操作程序

试管号	1	2	3	4	5	6	7
生理盐水 /ml	0.5	0.5	0.5	0.5	0.5	0.5	0.5
待测血清 /ml	0.5 →	0.5 →	0.5 →	0.5 →	0.5 →	0.5 →	弃去
伤寒沙门菌 O 抗原诊断菌液 /ml	0.5	0.5	0.5	0.5	0.5	0.5	0.5
血清稀释度	1∶80	1∶160	1∶320	1∶640	1∶1 280	1∶2 560	阴性对照

4. 水浴 将上述试管置于 37℃水浴中反应 2～4 小时，取出并观察结果，或室温过夜，次日观察结果。

【结果判断】

将试管置于良好光源中，在黑色背景映衬下，先不要振摇试管，观察管底部凝集物的范围和上清液的浊度，然后轻摇试管或用手指轻弹管壁，使凝集物悬浮，观察悬液浊度和凝集块的大小，分别用 ++++、+++、++、+、− 等符号记录凝集现象。

1. 阴性对照管 无凝集现象，可见管底沉淀物边缘规整，呈圆形聚集状，轻轻摇动试管，细菌分散，上清液变得均匀、混浊。

2. 实验管 伤寒沙门菌 O 抗原凝集物呈颗粒状，轻摇时不易散开，往往黏附于管底；H 抗原凝集物呈棉絮状，轻摇时易悬浮和离散。

根据凝集程度，凝集试验结果可分为以下五级：

++++：上清液澄清、透明，细菌全部凝集，管底形成大的片状凝集物。

+++：上清液较透明，细菌大部分（约 75%）凝集，管底形成片状凝集物，较小而薄。

++：上清液较混浊，约 50% 的细菌凝集并沉于管底，管底出现凝集环。

+：上清液混浊，仅少量细菌（约 25%）参与凝集，管底可见沉积的细菌周边有稀疏、点状的凝集物。

−：振摇试管前，细菌沉于管底呈边缘光滑的圆点，无凝集现象。轻摇试管后，上清液变得混浊，浊度与阴性对照管相似。

3. 血清抗体效价 血清抗体效价（又称为血清抗体滴度）是指对待测抗体标本做一系列倍比稀释后，与相应抗原进行反应，以出现阳性反应的血清的最高稀释度作为抗体效价（或滴度）。血清抗体效价代表待测血清中抗体的含量，血清抗体效价越高，说明抗体含量越多。实验管中凝集试验结果出现“++”以上的凝集现象即可判断为阳性，以出现“++”凝集现象的血清的最高稀释度为该待测血清的抗体效价。

一般认为 O 抗原的抗体效价在 1∶80 以上，H 抗原的抗体效价在 1∶160 以上，有辅助诊断意义。

【实验讨论】

1. 肥达试验 1896年，Widal利用伤寒患者的血清与伤寒沙门菌发生特异性凝集现象，有效地诊断了伤寒病，故命名肥达试验。肥达试验是一种经典的半定量试管凝集试验，临床上主要用已知的伤寒沙门菌的O、H抗原和甲、乙、丙型副伤寒沙门菌的H抗原，与患者血清做半定量凝集试验，以测定患者血清中有无相应抗体存在，并判断抗体效价，作为伤寒、副伤寒诊断的参考，以辅助伤寒、副伤寒患者的治疗、预后判断以及流行病学调查。

实验中，加伤寒、副伤寒诊断菌液时，最好先从第7支低浓度试管开始，倒数往前加，以免将高浓度的血清带入低浓度的试管里，导致结果不准确。试验结束后，将试管及吸头进行消毒灭菌。

免疫凝集试验只有在抗原与抗体比例适当时，才能出现肉眼可见的凝集现象。一般情况下，随着血清浓度的逐渐稀释，凝集反应越来越弱，但在抗体浓度过高时反而无凝集现象出现，称为前带现象。在临床检测中，如果待测血清中抗体浓度过高，常出现阴性反应结果，称为高剂量钩状效应，此时可以将待测血清进行稀释，然后重新测定。

2. 玻片凝集试验 玻片凝集试验是一种定性实验方法。如下以测定ABO血型为例介绍玻片凝集试验。

取清洁载玻片1张，用记号笔分别标记抗-A、抗-B，然后，用滴管加入抗-A和抗-B分型血清各1滴于载玻片标记对应处，再用滴管在标记处分别加入受检者10%红细胞盐水悬液1滴，混匀。将载玻片不断地轻轻转动，使血清与红细胞充分混匀，持续约15分钟。肉眼观察有无凝集现象。肉眼观察不够清晰者，可在低倍镜下观察。

玻片法简单，不需要特殊设备，适用于大规模血型普查。临床上，鉴定血型的方法还有微柱凝胶血型检测卡法。

3. 外斐反应（Weil-Felix reaction）又称为变形杆菌OXk凝集反应，是一种直接试管凝集试验。其基本原理是变形杆菌属的X19、X2和Xk菌株的O抗原（OX19、OX2和OXk）与斑疹伤寒立克次体和恙虫病东方体有共同抗原，可利用这些菌株的O抗原代替立克次体抗原与患者血清进行交叉凝集反应，用于检测患者血清中相应抗体，辅助诊断斑疹伤寒、恙虫病等立克次体病。其实验步骤与肥达试验相似，在此不再赘述。

验证实验二 间接凝集试验

间接凝集试验（indirect agglutination test）是将可溶性抗原（或抗体）先吸附于适当大小的颗粒性载体（如正常人的O型红细胞、细菌等）上，使之成为致敏的载体颗粒，然后与相应抗体（或抗原）反应，在适宜电解质存在的条件下，出现肉眼可见的凝集现象。常用的载体有动物或人的红细胞、聚苯乙烯胶乳颗粒、明胶颗粒、活性炭等。由于载体颗粒增大了可溶性抗原的反应面积，当载体颗粒上吸附的抗原与微量抗体结合后，可出现肉眼可见的凝集现象，其敏感性比直接凝集试验明显提高。本实验以胶乳凝集试验检测类风湿因子为例介绍间接凝集试验。

【实验目的】

掌握间接凝集试验的原理和操作步骤，熟悉结果判断的正确方法，了解间接凝集试验的临床应用及检测意义。

【实验原理】

类风湿因子(rheumatoid factor, RF)是一种抗变性 IgG 的自身抗体,可以与人或动物的变性 IgG 结合。聚苯乙烯胶乳颗粒具有很强的蛋白质吸附能力,将抗原(变性 IgG)与胶乳颗粒结合形成致敏的胶乳颗粒,致敏的胶乳颗粒与待测标本中的抗体(RF)结合,可出现肉眼可见的凝集现象,据此判断待测标本中有无抗体存在。

【试剂与器材】

1. **抗原** 人 IgG 致敏胶乳试剂(市售类风湿因子检测试剂)。

2. **阴性对照、阳性对照** 即类风湿因子阴性血清和阳性血清,可从临床标本筛选获得。

3. **抗体** 待测血清。

4. **其他** 反应纸卡、标记笔、一次性塑料滴管、微量加样器、吸头、试管、试管架、恒温水浴箱等。

【操作步骤】

1. **试剂准备** 实验前预先将试剂盒从冰箱取出,放置室温(18～25℃)平衡 30 分钟。并核对致敏的胶乳试剂、阳性对照和阴性对照血清。

2. **稀释待测血清** 用生理盐水 380μl 加待测血清 20μl 混匀,即为 1∶20 稀释的待测血清。

3. **加样** 先在反应纸卡上做标记,然后取待测血清、阴性对照和阳性对照血清各 1 滴(或 50μl),分别加在相应标记的反应纸卡黑色反应圈内。

4. **加胶乳抗原试剂** 轻轻混匀胶乳试剂,在上述反应纸卡黑色反应圈内各加 1 滴(或 50μl)胶乳试剂。

5. **反应** 用塑料棒搅匀,轻轻摇动反应板使胶乳抗原与血清样本充分混匀,2～3 分钟后观察结果。

【结果判断】

在阳性对照血清出现凝集颗粒,阴性对照无凝集颗粒的情况下,待测血清若出现凝集颗粒且液体澄清者为阳性反应,若不出现凝集颗粒,仍保持均匀胶乳状者为阴性反应。

【实验讨论】

1. 胶乳凝集试验方法简便、快速,但易发生非特异性凝集反应,试分析如何辨别实验的特异性和非特异性凝集反应。

2. 判断凝集或凝集程度除目测外,是否还有其他方法?

3. 请根据本法设计定量或半定量检测方法。

综合实验 细菌抗原与其抗体的凝集试验

【实验目的】

掌握细菌抗原与其抗体的凝集试验的原理和操作方法,熟悉结果判断的正确方法,了解该方法的临床应用及检测意义。

【实验原理】

将培养制备的细菌抗原灭活后，按照一定剂量和途径注入健康动物机体后，该抗原刺激动物引起免疫应答，诱导B淋巴细胞分化为浆细胞，分泌产生抗体。抗体主要存在于血清中，经多次抗原注射后，血清中的抗体水平达到一定浓度，然后采集动物血液，分离血清，从而获得该细菌抗原的抗血清，即抗体。用该抗体与细菌抗原进行反应，即为凝集反应。

【试剂与器材】

1. 菌种　伤寒沙门菌O901和伤寒沙门菌H901菌株。

2. 动物　体重2～3kg、6月龄左右的健康家兔。

3. 培养基　细菌普通肉汤培养液、细菌普通固体培养基。

4. 试剂　二甲苯、无菌生理盐水、0.5%无菌甲醛盐水、0.5%无菌石炭酸盐水、3%戊巴比妥钠等。

5. 器械　细菌接种环、16号钢质注射针头（或7号留置针）、无菌注射器、研钵、兔子固定架，灭菌三角烧瓶（200ml）和烧杯（200ml）、平皿（直径9cm）等。

6. 仪器　37℃恒温培养箱、37℃恒温气浴（或水浴）振荡培养箱、低温高速大容量离心机（水平转子，配50ml离心管转子）。

7. 其他　酒精棉、脱脂棉、塑料放血管、纱布、800ml细菌培养用克氏培养瓶、标准麦氏比浊管和50ml圆底离心管或100～500ml细菌离心瓶。

【操作步骤】

1. 细菌抗原的制备

（1）O901菌液的制备：复苏冷冻保存的伤寒沙门菌O901菌株，传代于普通固体培养基上（直径9cm平皿）。37℃恒温培养18～24小时后用无菌生理盐水洗涤细菌，然后接种于预先制备的克氏培养瓶（普通固体培养基）中，使菌液正好铺满整个固体培养基表面。37℃培养18～24小时后，用无菌0.5%石炭酸盐水（具有灭菌作用）冲洗刮下菌苔，分装于100～500ml无菌三角烧瓶中，置于37℃恒温培养箱内，250r/min振荡过夜。第二天用接种环取少量菌液，接种固体培养基，经37℃培养18～24小时后，如未见细菌生长，即可使用。将菌液分装于50ml圆底离心管或100～500ml离心瓶。5 000r/min离心5分钟收集细菌，置于4℃环境下备用。

（2）H901菌液的制备：将冷冻保存的伤寒沙门菌H901菌株复苏，按照上述方法扩增细菌，用无菌甲醛生理盐水冲洗菌苔，同制备O901菌液一样，进行细菌灭活鉴定，如无细菌生长，即可收集细菌，置于4℃环境下备用。

（3）O901和H901菌液应用液的制备：将准备好的上述菌液与麦氏比浊管比色，将菌液用无菌生理盐水稀释至浓度为1×10^9/ml。在菌液中加入适量甲醛（使其终浓度为0.25%，有利于长期保存），保存于4℃冰箱（一般不超过一年）。

（4）麦氏比浊管的配制和应用：使用商品化麦氏比浊管，或自备材料配制。先分别配制1%硫酸溶液及1%氯化钡溶液，然后取色泽、质地和口径一致的中号试管10支，按表1-2配制比浊液，用乙醇喷灯封口，标明每管号码，此为标准比浊管。将备用的菌液用生理盐水按一定比例稀释，然后与标准比浊管进行浊度比较，观察其浊度最接近哪一管，最后将比浊管相当的细菌数乘以稀释度，即得出每毫升中所含细菌的数量。

表 1-2 麦氏比浊管的配制方法

试管号	1	2	3	4	5	6	7	8	9	10
1% $BaCl_2$/ml	0.1	0.2	0.3	0.4	0.5	0.6	0.7	0.8	0.9	1.0
1% H_2SO_4/ml	9.9	9.8	9.7	9.6	9.5	9.4	9.3	9.2	9.1	9.0
相当的细菌数/($\times10^9\cdot ml^{-1}$)	3	6	9	12	15	18	21	24	27	30

2. 免疫家兔

（1）免疫前采集家兔静脉血，分离血清：免疫开始前采集 5ml 家兔耳静脉血，分离血清，取适量血清与 O901 和 H901 菌液分别进行凝集试验（参见本单元验证实验一相关内容），观察有无天然抗体。如无凝集或凝集效价 <1∶100，说明动物适宜制备抗体。余下血清置于 −20℃冰箱保存，作为后续实验的阴性对照血清。

（2）细菌抗原（O901 和 H901 菌液）免疫家兔：将稀释后的 O901 和 H901 菌液（1×10^9/ml）按表 1-3 进行家兔皮内和耳缘静脉注射免疫。

表 1-3 家兔 O901 和 H901 菌液抗原免疫程序

免疫程序	第 1 天	第 2 天	第 3 天	第 4 天	第 5 天
免疫剂量 /ml	0.1	0.2	0.3	0.5	1.0
免疫途径	多点皮内	耳缘静脉	耳缘静脉	耳缘静脉	耳缘静脉

于第 5 次免疫 2 天后，自家兔耳缘静脉采血 1ml，分离血清。与对应的免疫用菌液做试管凝集试验，如凝集效价≥1∶2 560，即为免疫成功。若效价远低于 1∶2 560，则还需要继续加强免疫 1～2 次，直至达到理想效价。

3. 免疫血清的采集与保存

（1）家兔采血常用的方法

1）耳缘静脉或耳中央动脉采血：将家兔麻醉后固定于兔台架，剪去耳中央动脉边缘的兔毛，用二甲苯涂抹耳郭，使耳中央动脉血管充分扩张、充血。用肝素浸泡的 16 号无菌针头（也可采用 7 号留置针）插入扩张的耳中央动脉，每次可收集 30～50ml 血液。最后用无菌干棉球压迫止血，此法可反复多次放血。该法获得的血量中等，一般每只家兔可以采血 50ml，且可反复采血。

2）心脏采血：将家兔仰卧固定在固定板上，把左侧心区部位的被毛剪去，用碘酒、乙醇消毒皮肤。用左手触摸到肋间心搏，右手持装有针头的注射器，选择心搏最强处穿刺进针，当针头正确刺入心脏后，血液依靠心搏的力量自然进入注射器中，即可采集血液。该法可以采较多的血量，约 70～80ml，但技术要求较高，家兔也容易发生心脏压塞而导致死亡。

3）颈动脉采血：采用颈动脉暴露分离手术。采血前将家兔麻醉并固定于兔台架，暴露颈部皮肤，按照局部无菌操作法要求切开颈侧皮肤，分离出颈动脉。根据所需血量选择针头和注射器，可使用连有 6 号针头的注射器，沿与血管平行向心方向将注射针刺入血管，可见动脉血流入注射器。也可在剥离的动脉两端夹上止血钳，剪断动脉，将动脉断端放入试管内，缓慢放开近心端止血钳，将血液引流到试管里。注意：放血过快会导致动物休克，影响采血量。该法获得的血量最多，约 100～150ml，但不能反复采血。

本实验可以采用颈动脉采血或心脏采血。

（2）分离血清：将收集的血液置于室温下 1 小时左右，凝固后置于 4℃冰箱过夜，充分析出血清，用玻璃棒剥离后以 4 000r/min 离心 10 分钟，吸出血清。注意：采血与分离血清应保持无菌状态。

（3）保存血清：血清置于 4℃环境下保存备用，或用于进一步纯化。如需长期保存，可用 0.45μm 滤膜过滤除菌，−80℃保存，也可将抗血清冷冻干燥后保存。

4. 抗体的鉴定 抗体鉴定主要包括：抗体效价鉴定、特异性鉴定和亲合力等方面的评价。鉴定方法多种多样，具体可参考《临床免疫学检验技术》（第 2 版）第三章。本实验根据现有的实验室条件，采用简单实验室方法进行鉴定。

（1）效价鉴定：免疫血清的效价是指血清中所含抗体的浓度或含量，可以用相对效价或者绝对定量表示。测定抗体效价的方法很多，包括试管凝集试验、双向免疫扩散试验、酶联免疫吸附试验和间接免疫荧光试验等。具体方法参见第一、第二、第四和第五单元。

（2）特异性鉴定：抗体的特异性是指抗体对相应抗原及结构相似抗原的识别能力，以交叉反应率来表示。交叉反应率用竞争抑制曲线来判断。特异性的鉴定通常以不同浓度的抗原和相似抗原物质分别与抗体做竞争抑制试验，计算各自的结合率（B/T 或 B/B_0），求出各自在半抑制浓度（IC_{50}）时的浓度，按下列公式计算交叉反应率：

$S=y/y'\times 100\%$（S：交叉反应率；y：IC_{50} 时抗原浓度；y'：IC_{50} 时近似抗原物质的浓度）。

如果所用抗原 IC_{50} 浓度为 pg/ 管，而一些近似抗原物质的 IC_{50} 浓度几乎是无穷大时，表示这一抗血清与其他抗原物质的交叉反应率近似为 0，即该血清的特异性较好。

例如：用伤寒沙门菌 O 抗原包被微孔板，将制备的伤寒沙门菌 O 抗原的免疫血清分别与一定量的鼠伤寒沙门菌菌体抗原或伤寒沙门菌 O 抗原混合，置于 37℃恒温箱 30 分钟，然后将混合液分别加入微孔板孔，置于 37℃恒温箱 30 分钟，洗涤后加入辣根过氧化物酶标记的鼠抗兔免疫球蛋白抗体，37℃反应 30 分钟，洗涤后加底物（四甲基联苯胺）显色，加终止液终止反应，用酶标仪在 450nm 波长处读取吸光度（absorbance，A）值。按照公式 $y=yo[A-A^1]/[A^0-A]$ 计算，式中 yo 指抗原浓度介于 0 和饱和值之间的任意值，A 是抗原浓度为 yo 时的吸光度，A^1 是抗原达到饱和时的吸光度，A^0 是没有添加抗原时的吸光度，y 为样品吸光度达到最大吸光度一半时的抗原浓度。抗体的特异性用交叉反应率（S）表示。

（3）亲和力测定：亲和力是指抗体与抗原结合的强度，常以亲和常数（K）表示。K 的单位是 L/mol，通常 K 的范围在 10^8～10^{10}L/mol。抗体亲和力的测定对抗体的筛选、确定抗体的用途、验证抗体的均一性等均有重要意义。

具体步骤如下：分别取 5mg/L 和 10mg/L 抗原包被微孔板，添加不同浓度的免疫血清，置于 37℃恒温箱 60 分钟，洗涤后加入辣根过氧化物酶标记的鼠抗兔免疫球蛋白抗体，37℃下反应 30 分钟，洗涤后加底物（四甲基联苯胺）显色，加终止液终止反应，用酶标仪在 450nm 波长处读取 A 值。以抗体浓度为横坐标，以 A 值为纵坐标，得到关于抗体的两条反应曲线。以每条反应曲线上部平坦段及最大吸光度作为 100%，在曲线上查到样品吸光度达到最大吸光度 50% 时所对应的抗体浓度，然后按照公式计算：$K=(n-1)/[2(Ab_1-Ab)]$，式中 Ab_1 指包被抗原浓度为 5mg/L 时经酶联免疫吸附试验（ELISA）反应后样品吸光度达到最大吸光度 50% 时所对应的抗体浓度，Ab 指包被抗原浓度为 10mg/L 时经 ELISA 反应后样品吸光度达到最大吸光度 50% 时所对应的抗体浓度（n=2）。

【结果判断】

通过试血、采血与分离血清及凝集试验，可分别观察O901、H901菌液与相应的免疫血清是否出现凝集反应，如果效价分别≥1∶2 560和≥1∶32说明免疫比较成功。具体的凝集试验结果的判读请参见本单元验证实验一相关内容。

【实验讨论】

1. 细菌抗原、细胞抗原等均为颗粒性抗原，该种抗原的抗血清制备比较简单，而且获得的免疫血清效价高。而蛋白质、多糖等可溶性抗原免疫血清的制备相对困难，经常会出现效价不高的问题。究其原因首先可能与抗原和佐剂没有达到油包水的理想状态，导致免疫效果不佳有关。其次是免疫程序不合理，有的实验室采用每周注射抗原免疫的方法来免疫，动物体内产生的抗体与注射的抗原相结合，导致抗原被清除，而达不到免疫效果。

2. 结合本实验进一步思考以下问题

（1）如何观察免疫效果？试分析实验结果欠佳或实验失败的原因。

（2）为什么颗粒性抗原可以直接通过静脉途径注射免疫，而可溶性抗原要与佐剂一同免疫？

（3）评估本实验抗原制备是否达到要求？动物状态如何？采血方式是否合理？

设计实验　不完全抗体检测实验设计

不完全抗体是相对于完全抗体而言的。完全抗体是指与相应抗原特异性地结合后在一定条件下可出现肉眼可见的免疫学反应的抗体；不完全抗体是指与相应抗原结合后在一定条件下不出现可见的免疫学反应的抗体。完全抗体具有完整的Ig分子结构，经酶水解后可产生片段Fab或F（ab′），而这两种片段可表现出不完全抗体的作用，所以不完全抗体可以理解为完全抗体的某些片段。

【问题背景资料】

完全抗体与相应抗原作用后，出现可见的抗原-抗体反应，但有些分子较小的抗体如7S的IgG，体积小、长度短，可以与相应抗原结合，但不出现可见的免疫学现象。在血液疾病或输血时经常会遇到这类抗体，如抗红细胞Rh抗原的抗体是一种典型的不完全抗体，这种抗红细胞的不完全抗体是引起输血不良反应的主要原因之一，故有必要设计检测不完全抗体，特别是针对红细胞抗原的不完全抗体的检测方法。

【实验设计提示】

红细胞为颗粒性抗原，与相应的抗体结合后在适宜电解质存在的条件下应出现肉眼可见的凝集现象。但是抗红细胞的不完全抗体与红细胞结合后，因抗体分子小，不能有效地连接红细胞，仅使红细胞处于致敏状态，不出现肉眼可见的凝集现象。实验设计的基本思路是采用红细胞作为凝集原，创造条件，设法使致敏的红细胞靠近、聚拢、凝集，出现肉眼可见的凝集现象，达到对抗红细胞的不完全抗体进行检测的目的。

【小组讨论提纲】

1. 凝集试验可分为哪两个阶段？其中可见反应阶段主要受哪些因素影响？可否根据

影响因素，通过设置低离子强度介质，以降低红细胞的 Zeta 电位，以及加入高价阳离子盐类，以中和红细胞表面负电荷等方法，来促使红细胞凝集？此时又如何判断是特异性凝集还是非特异性凝集？

2. 红细胞表面的不完全抗体是 IgG，即免疫球蛋白，此时若在反应体系中加入抗人免疫球蛋白，会出现何种结果？抗人免疫球蛋白如何制备？

3. 如何检测与红细胞结合和血清中未与红细胞结合的不完全抗体？

（田兆菊）

02单元

第二单元 免疫沉淀试验

沉淀反应(precipitation)是可溶性抗原与相应抗体在电解质存在的条件下发生特异性结合,在二者比例适当处形成肉眼可见的沉淀现象。沉淀反应分为两个阶段,第一阶段为抗原抗体特异性结合阶段,此阶段可以在几秒到几十秒内完成,形成不可见的可溶性免疫复合物。第二阶段为形成可见的免疫复合物阶段,反应较慢,需要几十分钟到数小时完成,受抗原抗体比例、分子大小、亲合力、电解质浓度和反应温度的影响,沉淀反应中可根据此阶段形成的沉淀线或沉淀环来判断结果。沉淀反应根据反应介质和检测方法的不同,可分为凝胶内免疫沉淀反应和液相免疫沉淀反应。凝胶内免疫沉淀试验包括免疫扩散试验和免疫电泳技术,液相免疫沉淀试验包括环状免疫沉淀试验、絮状免疫沉淀试验和免疫浊度测定。凝胶内免疫沉淀试验是利用可溶性抗原和相应抗体在凝胶中扩散,形成浓度梯度,在抗原抗体相遇并且比例适当的位置形成肉眼可见的沉淀线或沉淀环。常用的凝胶包括琼脂、琼脂糖、聚丙烯酰胺凝胶等。适宜浓度的凝胶实际是一种固相化的缓冲液,呈网络结构,将水分固相化,单独的抗原抗体分子在凝胶内自由扩散如同在液体内自由运动,抗原-抗体复合物由于分子量超过凝胶网孔的限度而被固定在凝胶中,形成沉淀线。本单元重点介绍免疫扩散试验、免疫电泳试验和全自动特定蛋白分析系统。

验证实验一 双向免疫扩散试验

双向免疫扩散试验(double immunodiffusion test)是指可溶性抗原与相应抗体在半固体琼脂介质中各自向对方扩散,彼此相遇后在浓度比例适当处发生特异性结合,出现肉眼可见的沉淀线。根据沉淀线的位置、形状及对比关系,可对抗原或抗体进行定性分析。

【实验目的】

掌握双向免疫扩散试验的原理、操作方法及结果判断,熟悉该实验的影响因素,了解该实验的临床应用。

【实验原理】

在琼脂凝胶中,人血清 IgG(抗原)和羊抗人 IgG 抗血清(抗体)在不同孔内各自向四周扩散,扩散的抗原与抗体相遇时,在两者浓度比例合适处形成肉眼可见的白色沉淀线,证明两者发生特异性结合反应。

【试剂与器材】

1. 抗原　人血清 IgG。
2. 抗体　羊抗人 IgG 抗血清,用生理盐水做 1∶(2～32)系列倍比稀释。

3. 琼脂糖或琼脂粉、生理盐水、NaN_3。

4. 器材 载玻片、三角烧瓶、微量加样器、打孔器、5ml 吸管、洗耳球、湿盒、水浴箱、温箱等。

【操作步骤】

1. **制备琼脂凝胶** 用生理盐水配制 10～15g/L 琼脂，隔水加热、煮沸、融化后，置于 56℃水浴箱备用。

2. **浇板** 将载玻片置于水平台上，用吸管吸取 4～4.5ml 融化的琼脂滴加于洁净的载玻片上，滴加时注意过程需要连续但速度不要过快，要使琼脂盖满整张载玻片，使其均匀、饱满，勿溢出并避免产生气泡。静置待凝（10～15 分钟），制成薄厚均匀的琼脂凝胶板。

3. **打孔** 将梅花形打孔模板置于琼脂凝胶板下，用直径 3mm 的打孔器打孔，使其孔径为 3mm，孔距 4mm，要求孔圆整、光滑，孔缘不能破裂，底部勿与载玻片脱离。如图 2-1 所示。

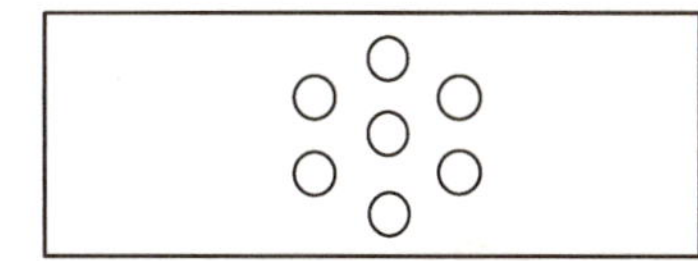

图 2-1 双向免疫扩散试验打孔示意图

4. **加样** 用 10μl 微量加样器分别取抗原（人血清 IgG）、抗体（羊抗人 IgG 抗血清）加入孔中。中心孔加入抗原，周围孔分别加入不同稀释度的抗体。

5. **温育** 将已加样的琼脂凝胶板平放于湿盒内，置于 37℃温箱温育 24 小时，观察沉淀线。

【结果判断】

以出现沉淀线的抗血清最高稀释度为羊抗人 IgG 抗血清的扩散效价。

【实验讨论】

1. **抗原抗体浓度的影响** 当抗原和抗体浓度相同时，沉淀线居中；沉淀线靠近抗原孔，说明抗体浓度较大；沉淀线靠近抗体孔，则表示抗原浓度较大。出现这一现象主要是因为浓度越大扩散越快，扩散距离越远，所以沉淀线靠近浓度低的一方。不出现沉淀线，可能为无相对应的抗体（或抗原）存在或者抗原过量。

2. **抗原抗体分子量的影响** 当抗原和抗体分子量大致相等时，沉淀线呈直线。分子量越小扩散越快，分子量越大扩散越慢。扩散慢者扩散圈小，局部浓度高，形成的沉淀线弯向分子量大的一方。

3. **抗原性质的影响** 若相邻两抗原与其抗体形成的沉淀线互相吻合相连，表明抗体与两个抗原中的相同表位结合；若两条沉淀线交叉，说明两个抗原完全不同；若两条沉淀线相切，说明两个抗原之间有部分相同。因此可根据沉淀线的位置、形状、数目等，初步分析抗原和抗体的纯度、浓度、扩散速度等理化性状。

4. **扩散时间的影响** 扩散时间要适当，一般在 24～48 小时观察结果。时间过短，沉淀线不出现；时间过长，会导致已形成的沉淀线解离而出现假象。

5. **方法评价** 该方法简便易行，结果稳定、可靠。但敏感性低，所需时间长。

6. **注意事项** 加样时，勿使样品外溢或孔缘残存气泡，以免影响扩散结果。为使沉淀线保持其清晰度，可将加样完毕的样品置于 37℃环境下形成沉淀线，然后置于室温或 4℃冰箱为宜。观察结果应在 24～48 小时，放置过久可使沉淀线消失。

验证实验二 单向免疫扩散试验

单向免疫扩散试验（single immunodiffusion test）是用已知抗体测定未知量的相应抗原，先将一定量的抗体混于琼脂凝胶中，使待测的抗原溶液从局部向琼脂内自由扩散，在一定区域内形成肉眼可见的沉淀环，从而根据沉淀环的直径与面积对抗原量做出计算。根据实验形式，可分为试管法和平板法两种，试管法因沉淀环不易观察及定量，较少使用。平板法由 Mancini 于 1965 年提出，方法是将一定量的已知抗体混于琼脂凝胶中制成琼脂板，在适当位置打孔加入抗原，在适宜温度和一定反应时间后，孔内抗原环状扩散形成肉眼可观察到的浓度梯度环。最后测量沉淀环的直径或计算环的面积，环的直径或面积的大小与抗原含量呈正相关。由于该方法简单、易于操作、便于观察，是此类实验中较常用的一种方法。本实验以单向免疫扩散试验的方法对待检人血清 IgG 进行定量测定。

【实验目的】

掌握单向免疫扩散试验的原理、操作方法及结果判断，熟悉该实验的影响因素，并了解临床应用。

【实验原理】

将一定量的羊抗人 IgG 抗血清成分混合于琼脂凝胶中，制成含有特异性羊抗人 IgG 抗血清的琼脂板，待琼脂凝固后打孔，并在相应孔中加入待检人血清 IgG。待检血清在琼脂板中向四周呈环状扩散，随着扩散时间的延长，沉淀环不断溶解与再形成，其直径也不断扩大，直到抗原 - 抗体反应结束为止，在两者浓度比例恰当处形成肉眼可见的白色沉淀环，沉淀环的直径或面积与待检人血清中 IgG 浓度呈正相关。同时用标准免疫球蛋白或 IgG 参考标准品制成标准曲线（Fahey 曲线），适用于处理小分子抗原和较短时间（24 小时）扩散的结果。抗原浓度的对数（log$C$）与沉淀环直径（d）呈线性关系，常数 $K=\log C/d$，用半对数坐标纸画曲线，此为 Fahey 曲线，即可用以定量检测人血清 IgG 浓度。

【试剂与器材】

1. 抗原 待检人血清、人免疫球蛋白参考标准品（IgG 含量为 10.10g/L）。
2. 抗体 羊抗人 IgG 抗血清（单向免疫扩散试验抗体效价 1∶100）。
3. 琼脂糖或琼脂粉、生理盐水、NaN_3。
4. 器材 载玻片、微量加样器、吸头、打孔器、5ml 吸管、洗耳球、三角烧瓶、湿盒、水浴箱、温箱、半对数坐标纸等。

【操作步骤】

1. 制备抗体琼脂凝胶

（1）用生理盐水配制 10～15g/L 琼脂，加 0.01%（0.1g/L）NaN_3，隔水加热、煮沸、融化琼脂，置于 56℃水浴中备用。

（2）吸取 99ml 已融化的琼脂于三角烧瓶中，置于 56℃水浴中保温，将预温的羊抗人 IgG 抗血清 1ml 与琼脂充分混合，继续保温于 56℃水浴中备用。

2. 浇板 将清洁、干燥的载玻片置于水平台上，用吸管吸取充分混匀的抗体琼脂 4～

4.5ml 倾注于载玻片上，置于室温冷却凝固。要求浇板时要均匀、平整、无气泡、薄厚均匀。静置待凝（10～15 分钟），制成薄厚均匀的含抗体的琼脂凝胶板。

3. 打孔 琼脂凝固后，用打孔器打孔，孔径 3mm，孔距 10～12mm。要求孔圆整、光滑，孔缘不能破裂，底部勿与载玻片分离。如图 2-2 所示。

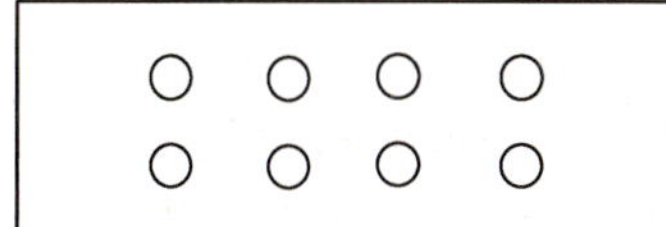

图 2-2 单向免疫扩散试验打孔示意图

4. 加样

（1）稀释人免疫球蛋白工作标准品：取冻干人免疫球蛋白工作标准品 1 支，加蒸馏水 0.5ml，待完全溶解后，用生理盐水稀释成不同的稀释度。其稀释范围为 1∶5、1∶10、1∶20、1∶40，IgG 相应含量为 2.020g/L、1.010g/L、0.505g/L、0.252g/L。

（2）稀释待检血清：将待检血清用生理盐水做 1∶40 稀释。

（3）用微量加样器分别吸取各稀释度的人免疫球蛋白工作标准品 10μl 加入各标准抗原孔，制备标准曲线。再用同样的方法吸取已稀释好的待检血清 10μl 加入待检血清孔。

5. 扩散 将已加样的琼脂凝胶板平放于湿盒中，37℃温箱温育 24 小时，观察结果。如果沉淀环不清晰，可用生理盐水浸泡 2～3 小时。

【结果判断】

1. 绘制标准曲线 以各稀释度 IgG 工作标准的沉淀环直径为横坐标，相应孔中的 IgG 含量为纵坐标，在半对数纸上按 Fahey 法绘制出标准曲线。如图 2-3 所示。

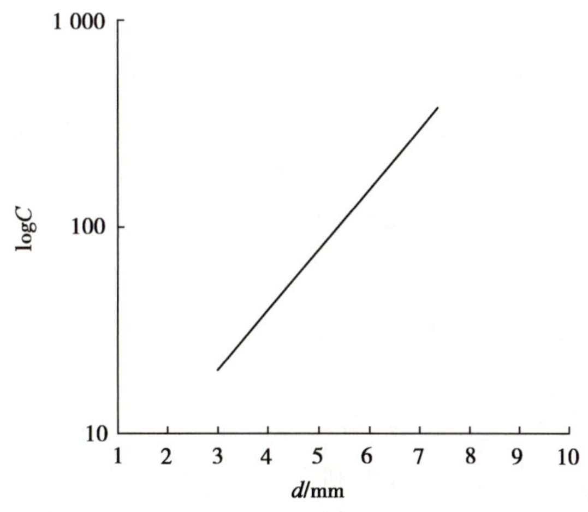

图 2-3 单向免疫扩散试验标准曲线

2. 结果判定 待测标本血清中所含 IgG 量根据沉淀环直径查标准曲线，将查得的 IgG 含量乘以标本的稀释倍数，即待测标本血清中 IgG 的实际含量。

【实验讨论】

1. 注意事项 包括：①抗血清要求亲和力强、特异性好、效价高。②每次测定时必须制作标准曲线，标准曲线在 16～24 小时呈直线，48 小时以上呈反抛物线。制作标准曲线的同时须测定质量控制血清，不可一次做成、长期使用。③出现结果与真实含量不符的情况主要发生在免疫球蛋白测定中。④双重沉淀环现象多是由不同扩散率但抗原性相同的两个组分所致。⑤制备抗体琼脂凝胶时，免疫血清要与琼脂充分均匀，保温时间不能太长，温度不宜过高，一般为56℃左右，否则抗体容易变性失活。但温度又不宜过低，过低时琼脂趋于凝固，不能浇板或浇板不均匀、不平整，均会影响实验结果。⑥制作标准曲线以及待检血清加样时，均须准确、定量。沉淀环的直径以毫米为单位，尽量采用游标卡尺进行测量，以保证结果准确，在判断结果时若有误差，由于乘以稀释倍数，则误差将成倍增加。

2. 方法评价 该方法简便、稳定、易于操作，一般实验室均可开展。除检测人血清IgG含量外，还可用于健康人群或患者血清中IgA、IgM、补体、白蛋白、蛋白酶等蛋白质含量的定量测定。

综合实验 免疫电泳试验

免疫电泳（immunoelectrophoresis，IEP）是区带电泳与双向免疫扩散相结合的一种免疫分析技术。免疫电泳为定性实验，目前主要应用于抗原纯化、抗体成分分析及异常免疫球蛋白的识别与鉴定。

【实验目的】

掌握免疫电泳的原理、操作方法及结果判断，熟悉免疫电泳的影响因素，了解其临床应用。

【实验原理】

将蛋白质抗原在凝胶中做区带电泳，根据其所带电荷、分子量和构型不同分成不可见的若干区带，再沿电泳方向挖与之平行的抗体槽，加入相应抗体，进行双向免疫扩散，在两者浓度比例适合处形成弧形沉淀线。通过对沉淀线的数量、位置和形态与已知标准抗原、抗体生成的沉淀线比较，即可对待检标本中所含成分的种类和性质进行分析。

【试剂与器材】

1. 抗原 正常人血清、待检血清。
2. 抗体 抗人全血清抗体。
3. pH 8.6 0.05mol/L巴比妥缓冲液；1g/L溴酚蓝。
4. 12g/L琼脂 用巴比妥缓冲液配制12g/L琼脂，隔水加热、煮沸、融化琼脂，混匀备用。
5. 器材 电泳槽、电泳仪、模板、抗体槽铸型、打孔器、滤纸、微量加样器、载玻片、培养箱、湿盒、吸管、洗耳球等。

【操作步骤】

1. 制备巴比妥琼脂凝胶

（1）取出清洁载玻片，用75%乙醇冲洗干净，晾干备用。

（2）将12g/L巴比妥琼脂加热至融化后，置于56℃水浴中备用。

（3）于载玻片中央放抗体槽铸型，用吸管吸取4.5ml琼脂溶液滴加于载玻片上，室温放置，待琼脂凝固后取下铸型，按图2-4打孔。

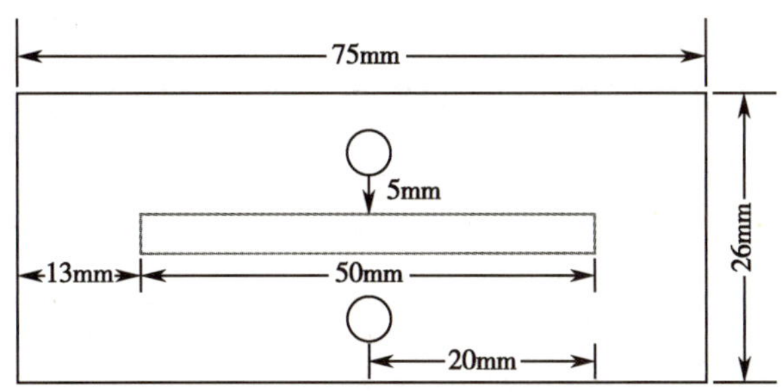

图 2-4 免疫电泳打孔示意图

2. **加样** 用微量加样器吸取正常人血清 10μl 加入对照孔内，待检血清 10μl 加入标本孔内，蘸取少许 1g/L 溴酚蓝加入样品孔中，使白蛋白着色指示电泳位置。

3. **电泳** 将加样完毕的琼脂板置于电泳槽内，电泳槽内加 pH 8.6 0.05mol/L 巴比妥缓冲液至电泳槽的 2/3 处，琼脂板两端分别用三层滤纸或纱布与槽中缓冲液相连。

4. **通电** 控制电流在 3～4mA/cm 板宽或端电压为 5～6V/cm 板长，电泳 0.5～1 小时，白蛋白泳动至距槽端 1cm 即可终止电泳。

5. **加抗体** 电泳完毕后，取出琼脂板，挖出中间槽内琼脂，用微量加样器加入抗人全血清抗体并使之充满中央槽内，置于 37℃温箱内扩散 24～48 小时。

6. **双向扩散** 将已加好抗体的琼脂凝胶板放入湿盒中，水平放置于 37℃温箱温育 24 小时，观察结果。

【结果判断】

已分离的各血清抗原成分与相应抗体形成弧形沉淀线，如图 2-5 所示。

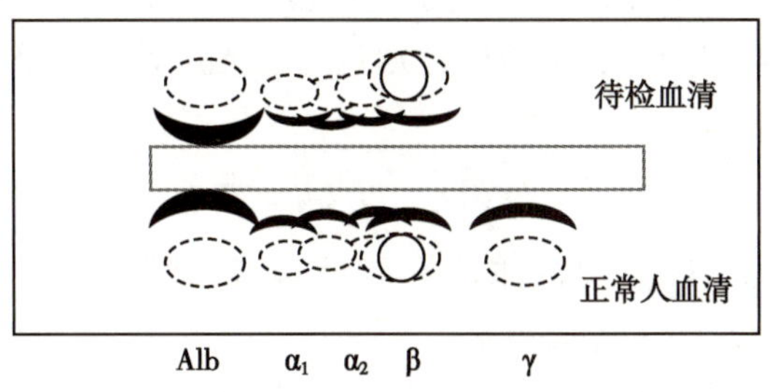

图 2-5 免疫电泳结果示意图

【实验讨论】

1. 免疫电泳的特点是分辨率较高。电泳过程首先将具有不同迁移率的组分进行分离，加入抗血清后，依抗原、抗体的特异性反应而形成各自的沉淀弧。因此可用该方法鉴定混合物中各组分的数目和性质。

2. 浇板时，铸槽两侧的琼脂薄厚要均匀，取槽时动作要轻，以免带起琼脂。实验前要多次预试，条件适宜，抗原抗体比例要合适。

3. 由于免疫电泳的影响因素较多，使异常结果分析更为复杂。如沉淀线数目有时与混合物中应有的成分不相符（这是由于抗原抗体比例不合适造成的），使某些成分未形成沉淀线，或由于相邻两抗原的迁移率非常接近而致两条弧线重叠，也有可能一条沉淀线分离成多条。因此在使用该方法检测多种混合物时，至少要用三种不同的浓度，两种或两种以上的抗体（免疫不同动物所得）混合使用，效果更好。对于免疫电泳的分析，应在实验过程中及时观察、积累经验，才能得出恰当的结论。

设计实验 免疫浊度测定实验设计

利用抗原 - 抗体结合后，在液体中形成的免疫复合物干扰光线可用仪器检测的特点，将现代光学测量仪器与自动化分析检测系统相结合，通过免疫浊度测定可实现对各种液相介质中的微量抗原、抗体等进行定量检测。

【问题背景资料】

免疫浊度测定主要应用于血液、尿液等体液中某些特定微量蛋白质的定量检测。标本中可溶性抗原与相应抗体特异性结合，两者在比例合适和增浊剂的作用下，可快速形成较大的免疫复合物，使反应液出现浊度。当反应液中保持抗体过量且浓度固定时，形成的免疫复合物随抗原量增加而增加，反应液的浊度也随之增加，即待测抗原量与反应体系的浊度呈正相关。与标准曲线比较，即可计算出待测抗原含量。因此设计免疫浊度测定实验，可用以对血液、尿液、脑脊液中特异抗体、激素、肿瘤标志物等微量蛋白质进行定量测定。

【实验设计提示】

首先制备样品，根据实验设计不同，将待检测血清和标准血清做适当稀释，向标准管和血清管中分别加入聚乙二醇（PEG）稀释的抗人球蛋白抗体，反应时间和温度根据实验要求来确定，使免疫沉淀物均匀分布在溶液中。通过分光光度计测定各标准管和血清管，准确读取和记录各自的结果。

【小组讨论提纲】

1. 由于不同制品抗人球蛋白抗体效价不同，对每批制品是否需要测定适宜的抗体浓度？

2. 在沉淀免疫复合物时，PEG 溶液浓度该如何选择？

3. 以检测人血清 IgG 为例，讨论其升高和降低有何临床意义。

临床见习 全自动特定蛋白分析系统

近年来，随着临床免疫学检验技术和计算机技术的迅速发展，各种自动化免疫分析仪器相继出现并投入临床使用，诸如自动化免疫浊度分析仪、自动化酶免疫分析仪、自动化发光免疫分析仪以及自动化荧光免疫分析仪等，逐步取代了许多手工操作过程。这不仅极大地提高了临床免疫学检验结果的准确性和可靠性，拓宽了临床免疫学检验的应用范围，而且大大加快了检测速度，缩短了检测时间，降低了技术人员的劳动强度，有力地推动了临床免疫学检验学科的进步。

目前，各类自动化免疫检测分析系统已在国内大中型医疗机构甚至基层医院的临床免疫实验室广泛使用。因此，医学检验技术专业学生在熟练掌握临床免疫学检验基础理论和基本技能的基础上，有必要到临床免疫实验室见习。采用现场参观、操作示范、参与部分实验等方法，使学生初步了解临床免疫实验室的仪器布局、设备功能、检验项目、工作流程及工作模式。针对具体的免疫分析技术平台，学生通过撰写见习报告，复习免疫学检测技术的基本理论，掌握仪器的结构与性能、工作原理、操作流程、质量控制、日常维护和检测影响因素等内容。通过临床免疫实验室见习，达到弥补理论和基础实验教学的不足，帮助学生把握学习重点，增加对未来工作的感性认识，调动学生学习的积极性和主动性，以提高临床免疫学检验教学效果。

全自动特定蛋白分析系统主要基于免疫浊度测定法，定量检测多种特定蛋白。免疫浊度测定法的基本原理：可溶性抗原与其抗体在特殊的缓冲溶液中特异结合，形成小分子免疫复合物（<19S），两者在比例合适和增浊剂的作用下，可快速形成一定大小的免疫复合物微粒（>19S），导致反应体系出现浊度。当反应液中保持抗体过量时，形成的免疫复合物随抗原量的增加而增加，反应体系的浊度亦随之增加，即待测抗原量与反应体系的浊度呈正相关。用一系列已知浓度的抗原标准品做剂量 - 反应曲线，可计算出待测物的含量。免疫浊度测定法按仪器的光学检测器位置和所检测光信号的性质不同，可以分为免疫透射比浊法和免疫散射比浊法。20 世纪 70 年代出现了微量免疫沉淀测定法，即胶乳增强免疫透射比浊法和速率免疫散射比浊法。目前，这两种分析技术已常规用于体液中微量蛋白质的临床定量检测，并已有多种型号的全自动化分析仪器。本实验以 IMMAGE 800 免疫化学分析系统（速率散射比浊法）为例，说明全自动特定蛋白分析系统的应用。

【见习要点】

掌握全自动特定蛋白分析系统的基本工作原理，熟悉该系统的操作技术流程及其质量控制，了解常见临床检测项目。

【基本原理】

免疫散射比浊法是指沿水平轴向反应液照射一定波长的光，当光线通过反应体系时，由于抗原 - 抗体反应形成的免疫复合物微粒子，对光产生折射、反射及透射，使水平方向的光发生偏转，产生散射光。在免疫浊度测定中，可溶性抗原和抗体反应生成的免疫复合物颗粒由小变大，其粒径大小随抗原、抗体的比例、浓度和分子大小而变化，导致散射光角度的改变，光线偏转的角度对于反应液中抗原 - 抗体复合物颗粒是特异的，通常采用适当的角度测量散射光强度。一般分析仪器采用不同波长光源的两套光路，分别在 90° 和 180° 散射角检测小分子、中分子和大分子物质。

速率散射比浊法由 Stemberg 于 1977 年首先用于免疫化学测定，是一种抗原 - 抗体结合反应的动态测定方法。所谓速率是指在单位时间内，抗原 - 抗体反应形成免疫复合物的速度。速率散射比浊法是在抗原 - 抗体反应速度最快的时间段内，测定单位时间内形成的免疫复合物所致散射光强度的最大变化值，即所谓的速率峰。当抗体量大于抗原量时，该峰值大小与抗原浓度呈正相关，用已知浓度的被测抗原标准品制作剂量 - 反应曲线，仪器通过配置的计算机将速率峰值转化为所测抗原的终浓度。

速率散射比浊法使体液特定蛋白的测定更加准确和快速，是免疫化学分析的一项革命，已成为临床免疫学诊断的重要应用技术之一。

【见习内容】

（一）全自动特定蛋白分析系统简介

1. 系统组成 全自动特定蛋白分析系统一般采用免疫浊度分析作为核心检测技术，主要应用于血液、尿液等体液中某些特定微量蛋白质的定量测定。该系统包括：

（1）自动化免疫比浊仪：仪器基本结构包括①样品处理系统，包括样品舱、样本架（转动盘）、条码识别模块、加样系统等，负责样品、标准品、质控品的识别、传输与加注。②试剂装载系统，包括试剂舱（转动盘）、条码识别模块、试剂加注系统和温度控制模块等，负责反应试剂的识别、传输、加注与混合、冷藏保存。③孵育比浊系统，包括反应杯 / 架、机械传动系统、孵育室、温度控制模块、光源、光路和信号检测模块等，提供抗原 - 抗体反应所需的恒温条件，实现从不同角度检测免疫复合物所致的光强度值。④反应杯清洗系统，包括反应液（清洗液）吸取 / 加注模块、液路系统、外联清洗液和废液的容器（桶）等，完成反应杯的清洗。

（2）计算机管理和信息系统：包括计算机、打印机等硬件设备以及管理控制软件。硬件系统完成显示、数据计算与储存、结果打印等功能；软件系统用于支持人机对话、工作程序设置、数据处理、结果传输及查询等功能。使用实验室信息系统（laboratory information system，LIS）的实验室，可不配置打印机，实验数据通过仪器数据传输接口直接传入 LIS 数据库。

2. 主要性能参数 该系统采用双光路设计，保障了散射法和透射法的组合应用；应用乳胶颗粒包被技术提高了检测敏感性；选用近红外波长可有效排除生物活性物质的非特异性干扰。仪器试剂舱设有 24 个试剂位，样本舱最多可同时装载 72 个样本，检测速度达每小时 180 个测试。

3. 临床适用范围 自动化免疫浊度分析系统临床常用于血液、尿液、脑脊液中特异抗体、激素、肿瘤标志物等微量蛋白质的定量测定。该系统保留了上一代产品原有的速率散射比浊法，增加了近红外速率透射比浊法，进一步扩大了临床检测范围，提高了检测结果的准确性和敏感性。临床常用的检验项目组合如下：

（1）自身免疫病：免疫球蛋白 A（IgA）、免疫球蛋白 G（IgG）、免疫球蛋白 M（IgM）、补体 C3（C3）、补体 C4（C4）、κ 轻链（KAP）、λ 轻链（LAM）、C 反应蛋白（CRP）、触珠蛋白（HP）、备解素 B 因子（PFB）、类风湿因子（RF）。

（2）免疫功能障碍评估：IgA、IgE、IgG、IgM、IgG_1 亚型、IgG_2 亚型、IgG_3 亚型、IgG_4 亚型、KAP、LAM、C3、C4、CRP、超敏 C 反应蛋白（CRPH）。

（3）类风湿关节炎：RF、CRP、抗链球菌溶血素 O（ASO）、抗脱氧核糖核酸酶（ADNase-B）。

（4）炎症状态监测：白蛋白（ALB）、α- 酸性糖蛋白（AAG）、抗胰蛋白酶（AAT）、铜蓝蛋白（CER）、CRP、HP。

（5）肾功能监测：尿微量白蛋白（MA）、尿免疫球蛋白（IgU）、尿转铁蛋白（TRU）、α_1- 微球蛋白（A_1M）、α_2- 巨球蛋白（A_2G）、β_2- 微球蛋白（β_2-MG）。

（6）肝脏疾病：AAT、抗凝血酶Ⅲ（ATⅢ）、CER、C3、C4、IgA、IgM、TRU。

（二）标本处理及要求

免疫浊度分析系统主要检测的临床标本是血清和尿液。

1. 血清标本准备 常规静脉采血约 2ml，不抗凝，置于普通试管中或含分离胶的真空采血管中。室温（15～25℃）下可保存48小时，普通冰箱中（2～8℃）保存7天。如需较长时间保存，应将血清存放于-20℃环境下冷冻。为避免标本中水分挥发导致的血清浓缩，对保存时间超过1天的标本均须加塞密闭或覆盖湿巾。

2. 尿液标本处理 可采集随机尿液或定时尿液做检测标本，测定前尿液标本必须离心，但不必稀释。2～8℃可保存一周，冰冻可保存1个月，相关注意事项同血清标本保存。

（三）操作流程

随着免疫化学分析系统的发展，出现了不同检测原理、不同分析用途的自动化免疫分析仪，虽然仪器的自动化、智能化程度越来越高，但不同检测原理的自动化免疫分析仪的操作流程基本相同。以下以全自动特定蛋白分析仪的操作流程为例进行介绍，其他自动化免疫分析仪的操作流程均可以此为参考，主要操作流程如图2-6所示。

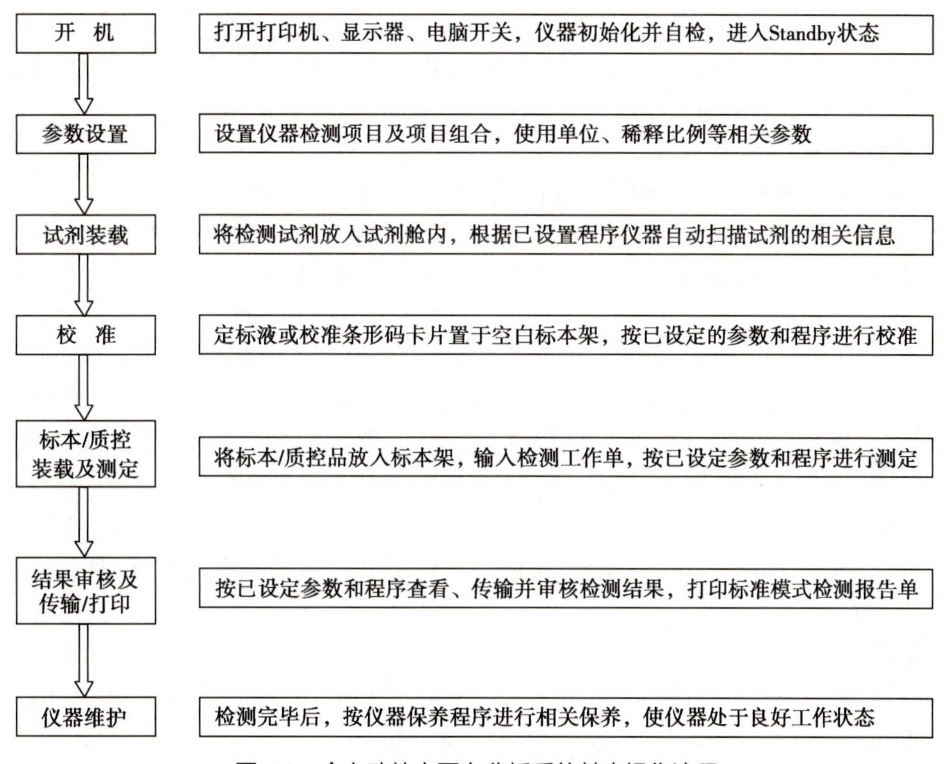

图2-6 全自动特定蛋白分析系统基本操作流程

1. 开/关机程序

（1）日常开机：①依次打开打印机、显示器、电脑开关。②确认UPS在开机状态后，打开仪器主机电源。③关闭试剂和样品转盘盖板；显示检查稀释区段状态注意事项时，选择【OK】；温度警告注意事项显示时，选择【OK】。④仪器自动把试剂舱和反应杯调到适当的温度范围，预温完成后，仪器转入Standby状态。

（2）日常关机：①仪器处于Standby状态下，点击【Utilities】功能模块，选中【Shutdown】按钮；②等待屏幕出现Shutdown completed信息时，依次关闭仪器、管理控制电脑、显示器或打印机电源。

注：仪器可24小时处于待机状态，不必每日开、关机。

2. 参数设置

(1) 项目设置：①主菜单下点击【Setup】，插入软驱项目安装盘，安装测试项目（一般在装机时由工程师完成）；②从【Setup】设置界面，选择<1>进入【Chemistry Configuration】界面，定义分析项目位置，按 F1，显示仪器所有项目名称，点击所需项目名称前的数字即可定义该项目；③将光标移至所选项目的位置，按 F5 或 F6，可进行项目位置的插入和删除，项目菜单最多可包含 72 个检测项目。

(2) 项目组合设置：①从主菜单的【Setup】进入系统设置界面，在【Panels】栏中选择定义的位置，按 F1 确认或按 F2 删除组合；②在 Panel name 处输入自定义组合名称，选择所需的检测项目组合（其余设置均为仪器默认），保存，按 F10 或【Next Panel】进入下一个检测项目组合的编辑；③按 F2 返回组合列表，查看所有已定义的项目组合。

(3) 单位设置：①主菜单下按【Setup】进入 Units/Non-Standard Dilutions 界面，选择实验项目及标本种类，仪器显示该项目的预设单位。②按选定项目旁的<▼>选择合适的单位。如所需单位不在默认单位中，会出现单位转换对话框，输入转换因子，所需单位为转换因子乘以默认单位，按【OK】确认。

3. 试剂装载

(1) 将反应试剂瓶放入试剂架上，确保试剂瓶正确卡入试剂盘槽内。

(2) 在主菜单点击【Rgts/Cal】进入试剂装载界面，选择 F1，按下【OK】，仪器开始扫描试剂条码，扫描完毕后自动显示试剂状态信息（剩余体积、测试数）。

(3) 在主菜单按下【Rgts/Cal】进入试剂装载界面，选择 F3，通过<▼>选定已定义缓冲液和稀释液相应的放置位置，点击【OK】并在试剂舱栏输入缓冲液类型及批号，在标本舱栏输入稀释液类型及批号。再按【OK】，仪器自动检测并显示“%Remaining”（所余液量 %）。

(4) 打开管路连接的冲洗液瓶盖（已用完），将蓝色（冲洗液）管插入新的冲洗液瓶中，拧紧瓶盖（管口应触及瓶底）；将橙色（空气）管插入新换冲洗液瓶的盖中，但不能接触到冲洗液面。

(5) 仪器处于 Standby 状态下，选择【Status】界面，选择所要置换的稀释块位置，取出并置换新的稀释块。

4. 校准

(1) 将试剂或校准条形码卡片置于空白标本架并转移至标本盘中，在【Rgts/Cal】界面点击 F8 或【Read Cards】，根据对话框提示，按【OK】完成读卡。

(2) 在【Rgts/Cal】界面选中【Read Reagent】，仪器扫描试剂，完成后显示试剂信息，在“POS”位置按数字选定需要校准的项目（位置号变蓝），点击【Request Cal】，输入定标液架号及位置，在下拉菜单中（向下箭头）选择定标液批号并按 F9 保存。

(3) 点击 F6 或【Cal ldlist】，观察定标液放置位置，放入定标液，返回主菜单，点击【RUN】，仪器按设定程序执行校准。

(4) 校准完成后，进入试剂项目的【Cal Status】栏，查看是否校准成功，若显示 Uncalibrated，分析校准失败原因，重新校准。

5. 标本装载及测定

(1) 将盛有标本的原始试管或加注样品的微量杯放置在标本架上。

(2) 打开标本舱盖，按仪器前壁的按钮旋转标本盘，按顺序将标本架安放在标本盘上（从 1 号位开始），关闭标本舱盖。

（3）单个标本编程：①从主菜单进入【Samples】界面，在 Rack 栏输入标本架号，在 Pos 栏输入位置号，在 Sample ID 栏输入标本编号，在 Sample Type 栏选择标本类型。②在 Panel 中输入项目组合号或直接点击选择检测项目，按 F10 保存并进入下一标本编程，或返回主界面。

（4）批量标本编程（多个标本的检测项目相同）：①进入【Sample】屏幕，在 Panel 中输入项目组合号和 / 或选定检测项目。②点击 F4 或【Program Batch】，在 Racks 栏中输入所用架号（可单个架号，如 7；或输多个架号，如 7～10），在 No of samples in batch 处输入样本个数，选中【OK】，依次输入样本号，按 F10 或【End Batch】结束并保存，返回主界面。

（5）主菜单中点击【Run】，仪器开始运行测定程序，并自动传输结果。

6. 结果查询

（1）从主菜单点击【Results】，进入【Recall Results】界面。

（2）在查询界面输入 Sample ID 或输入 Range（样本起始号到终止号）、样本所置架号或起始日期到终止日期等结果查询条件（Result Source 可默认为 Computer）。

（3）点击【Display Results】，显示选定的查询结果。

7. 结果报告 如果在 Host Communication 设置中启用了自动发送功能，样本测定结果通过仪器的数据传输功能自动传送到 LIS，或在【Recall Results】界面，点击 F8 或【Print Report】，直接打印检测报告。所有检测结果在发出报告前，须结合临床资料及有关检查结果逐一审核，必要时应与临床联系。

（四）质量控制

设备有质量控制（质控）程序，应注意及时查看质控信息。

1. 运行质控程序

（1）在主菜单下，点击【QC】进入质控界面。

（2）在质控品名称栏中选择数字编辑，输入质控品名称、批号。

（3）选择标本类型和质控项目，储存所定义的质控，仪器自动生成 QC 文件代号。

（4）输入质控项目的平均值和标准差，开始运行质控。

2. 质控信息查看和打印 在主菜单下点击【QC】进入质控界面。按 F1，查看质控品定义内容；按 F5、F6 或 F7，查看相应的质控品及质控项目信息；按 F8 备份质控数据；按 F10 打印质控数据。

（五）影响因素

全自动特定蛋白分析系统的主要影响因素如下：

1. 标本 标本混浊、脂浊（餐后采血时发生）、长期保存或反复冻融、血清分离不当等，均会导致反应体系的浊度假性升高。因此，标本要求新鲜，且充分离心分离血清。必要时经稀释后测定。

2. 抗体 抗体质量对特定蛋白测定的影响较大，要求为高特异性、高效价、高亲和力的抗体。如果试剂采用的抗体效价过低，含有交叉反应性抗体，增浊剂 PEG 6000（聚乙二醇）浓度过高，抗血清灭活处理或被污染均会导致反应体系浊度的假性增加。

3. 抗原抗体比例 抗原抗体比例是特定蛋白分析的关键因素，只有在两者比例合适时，才能有效形成较大的免疫复合物颗粒，否则形成的免疫复合物颗粒过小使反应体系浊度降低，导致测定结果比实际结果偏低。

4. 反应条件 反应液的 pH 为 6.5～8.5 时抗原抗体亲和力大，否则不易形成免疫复合物；pH 太高或太低均会引起蛋白质变性，从而导致浊度假性升高。同时，电解质的性质和离子强度也会影响免疫复合物的形成和稳定性，离子强度过高可引起蛋白质盐析，导致浊度假性升高，高强度的负离子可加快免疫复合物的形成，低强度的负离子则减慢免疫复合物的形成。临床常用磷酸盐缓冲液。

5. 入射光波长 入射光波长影响免疫比浊法的敏感性，故波长的选择非常重要。

6. 校准与质控 须定期校准曲线，每更换一批试剂后，应重新校准曲线。同时选择合适的质控品进行室内质控，以保证检测结果准确、可靠。

（六）设备维护

1. 常规保养 检查试剂、冲洗液和废液瓶的液面，必要时更换。

2. 日保养

（1）擦拭样品针和试剂针，清除沉淀物。

（2）在主菜单按【Utilities】，选择【Prime】，输入冲洗次数。点击【OK】开始冲洗，同时检查仪器下部或周围是否有气泡或渗漏。

3. 周保养

（1）用新鲜的 10% 次氯酸钠或湿纱布擦洗仪器表面。

（2）用蒸馏水清洗过滤网，晾干后放置。

4. 月保养 记录测试次数：在主菜单下按【Status】，点击【Instrument Status Monitor】，在保养单上记录测试次数。

5. 按需保养 主要有：每 10 000 次测试更换反应杯，每 30 000 次测试或其他必要情况下清洁 / 冲洗探针，必要时更换试剂和样品的注射活塞。

【见习报告】

1. 免疫沉淀试验经历了哪些发展阶段？现代仪器分析技术如何推动其在临床的应用？
2. 结合见习实验室的全自动特定蛋白分析系统，简述该系统的检测原理。
3. 结合见习实验室的全自动特定蛋白分析系统，简述该系统的操作流程、影响因素和解决措施。
4. 全自动特定蛋白分析系统常见临床检测项目有哪些？有何临床意义？

（王雪松）

第三单元 抗体制备技术

抗体是免疫学实验中的常用试剂。抗体按照产生方式可分为天然抗体和免疫抗体。天然抗体指未经明显感染或人工注射抗原而天然存在于体内的各种抗体，如ABO血型抗体。免疫抗体是机体免疫系统在抗原刺激下，由B淋巴细胞在识别抗原表位后，活化、增殖、分化成的浆细胞所产生的，并能与相应抗原结合，发挥生物学作用的免疫球蛋白。因天然抗原分子中通常含多种特异性的抗原表位，所以刺激机体免疫系统时，可导致体内多个B淋巴细胞克隆被活化，产生多克隆抗体。由于抗体大多数存在于血清或其他体液中，因此在抗体纯化前称为免疫血清。

抗体试剂作为免疫学检验技术中重要的基本工具，对疾病的免疫学诊断具有重要意义。因此，学习抗体制备、纯化和鉴定的原理、方法，将有助于理解和掌握免疫学检验技术及其在临床诊断中的应用。

综合实验一 溶血素的制备

溶血素，广义是指任何能使红细胞溶解并释放出血红蛋白的物质。抗红细胞抗体又名溶血素，大多是从绵羊红细胞（sheep red blood cell，SRBC）免疫家兔得到兔抗SRBC免疫血清，可与SRBC特异性结合，当有补体存在时，引起SRBC溶解。

【实验目的】

掌握绵羊红细胞悬液的制备方法，熟悉溶血素的制备原理与动物免疫方法，了解采血、抗血清分离等免疫学实验技术。

【实验原理】

将一定浓度的绵羊红细胞以适当方式注射于动物体内，经过一段时间后，免疫动物血清中可出现相应的抗绵羊红细胞抗体（溶血素）。经初次、再次或多次接种（免疫加强）过程，特异性抗体的效价可明显提高。

【试剂与器材】

1. 实验动物 健康雄性家兔，体重2～3kg，年龄8个月，无免疫接种史，做好标记和编号后分笼饲养。

2. 主要试剂 绵羊红细胞、生理盐水、75%乙醇、3%戊巴比妥钠溶液。

3. 主要器材 冰箱、离心机、微量加样器、大剪刀（剪兔毛）、动物固定架、手术器械、止血钳、采血管、眼科手术剪（剪动脉血管）、无菌试管等。

【操作步骤】

1. 免疫用绵羊红细胞的制备

（1）绵羊红细胞的制备与清洗：①用抗凝血管采集绵羊血后，经 2 000r/min 离心沉淀 5 分钟，吸去上清。②加 2 倍体积的生理盐水到沉淀的红细胞中并用加样器反复吹打混匀，以 2 000r/min 离心沉淀 5 分钟，吸去上清液。③如此重复清洗 2 次，最后 1 次以 2 000r/min 离心沉淀 10 分钟，使红细胞密集于管底，直至上清液透明、无色，再吸去上清液，留红细胞备用。

（2）免疫用绵羊红细胞悬液的制备：用生理盐水将红细胞配成后续免疫实验所需要的浓度，得到红细胞悬液。如须用 10% SRBC 悬液进行动物免疫时，则吸取 1ml 洗涤后的绵羊红细胞加灭菌生理盐水 9ml 混合后即可得到 10% SRBC 悬液。

2. 动物免疫

（1）免疫开始前采集静脉血：免疫开始前采集 5ml 家兔耳静脉血，分离血清，取适量血清与绵羊红细胞混合，观察是否会引起绵羊红细胞的溶解并释放出血红蛋白。如无明显的红细胞溶解现象，说明动物适宜制备抗体。余下血清置于 −20℃冰箱保存，作为后续实验的阴性对照血清。

（2）免疫方案：用细胞性抗原制备抗体时多采用静脉注射途径，免疫抗原的注射剂量、免疫间隔时间、免疫次数均可随具体实验安排进行适当调整。具体免疫程序见表 3-1。

表 3-1 家兔的绵羊红细胞免疫程序

免疫程序	第 1 天	第 3 天	第 5 天	第 7 天	第 9 天	第 12 天	第 15 天
免疫抗原	SRBC 悬液	SRBC 悬液	SRBC 悬液	SRBC 悬液	SRBC 悬液	SRBC 悬液	SRBC 悬液
免疫剂量 /ml	1	1	1	1	1	1	1
免疫途径	背部多点皮内注射	耳缘静脉注射	耳缘静脉注射	耳缘静脉注射	耳缘静脉注射	耳缘静脉注射	耳缘静脉注射

3. 溶血素血清的收集

（1）试血：末次免疫后 7 天，自家兔耳静脉采血 1ml，分离血清，利用试管凝集试验（参见第一单元验证实验一）滴定溶血素效价。若效价不达标，可继续以静脉注射的方式加强免疫。

（2）采血：家兔采血常用的方法有三种。①耳缘静脉或耳中央动脉采血；②心脏采血；③颈动脉采血。本实验可以采用颈动脉采血（参见第一单元综合实验）。

（3）溶血素血清的分离与保存：参见第一单元综合实验。

4. 溶血素效价的滴定 采用绵羊红细胞（抗原），通过试管凝集试验对所制得的溶血素（抗体）进行效价滴定。

【结果判断】

收获的溶血素血清外观应为澄清、无溶血的状态，无血液有形成分残留，无细菌等微生物污染。溶血素效价滴定的结果和判断参考第一单元验证实验一。

【实验讨论】

1. 哪些因素可影响抗血清的质量？

2. 绵羊红细胞刺激家兔产生溶血素时，为什么需要多次静脉注射？
3. 有什么方法可以对制备得到的溶血素进一步纯化？
4. 采用以上方法制备的溶血素可能有哪些临床应用？

综合实验二 兔抗人全血清的制备

抗原免疫动物获得的免疫血清是针对抗原多个表位产生的抗体，即多克隆抗体。兔抗人全血清的制备大致包括三个阶段，即免疫原的制备与纯化，动物免疫和抗血清分离、纯化、鉴定。免疫原是制备抗血清的先决条件，要制备高质量的抗血清，首先必须获得特异性高的抗原性物质，再根据抗原的性质不同，制订相应抗血清的制备方案。

【实验目的】

掌握兔抗人全血清（多克隆抗体）制备的免疫学原理，熟悉高效价兔抗人全血清的制备方法。

【实验原理】

将混合人血清加入佐剂制备免疫原，经适当途径按预定方案对动物进行免疫，可刺激动物机体产生特异性抗体并释放入血液，当血中抗体浓度达到一定效价时采血，分离血清即可得到特异性的抗人全血清。

【试剂与器材】

1. 实验动物 健康雄性家兔，体重2～3kg，年龄8个月，无免疫接种史，做好标记和编号后分笼饲养。

2. 主要试剂 混合健康人血清、弗氏完全佐剂、生理盐水、75%乙醇、3%戊巴比妥钠溶液、1.5%琼脂溶液。

3. 主要器材 冰箱、离心机、微量加样器、大剪刀（剪兔毛）、动物固定架、手术器械、止血钳、采血管、眼科手术剪（剪动脉血管）、灭菌三角烧瓶、无菌试管等。

【操作步骤】

1. 佐剂的制备

（1）弗氏不完全佐剂（Freund's incomplete adjuvant，FIA）制备：将羊毛脂与液体石蜡按1∶5体积比混合，制备时可将液体石蜡逐滴加入羊毛脂液中，边滴边研磨，待其完全混匀后分装于疫苗瓶中，高压灭菌后保存备用。

（2）弗氏完全佐剂（Freund's complete adjuvant，FCA）制备：将弗氏不完全佐剂放入无菌研钵中，按一个方向边研磨边加入卡介苗（每10ml的弗氏不完全佐剂应加卡介苗30～100mg），磨毕置于4℃冰箱过夜，如不分层即可使用。

2. 抗原（免疫原）的制备 混合人全血清用无菌生理盐水做1∶2稀释，得到稀释的混合人全血清。无菌条件下，取弗氏完全佐剂或弗氏不完全佐剂2ml置于研钵中，边逐滴加入稀释的混合人全血清（总加入量为2ml，使佐剂与抗原的体积比为1∶1），同时边逐滴研磨直至形成均一性的乳状液，成为乳白色黏稠的油包水乳剂，即为弗氏完全佐剂或弗氏不完全佐剂乳化的混合人全血清抗原。

油包水乳剂抗原乳化效果的鉴定：将1滴乳化后的抗原滴入冰水中，立刻扩散开，则为未乳化好，需要继续研磨乳化，如果滴入5分钟后，液滴仍保持完整、不分散，呈液滴状悬浮于水面，则为乳化完全的油包水乳剂抗原。

3. 动物免疫

（1）免疫开始前采集静脉血：免疫开始前采集5ml家兔耳静脉血，分离血清，取适量血清与混合人全血清分别进行试管凝集试验（参见第一单元验证实验一），观察有无天然抗体。如无凝集或凝集效价 <1∶100，说明动物适宜制备抗体。余下血清置于 −20℃冰箱保存，作为后续实验的阴性对照血清。

（2）免疫方案

1）首次免疫时采用两后足垫注射，用剪刀剪去家兔两后足垫的部分兔毛，以碘酒及乙醇消毒皮肤，第一次免疫时用2ml注射器吸取经弗氏完全佐剂乳化的混合人全血清抗原液1ml，每侧足垫皮下各注入0.5ml。

2）14天后，第二次免疫（加强免疫）采用淋巴结内注射，于两侧腘窝及兔腹股沟肿大的淋巴结内注入抗原溶液，每个淋巴结注入0.1ml，其余注入淋巴结附近皮下共1ml，再次免疫无须添加佐剂。如淋巴结未肿大或肿大不明显时，直接注入两侧腘窝及腹股沟皮下。

3）试血：间隔7天后，从耳静脉采血0.5～1.0ml，分离血清，以双向琼脂扩散试验测定免疫血清的抗体效价（参见第二单元验证实验一），效价至少应达到1∶16时才能结束免疫，准备进行全血清收集实验。

4）如试血效价达到要求，应立即结束免疫实验，对家兔进行血液收集；若效价未达到要求，则再继续用弗氏不完全佐剂乳化的混合人全血清抗原进行2次加强免疫，注射部位、剂量和间隔时间均同第二次免疫，之后再试血测抗体效价，如效价达到要求立即放血。具体免疫程序见表3-2。

表3-2 家兔的混合人全血清免疫程序

免疫程序	第1周	第3周	第4周	第5周
免疫抗原	弗氏完全佐剂乳化的混合人全血清	混合人全血清	弗氏不完全佐剂乳化的混合人全血清	弗氏不完全佐剂乳化的混合人全血清
免疫剂量 /ml	1	1	1	1
免疫途径	后足垫注射	淋巴结内注射	淋巴结内注射	淋巴结内注射

4. 兔抗人全血清的收集

（1）采血具体方法参见第一单元综合实验。

（2）兔抗人全血清的分离与保存具体方法参见第一单元综合实验。

5. 兔抗人全血清的鉴定 抗体鉴定主要包括：抗体效价鉴定、特异性鉴定和亲合力等方面的评价。鉴定方法多种多样，具体方法参见第一单元综合实验。

【结果判断】

通过试血、采血与分离血清及双向免疫扩散试验，可观察混合人全血清（抗原）与相应的兔抗人全血清（抗体）是否特异性结合出现沉淀反应，如果抗血清效价≥1∶32说明免疫比较成功。

【实验讨论】

1. 可溶性抗原溶液与弗氏佐剂混合时，须逐滴加入，经研磨充分乳化后，才能有效免疫动物，否则免疫效果不佳，难以达到预期结果。佐剂在此的作用机制是什么？

2. 制备兔抗人全血清时，为何要用混合人血清制备免疫原？

3. 熟悉以上多克隆抗体的制备过程后，你认为在诊断试剂实验中相对于单克隆抗体而言，应用多克隆抗体有哪些优缺点？

综合实验三　抗体的纯化

抗原免疫动物制备的免疫血清是多种成分的混合物，含有的特异性抗体主要是 IgG，还存在非特异性抗体和其他成分。因此，抗体经制备后需要进一步纯化。抗体的纯化就是去除血清中与目的抗体无关的杂蛋白成分，分离出相应的 IgG。抗体纯化的方法包括 IgG 类抗体纯化和特异性抗体纯化两大类。本实验主要介绍 IgG 类抗体纯化常用的两种方法：①辛酸 - 硫酸铵法纯化抗体，主要分两步。第一步用辛酸结合和沉淀血清中的杂蛋白，IgG 类抗体则存在于上清液中；第二步再利用硫酸铵盐析将 IgG 类抗体从抗血清中分离。但辛酸 - 硫酸铵法只是一种非特异性的分离技术，难以得到高纯度的抗体。②SPA 亲和层析法提取 IgG。葡萄球菌 A 蛋白（staphylococcalproteinA，SPA）具有多个与 IgG 抗体 Fc 片段特异性结合的位点，显示出很强的特异性与亲和力，非常适合用于纯化 IgG 抗体。

【实验目的】

掌握辛酸 - 硫酸铵法、SPA 亲和层析法纯化抗体的原理，熟悉从血清中提取、纯化抗体的方法和操作步骤。

【实验原理】

辛酸为短链脂肪酸，在酸性条件下（pH 4.5）可结合血清中的非 IgG 类蛋白成分，并在等电点附近将其沉淀，IgG 类抗体则存在于上清液中；再用饱和硫酸铵（45%～50%），沉淀上清，即可获得纯度较高的粗提 IgG。进一步分离纯化时，可将 SPA 交联琼脂糖凝胶制成层析柱，当抗血清通过亲和层析柱时，待分离的 IgG 的 Fc 段可与 SPA 结合，其他成分则穿流而过。然后将层析柱充分洗涤，洗去未结合的蛋白，再改变洗脱液的 pH 或离子强度，可使 IgG 从亲和层析柱上解离，收集洗脱液，即可得到纯化的 IgG。

【试剂与器材】

1. 兔抗人全血清。
2. pH 4.8 0.06mol/L 乙酸 - 乙酸钠缓冲液。
3. 正辛酸。
4. 饱和硫酸铵溶液。
5. pH 7.2 0.01mol/L 的 Na_2HPO_4-KH_2PO_4 缓冲液（PBS）。
6. 0.1mol/L 的 NaOH 溶液。
7. CNBr 活化的 Sepharose 4B（琼脂糖凝胶）。
8. 2mmol/L HCl 溶液。

9. 0.1mol/L $NaHCO_3$ 溶液、1mol/L $NaHCO_3$ 溶液。

10. 0.01mol/L Tris-Base 溶液，含 0.5% BSA 0.01mol/L Tris-Base 溶液。

11. pH 2.5 0.1mol/L 的甘氨酸溶液。

12. 主要器材 磁力搅拌器、离心机、低温冰箱、截留分子量为 14 000Da 的实验室用透析袋、Protein A 层析柱。

【操作步骤】

1. 正辛酸沉淀去除杂蛋白

（1）将兔抗人全血清置于离心机中，以 8 000r/min 离心 15 分钟，以去除其中的细胞碎片或其他沉淀物等杂质。抗血清用 4 倍体积乙酸 - 乙酸钠缓冲液稀释，用 0.1mol/L NaOH 调抗血清稀释液至 pH 4.5。

（2）室温下边搅拌边缓慢滴加正辛酸到抗血清稀释液中（每 1ml 的抗血清稀释液中加入 33μl 的正辛酸），滴加完后继续搅拌 30 分钟。

（3）静置于 4℃冰箱内过夜，使其充分沉淀，之后以 8 000r/min 离心 15 分钟，弃去沉淀取上清液即为已去除杂蛋白的抗血清稀释液。

（4）将上清液转移到截留分子量为 14 000Da 的实验室用透析袋内，用 PBS 溶液（0.01mol/L）在室温进行透析，透析 4 次以上，每次至少 1 小时，以除去抗血清稀释液中的小分子杂质。

2. 盐析法（饱和硫酸铵沉淀法）纯化抗体

（1）将 5ml 的上述抗血清稀释液与 5ml 的 PBS 溶液（0.01mol/L）在离心管内混合，向其中加入 10ml 的饱和硫酸铵溶液，边滴加边摇匀，然后置于 4℃冰箱内搅拌过夜。

（2）将上述混合物溶液置于离心机内，以 8 000r/min 离心 15 分钟，除去上清液。

（3）将所得到的沉淀用 2ml 的 PBS 溶液（0.01mol/L）溶解，然后缓慢加入 3ml 的饱和硫酸铵溶液，边滴加边摇匀，然后置于 4℃冰箱内搅拌 2 小时，再以 8 000r/min 离心 15 分钟，除去上清液。

（4）将所得到的沉淀用 1.65ml 的 PBS 溶液（0.01mol/L）溶解，然后缓慢加入 3.35ml 的饱和硫酸铵溶液，边滴加边摇匀，然后置于 4℃冰箱内搅拌 2 小时，再以 8 000r/min 离心 15 分钟，除去上清液。

（5）将所得到的沉淀用 1ml 的 PBS 溶液（0.01mol/L）溶解，将溶液转移到截留分子量为 14 000Da 的实验室用透析袋内，用 PBS 溶液（0.01mol/L）进行透析，透析 4 次以上，每次至少 1 小时，以除去抗体溶液中的小分子杂质。透析过后得到的溶液即为初步纯化后的兔抗人全血清抗体溶液。

3. SPA 层析柱的制备

（1）称取 0.5g 经 CNBr 活化的 Sepharose 4B，溶于 2mmol/L 的 HCl 溶液中，4℃放置过夜使其充分溶胀。

（2）将溶胀好的 Sepharose 4B 预装于层析柱中，用 10 倍体积的 HCl 溶液（2mmol/L）洗涤三次后再用 $NaHCO_3$（0.1mol/L）溶液对柱子进行平衡。

（3）将 5mg 的 SPA 溶于 $NaHCO_3$（0.1mol/L）溶液中，加入已平衡好的柱子，置于摇床上轻轻混合并置于 4℃环境下过夜或者室温 2～4 小时。

（4）以 $NaHCO_3$ 溶液（0.1mol/L）三次洗涤已结合 SPA 的柱子。

（5）用 Tris-Base 溶液（0.01mol/L）平衡柱子三次，加入含 0.5% BSA 的 Tris-Base 溶液

(0.01mol/L)封闭 Sepharose 4B 上未结合的位点，置于摇床上在室温下反应 2 小时。

4. SPA 亲和层析法纯化抗体

(1) 用 Tris-Base 溶液(0.01mol/L)平衡柱子三次，将之前经初步纯化后的兔抗人全血清抗体溶液加入层析柱后，置于摇床上在室温下反应 2 小时。

(2) 以 Tris-Base 溶液(0.01mol/L)洗涤柱子三次以洗掉未结合在柱子中的杂蛋白。

(3) 用 pH 2.5 的甘氨酸溶液(0.1mol/L)9ml 洗脱结合在柱子上的抗体，收集到的液体中加入 1ml 的 $NaHCO_3$ 溶液(1mol/L)以中和洗脱下来的抗体。

(4) 将以上抗体溶液装入透析袋后于 PBS 溶液(0.01mol/L)中透析 4 次，每次换液间隔时间为 1 小时以上。

(5) 将透析好的抗体用紫外 - 可见分光光度计在波长 280nm 处测定其吸光度(A)值。

(6) 向所纯化的抗体加入 30%～50% 的甘油并置于 −20℃或者 −80℃环境下即可长期保存。

【结果判断】

对所获得的抗体溶液用紫外分光光度计在 280nm 处检测吸光度值，读数不要超过 2.0。如果吸光度读数超过 2.0，再稀释，用测得的吸光度读数除以 1.35，再乘以稀释倍数即为抗体的大致浓度(μg/L)。

【实验讨论】

1. 哪些纯化方法可以进一步提高抗体的纯度？
2. 在纯化过程中如何更好地保持抗体活性？
3. 如何清洗层析柱使其可以循环使用？

设计实验　单克隆抗体制备

【问题背景资料】

单克隆抗体(monoclonal antibody，McAb)是针对同一抗原表位的高度同质的抗体，与多克隆抗体比较，具有理化性状高度均一、生物活性单一、特异性强和效价高等特点。1975 年 Kohler 和 Milstein 建立了制备单克隆抗体的杂交瘤技术，并于 1984 年获得诺贝尔生理学或医学奖。目前 McAb 在临床检验、疾病诊断、疾病防治、预后判断以及发病机制研究等方面的应用也日益广泛。

某地突然暴发由某病毒感染引起的传染病疫情，科学家前期研究中已成功分离出该致病的病毒，并确认和分离出了该病毒的特异性抗原 A，亟须针对该病毒特异性抗原 A 制备特异性 McAb，用于该病毒的临床诊疗，如何针对该病毒特异性抗原 A 制备特异性 McAb？

【实验设计提示】

McAb 制备的基本原理是应用杂交瘤技术，将抗原免疫的小鼠脾细胞与能在体外培养中无限制生长的骨髓瘤细胞融合，形成 B 细胞杂交瘤。杂交瘤细胞既保持 B 淋巴细胞分泌抗体的能力，又获得了骨髓瘤细胞无限的快速增殖的能力。通过选择性培养基筛选，再采用有限稀释法进行杂交瘤细胞克隆化，可得到来自单个杂交瘤细胞的单克隆细胞系，其所产生的抗体是针对同一抗原表位的 McAb。在后续的培养过程中，只要 B 细胞杂交瘤没有变异，不同时间所分泌的抗体都能保持同样的结构与性能。

【小组讨论提纲】

1. 实验设计中需要用病毒特异性抗原 A 免疫小鼠，小鼠被免疫后会产生哪些重要的免疫学变化？如何判断小鼠是否免疫成功？

2. 在小鼠脾细胞和骨髓瘤细胞融合试验后，如何筛选出能产生所需单克隆抗体的阳性杂交瘤细胞？

3. 获得能产生所需单克隆抗体的阳性杂交瘤细胞后，有哪些方法可以大量获得单克隆抗体？不同方法的优势和局限性分别是什么？

4. 目前市面上常用的批量单克隆抗体纯化技术有哪些？不同方法的优势和局限性分别是什么？

5. 单克隆抗体在诊断技术开发中的优点和局限性有哪些？

（皮　江）

第四单元 荧光免疫试验

荧光免疫试验（fluorescence immunoassay，FIA）是以荧光物质标记抗体或抗原，通过与相应抗原或抗体发生特异性结合反应，经洗涤分离后，对特异性荧光标记物进行定位、定性和定量分析的检测技术，具有高度特异性、敏感性和直观性。根据实际用途，可将FIA分为荧光免疫组织化学技术（荧光抗体技术）和荧光免疫测定技术两大类。根据染色方法的不同，荧光抗体技术可分为直接法、间接法和双标记法。荧光免疫测定技术主要有时间分辨荧光免疫试验、荧光偏振免疫试验和荧光酶免疫试验等。

验证实验一　间接免疫荧光试验

间接免疫荧光试验是最常用的荧光抗体技术，其基本原理是用荧光素标记抗免疫球蛋白抗体（抗抗体，也称第二抗体），再以这种荧光标记抗体作为分子探针，与细胞或组织内的相应抗原（或抗体）特异性结合，最后通过荧光显微镜检查抗原或抗体。间接法的优点是敏感性高，常用于各种自身抗体的检测。本实验以间接免疫荧光试验的方法检测样本中抗核抗体（antinuclearantibody，ANA）的核型和滴度。

【实验目的】

掌握间接免疫荧光试验的实验原理，熟悉ANA的检测步骤及结果判断方法。

【实验原理】

以猴肝组织或人喉癌细胞（HEp-2细胞）做抗原片，将稀释血清样本加到抗原片上，如果血清中含有特异性的ANA，就会与抗原片上的相应细胞抗原特异性结合，再加入异硫氰酸荧光素（fluorescein isothiocyanate，FITC）标记的抗人IgG抗体，即可与结合在抗原上的ANA结合，形成在荧光显微镜下可见的特异性荧光模型。

【试剂与器材】

1. 猴肝或HEp-2细胞抗原片　其中HEp-2细胞抗原片有商品出售。猴肝抗原片可用小鼠肝印片代替。小鼠肝印片制备方法为：①将鼠断颈杀死，剖腹取肝，生理盐水洗去血液；②将鼠肝剪成平面，用滤纸吸干水分和渗出浆液，将切面轻压于洁净的载玻片上，使载玻片上留下一层薄薄的鼠肝细胞；③晾干，用丙酮或95%乙醇固定后，置于4℃冰箱保存一周后使用（减少非特异性荧光反应）。

2. 异硫氰酸荧光素（FITC）标记的羊抗人IgG抗体　有商品出售。

3. pH 7.2～8.0的0.01mol/L磷酸盐缓冲液（PBS），配制方法见附录1。

4. 封片介质　取甘油9份加pH 8.0的PBS 1份，混匀即可。

5. 标本　阴性对照血清、阳性对照血清、待检血清。

6. 其他　微量加样器、吸头、加样板、烧杯、量筒、试管、盖玻片、吸水纸等。

【操作步骤】

1. 稀释待测血清　对待测血清用磷酸盐缓冲液做 1∶100 和 1∶1 000 稀释。用微量加样器吸取 10μl 待测血清加到 990μl 磷酸盐缓冲液中，混匀，做 1∶100 稀释，再吸取已稀释的血清 10μl 加到 90μl 磷酸盐缓冲液中，混匀，血清即 1∶1 000 稀释。

2. 加样　用微量加样器分别吸取 25μl 稀释血清、阴性对照血清和阳性对照血清加至加样板的每一反应区（避免产生气泡）。

3. 温育　将抗原片覆有细胞薄膜的一面朝下，盖在加样板的凹槽里，置室温（18～25℃）温育 30 分钟。

4. 洗涤　用磷酸盐缓冲液冲洗抗原片两次（不要直接冲洗细胞），然后立即将抗原片浸入装有磷酸盐缓冲液的烧杯中浸泡 5 分钟。

5. 加荧光素标记抗体　吸取 20μl FITC 标记的羊抗人 IgG 抗体，加至洁净加样板的反应区，从烧杯中取出洗涤好的抗原片，用吸水纸擦去背面和边缘的水分后，立即盖在加样板的凹槽里，室温（18～25℃）下温育 30 分钟。

6. 洗涤　重复步骤 4。

7. 封片　将盖玻片放在加样板的凹槽里，滴加封片介质约 10μl 至盖玻片上的每一个反应区。从烧杯中取出洗涤好的抗原片，用吸水纸擦干背面和边缘的水分，将抗原片覆有细胞薄膜的一面朝下盖在盖玻片上。

8. 结果观察　暗室荧光显微镜下观察荧光模型。

【结果判断】

可用两种基质检测 ANA，人喉癌细胞（HEp-2 细胞）和灵长类动物肝组织冷冻切片的组合适用于 ANA 的分型，对每一反应区，应同时观察分裂间期和分裂期的 HEp-2 细胞及肝细胞。

1. 阳性　抗原片中细胞核显示明亮、清晰、亮绿色的特异性荧光，常见的核型有：①均质型（homogenous，H），整个细胞核显示均匀绿色荧光，分裂期细胞染色体着亮绿色荧光；②颗粒型（granular，G），核内呈颗粒状荧光分布，分裂期细胞染色体无荧光；③核仁型（nucleolar，N），核仁着色荧光，分裂期细胞染色体无荧光；④着丝点型（centromere，C），核内呈大小、数目、强度均匀的点状荧光，分裂期细胞染色体呈浓缩的条状荧光；⑤混合型，重叠两种以上的核型。

2. 阳性强度　可以观察到特异性荧光反应的血清最高稀释倍数为阳性强度。血清 1∶（100～320）稀释为弱阳性，1∶（320～1 000）稀释为阳性，>1∶1 000 稀释为强阳性。

3. 阴性　细胞不显示特异性荧光反应，或显示非特异性荧光，如模糊、较暗淡、块状或片状荧光。血清<1∶100 稀释为阴性者。

4. 实验失败　阳性对照血清未显示特异性荧光模型，或阴性对照血清显示特异性荧光模型。建议重新检测。

【实验讨论】

间接免疫荧光试验是检测 ANA 最常用的方法，该方法简便、敏感，且可根据荧光形态学特征确定 ANA 的核型。HEp-2 细胞核大、有丝分裂旺盛，具备人源性抗原的特征，有利于自身免疫病的实验诊断。缺点是标本不能永久保存，荧光有自然消退现象，须及时观察；有非特异性荧光的干扰。

验证实验二　抗双链 DNA 抗体检测

双链 DNA（double-stranded DNA，dsDNA）是重要遗传物质，由碱基和磷酸组成。抗 dsDNA 抗体的反应位点位于 DNA（外围区）脱氧核糖磷酸框架上。抗 dsDNA 抗体是系统性红斑狼疮（systemic lupus erythematosus，SLE）的特征性标志抗体，是 SLE 的重要诊断标准之一。间接免疫荧光试验是检测抗 dsDNA 抗体最常用的方法。

【实验目的】

掌握间接免疫荧光试验检测抗 dsDNA 抗体的实验原理，熟悉抗 dsDNA 抗体的检测步骤及结果判断方法。

【实验原理】

采用以绿蝇短膜虫为底物片的间接免疫荧光法检测抗 dsDNA 抗体。绿蝇短膜虫中含有一个大的纯净环状 dsDNA 的线粒体（即动基体），待测标本中的抗 dsDNA 抗体与动基体内的 dsDNA 发生抗原 - 抗体反应，洗涤去除未结合物，再滴加荧光素标记的抗免疫球蛋白抗体（抗抗体，也称第二抗体，简称二抗），该荧光标记抗体与已和动基体结合的抗 dsDNA 抗体（第一抗体）特异性反应结合，再次冲洗去除未结合的荧光二抗后，将底物片放置于荧光显微镜下进行观察，动基体部位显示荧光，表明标本中含有抗 dsDNA 抗体。

【试剂与器材】

1. 绿蝇短膜虫底物片　绿蝇短膜虫底物片有商品出售。
2. FITC 标记的羊抗人 IgG 抗体（荧光二抗）有商品出售。
3. pH 7.2～8.0 的磷酸盐吐温缓冲液（PBS，含 0.05% 表面活性剂 Tween 20），配制方法见附录 1。
4. pH 8.0 的磷酸盐缓冲甘油（封片介质）。
5. 阴性、阳性质控品；待检血清样本。
6. 微量加样器、枪头、烧杯。
7. 加样板、盖玻片、泡沫板。

【操作步骤】

1. 稀释　使用配制好的 PBS-Tween 20 缓冲液 1∶10 稀释待检血清样本、阳性质控品、阴性质控品（11.0μl 样本用 100μl PBS-Tween 20 缓冲液稀释并充分混匀）。

2. 加样　将加样板放在泡沫板上，按顺序分别滴加 30μl 稀释后血清至加样板的每一反应区，避免产生气泡。加完所有样本后再进行温育。

3. 温育　将生物载片覆有生物薄片的一面朝下，盖在加样板的凹槽里，反应立即开始。确保每一样本均与生物薄片接触且样本间互不接触。室温（18～25℃）下温育 30 分钟。

4. 洗涤　用装有 PBS-Tween 20 缓冲液的烧杯流水冲洗载片 1 秒，然后立即将其浸入装有 PBS-Tween 20 缓冲液的洗杯中浸泡至少 5 分钟（可用旋转摇床进行振荡）。

5. 加荧光素标记抗体 滴加 25μl FITC 标记的抗人 IgG 抗体至洁净加样板的反应区（荧光二抗使用前须混匀），完全加完所有的荧光二抗方可进行下一步温育。

6. 温育 从洗杯中取出一张载片，5 秒内用吸水纸擦去背面和边缘的水分后，立即盖在加样板的凹槽里。室温（18～25℃）下温育 30 分钟。

7. 洗涤 重复步骤 4。

8. 封片 将盖玻片直接放在泡沫板凹槽里，滴加封片介质至盖玻片上，每一反应区约为 10μl，从 PBS-Tween 20 缓冲液中取出一张载片，用吸水纸擦干背面和边缘的水分，注意不要擦拭反应区间隙，将载片覆有生物薄片的一面朝下放在已准备好的盖玻片上，立即查看并轻轻调整，使盖玻片嵌入载片的凹槽里。

9. 观察结果 暗室荧光显微镜下观察荧光模型。

【结果判读】

显微镜下观察荧光模型。根据特异性荧光模型来进行定性和抗体滴度的结果判断。

1. 定性实验结果判读

（1）抗体稀释度 1∶10 无反应结果为阴性，待测样本中未检出抗 dsDNA 抗体。

（2）抗体稀释度 1∶10 阳性反应结果为阳性，待测样本中检出抗 dsDNA 抗体。

2. 滴度判断 滴度的定义为与相同稀释倍数的阴性血清相比，可观察到特异性荧光反应的最高稀释倍数，抗体滴度可根据不同稀释度的荧光强度进行判断。

（1）阳性强度：可以观察到特异性荧光反应的血清最高稀释倍数为阳性强度。阳性判断值为抗体滴度 <1∶10（表 4-1）。

表 4-1 荧光强度结果判读

在以下稀释度可观察到的荧光强度				抗体滴度
1∶10	1∶100	1∶1 000	1∶10 000	
弱	阴性	阴性	阴性	1∶10
中	阴性	阴性	阴性	1∶32
强	弱	阴性	阴性	1∶100
强	中	阴性	阴性	1∶320
强	强	弱	阴性	1∶1 000
强	强	中	阴性	1∶3 200
强	强	强	弱	1∶10 000

（2）阴性细胞不显示特异性荧光反应，或显示非特异性荧光。

【实验讨论】

间接免疫荧光试验是检测抗 dsDNA 抗体较为常用的方法。该方法特异性较高。缺点：间接免疫荧光试验只结合高亲和力的抗体，敏感性具有一定的限制，易漏检早期疾病阳性结果。

综合实验　荧光标记抗体的制备

标记免疫技术就是用某种物质标记抗原或抗体，在抗原抗体发生免疫反应后，通过对标记物进行检测来反映抗原或抗体的存在或含量多少的现代免疫学技术。荧光免疫技术是一种利用荧光物质对目标进行标记，通过特定波长的光激发后发出荧光，从而实现可视化检测的技术方法。荧光标记抗体则是将荧光物质与特异性抗体结合，形成荧光标记抗体，用于对目标抗原进行特异性结合和荧光标记。常见的荧光物质有荧光素、量子点、上转换荧光纳米颗粒等。通过荧光标记抗体与抗原的特异性结合，可以实现对目标抗原的高敏感性、高特异性检测。

【实验目的】

掌握荧光标记抗体的制备原理，熟悉荧光抗体常用的纯化与鉴定方法。

【实验原理】

荧光抗体标记技术是将荧光素与特异性抗体以化学键的方式共价结合，形成荧光素-蛋白质结合物（即荧光标记抗体），此结合物仍保留着抗体活性，同时具有荧光素的示踪作用。当它与相应的抗原特异结合后，借助荧光显微镜，可观察抗原-抗体复合物所呈现的特异性荧光。

实验中常用异硫氰酸荧光素（FITC）作为标记物，在碱性溶液中，FITC上的化学基团异硫氰基（−N=C=S）与抗体蛋白自由氨基结合，形成IgG与荧光素的结合物，即荧光抗体，在波长492nm的激发光下发射出黄绿色的荧光，荧光强度与测定细胞相应抗原的含量成正比。以上过程的反应式如下：

$$\text{FITC}-\text{N}=\text{C}=\text{S}+\text{N-H}_2\text{-蛋白质}\rightarrow \text{FITC-NH-CS-NH-蛋白质}$$

常用Marsshall法标记荧光抗体，也可以根据条件采用Chadwick法或改良法。

（一）Marsshall法

【试剂与器材】

1. 试剂　抗体球蛋白溶液、pH 9.6的0.05mol/L碳酸盐缓冲液、无菌生理盐水、异硫氰酸荧光素（FITC）、1%硫柳汞水溶液、pH 8.0的0.01mol/L PBS、Sephadex G-25或G-50柱。

2. 仪器　电磁搅拌器、4℃冰箱、分析天平。

3. 其他耗材　透析袋、烧杯、玻璃棒等。

【操作步骤】

1. 抗体的准备　取适量已知浓度的抗体球蛋白溶液于烧杯中，再加入无菌生理盐水及pH 9.6的0.05mol/L碳酸盐缓冲液，使得最后免疫球蛋白浓度为20mg/ml，碳酸盐缓冲液容量为总量的1/10，混匀，将烧杯置于电磁搅拌器上（速度适当，以不起泡沫为宜），搅拌5～10分钟。

2. 荧光素的准备　根据标记的蛋白质总量，每毫克免疫球蛋白加0.01mg荧光素，用分析天平准确称取所需的异硫氰酸荧光素粉末。也可用下述公式计算出免疫球蛋白、荧光素的量，还可以算出须加缓冲液的量。

（1）蛋白溶液：含量 A（mg/ml）；容积 B（ml）。

（2）总蛋白量：（A×B）=C（mg）。

（3）C/20～C/10=D（mg）（如蛋白含量<20mg/ml，用 C/10；如含量≥20mg/ml，用 C/20）。

（4）FITC 的量：（1/100～1/50）×C=E（mg）。

（5）pH 9.6 的 0.05mol/L 碳酸盐缓冲液的容积：D/10=F（ml）。

（6）PBS 的容积：D−（B+F）=G（ml）。

注：A 为蛋白含量；B 为蛋白溶液的容积；C 为总蛋白量；D 为常数；E 为荧光素的量；F 为碳酸盐缓冲液的容积；G 为 PBS 的容积。

3. 结合（或标记）抗体 边搅拌边将荧光素加入抗体球蛋白溶液中，避免将荧光素黏于烧瓶壁（在 5～10 分钟内加完），加完后，继续避光搅拌 12 小时左右。结合期间应保持蛋白溶液 4℃左右，故须将烧杯和搅拌器一起移入 4℃冰箱中。

4. 透析 抗体结合完毕后，将标记的抗体球蛋白溶液以 2 500r/min 离心 20 分钟，除去其中少量的沉淀物，装入透析袋中，再置于烧杯中，用 pH 7.2 磷酸盐缓冲液透析（0～4℃）过夜。

5. 过柱 取透析过夜的标记物，通过葡聚糖凝胶 Sephadex G-25 或 G-50 柱，分离游离荧光素，收集标记的荧光抗体进行鉴定。洗脱液为 pH 8.0 的 0.01mol/L PBS。

例：如过滤量为 12ml 标记抗体球蛋白液（过滤前未透析），则收集量约为 20ml（稀释 1.7 倍左右）。

（二）Chadwick 法

【试剂与器材】

1. 试剂 抗体球蛋白溶液、异硫氰酸荧光素（FITC）、3% 碳酸钠水溶液、pH 8.0 的 0.01mol/L PBS、1% 硫柳汞水溶液、Sephadex G-25 或 G-50 柱。

2. 仪器 离心机、搅拌器、4℃冰箱、分析天平。

3. 其他耗材 离心管、透析袋、烧杯、无菌吸管、毛细滴管等。

【操作步骤】

1. 抗体的准备 用 0～4℃ pH 8.0 的 PBS 将抗体球蛋白溶液稀释至浓度为 30～40mg/ml，置入 25ml 烧杯内，置于冰上。

2. 荧光素的准备 按每毫克免疫球蛋白加入荧光素 0.01mg 计算，称取所需的荧光素，用 3% 碳酸钠水溶液溶解。

3. 结合（或标记）抗体 将准备的抗体与荧光素溶液等量混合，充分搅匀，在 0～4℃冰箱中结合（最好在磁力搅拌机上持续搅拌）18～24 小时。

4. 透析和柱层析 具体操作步骤同 Marsshall 法。

（三）改良法

【试剂与器材】

1. 试剂 抗体球蛋白溶液、异硫氰酸荧光素（FITC）、3% 碳酸钠水溶液、pH 8.0 的 0.01mol/L PBS、pH 9.6 的 0.05mol/L 碳酸盐缓冲液、1% 硫柳汞水溶液、1% 叠氮化钠、半饱和硫酸铵、Nessler 试剂。

2. 仪器 离心机、搅拌器、4℃冰箱、分析天平。

3. **其他耗材** 离心管、透析袋、烧杯、无菌吸管、毛细滴管等。

【操作步骤】

1. **抗体的准备** 取高效价的兔抗人球蛋白免疫血清，分离球蛋白，用盐水（0.15mol/L NaCl）及缓冲液（pH 9.0 的 0.05mol/L $NaHCO_3$-Na_2CO_3）稀释使每毫升含蛋白质 10mg，缓冲液为总量的 10%，降温至 4℃。

2. **结合** 加入异硫氰酸荧光素［蛋白∶荧光素 =（50～80）mg∶1mg］，在 0～4℃环境下电磁搅拌 12～14 小时。

3. **透析** 用半饱和的硫酸铵将标记球蛋白沉淀分离，除去未结合的荧光素，再用缓冲盐水透析，除去硫酸铵（用 Nessler 试剂测试，至隔夜透析的盐水无氨离子及荧光素为止）。

4. **分装保存或冻干** 将制备好的荧光抗体加叠氮化钠 0.01%，分装在 1ml 安瓿中，或冻干，保存于冰箱中（4℃）可以用半年以上，−20℃环境下保存可达 2 年以上。

【结果判断】

荧光素标记抗体交联物的鉴定：

F/P 比值的测定：F（荧光素）和 P（抗体蛋白）的摩尔比可以反映荧光抗体的特异性染色质量，一般要求 F/P 的摩尔比为 1～2。过高时，非特异性染色增强；过低时，荧光很弱，敏感性降低。

1. **蛋白质定量** 测定荧光抗体的蛋白质（mg/ml）含量。

2. **结合荧光素定量** 先制作荧光素定量标准曲线，即准确称取 FITC 1mg，溶于 10ml pH 9.6 的 0.05mol/L 碳酸盐缓冲液中，再用 pH 8.0 的 0.01mol/L 磷酸盐缓冲液稀释到 100ml，此时荧光素含量为 10μg/ml，以此为原液，再倍比稀释 9 个不同浓度的溶液，用分光光度计在 490nm 波长测定光密度（optical density，*OD*）值，以光密度为纵坐标，荧光素含量为横坐标，做标准函数图。

荧光素与蛋白质结合后，其吸收光谱峰值向长波方向位移约 5nm，FITC 和蛋白质结合后由 490nm 变为 493～495nm。

$$\frac{F}{P}\text{摩尔比}=\frac{\text{FITC}(\mu g/ml)}{\text{蛋白质}(mg/ml)}\times\frac{160\ 000\times10^{3}}{390\times10^{6}}=0.41\times\frac{\text{FITC}(\mu g/ml)}{\text{蛋白质}(mg/ml)} \qquad \text{式(4-1)}$$

式中 160 000Da 为抗体蛋白质的分子量，390Da 为 FITC 的分子量，蛋白质从克换算为毫克须再乘以 10^3，而荧光素从克换算为微克需要再乘以 10^6。

【实验讨论】

1. 本实验中哪些因素会影响标记抗体的质量？
2. 谈谈常用的 3 种标记方法各有什么优缺点？

设计实验　抗中性粒细胞胞质抗体检测实验设计

间接免疫荧光靶抗原来源于组织或细胞中，属于天然抗原，因此抗原的纯度可能会造成非特异性荧光显色，从而引起假阳性反应。在国际共识中抗中性粒细胞胞质抗体（antineutrophil cytoplasmic antibody，ANCA）检测，在进行间接免疫荧光检测的同时应进行

ELISA 联合确认。因此可基于抗原提纯的方法，在细胞初筛的同时进行靶抗原确认，以提高检测的速度及准确性。

【问题背景资料】

间接免疫荧光试验是一种以荧光物质标记抗体而进行抗原定位检测的标记免疫技术，先用特异性抗体（第一抗体）与组织切片、细胞或其他标本中的抗原反应，再用荧光素标记的抗抗体（第二抗体）与抗原 - 抗体复合物中第一抗体结合，洗涤、干燥后，在荧光显微镜下观察特异性荧光，来检测抗原或抗体，临床中主要应用于自身抗体的检测。ANCA 是一组以人中性粒细胞胞质成分为靶抗原，与临床多种小血管炎性疾病密切相关的自身抗体。ANCA 主要有两型：胞质型（cytoplasmic，cANCA）和核周型（perinuclear，pANCA）。cANCA 靶抗原主要是蛋白酶 3（proteinase3，PR3），为中性粒细胞嗜天青颗粒的主要成分，能水解弹性蛋白酶、Ⅳ型胶原等多种组织成分。pANCA 靶抗原主要为髓过氧化物酶（myeloperoxidase，MPO），系中性粒细胞嗜天青颗粒的另一主要成分。

以往的国际共识建议，ANCA 检测应该联用间接免疫荧光法初筛，并用 ELISA 确认靶抗原。而在生物薄片中同时联用两种方法检测可提高检测敏感性，与传统联用方法相比具有高度一致性，判读更为快捷、方便。

【实验设计提示】

首先将 MPO、PR3、抗肾小球基底膜（glomerular basement membrane，GBM）抗原纯化，同时将包含粒细胞基质和高度纯化的 MPO、PR3、GBM 抗原包被至生物薄片上，通过一次性孵育实现 ANCA 初筛及靶抗原确认。应同时将待测样本、阳性质控、阴性质控及正常健康人群样本进行比较。

【小组讨论提纲】

1. 影响间接免疫荧光检测敏感性的因素有哪些？
2. 造成间接免疫荧光检测假阴性、假阳性的原因有哪些？

临床见习　荧光免疫分析系统

经典的荧光免疫试验是以荧光素标记抗体对固相标本的靶抗原进行染色，借助荧光显微镜观察特异性荧光染色形态，直观地判断是否存在待测抗原，这种定性检测技术也称为荧光抗体技术。随着荧光免疫试验的不断完善，检测对象从抗原扩展到抗体，从用于组织、细胞抗原定性、定位检测，进一步发展到液相可溶性成分定量，并进一步发展出了荧光免疫分析技术。荧光免疫分析技术是将抗原或抗体与荧光物质发光分析相结合，用荧光检测仪测定抗原 - 抗体复合物中特异的荧光强度，实现对液体标本中微量或超微量物质的定量测定。常用的荧光免疫分析技术包括时间分辨荧光免疫试验、荧光偏振免疫试验、荧光酶免疫试验等。本实验以时间分辨荧光免疫分析仪（Easycuta 1260）为例进行说明。

【见习要点】

掌握时间分辨荧光免疫分析仪的检测原理，熟悉该仪器的操作流程及其质量控制，了解荧光免疫试验方法的类型及临床适用范围。

【基本原理】

时间分辨荧光免疫试验（time-resolved fluorescence immunoassay，TRFIA）是以镧系元素标记抗原或抗体作为示踪物，并与时间分辨荧光测定技术有机结合发展起来的一种新型非放射性微量免疫分析技术。镧系元素离子螯合的抗体（或抗原）与待测抗原（或抗体）发生特异性免疫反应后，用时间分辨荧光仪测定经解离增强后的反应体系的特异性荧光强度，根据待测物标准品的剂量 - 反应曲线，定量测定待测物的浓度。目前，被用作示踪剂的镧系元素包括：铕（Eu）、铽（Tb）、钐（Sm）、钕（Nd）、镝（Dy）等五种，尤以 Eu^{3+} 最常用。Eu^{3+} 的激发光谱较宽（波长 300～350nm），发射光谱较窄（613nm±10nm），激发光谱和发射光谱间的 Stokes 位移较大，能有效区分激发光和标记物发射的特异性荧光。稀土元素作为金属离子，很难直接与抗原或抗体结合，标记时常用含有双功能基团的螯合物，一端与稀土离子连接，另一端与抗原或抗体的自由氨基以共价键结合，形成镧系元素离子螯合的抗体或抗原。免疫反应形成的镧系元素标记的抗原 - 抗体复合物在弱碱性反应液中经激发后的荧光信号较弱，必须加入一种酸性增强液，使稀土元素离子从免疫复合物中完全解离下来，游离的稀土元素离子与增强液中的另一种螯合剂重新螯合，形成一种能高效率接受激发光的新螯合物分子团，该分子团在紫外光的激发下能发射很强的荧光，信号的增强效果可达百万倍。尤其是镧系元素螯合物的荧光寿命长达 10～1 000μs，而来自待测反应体系中血清、溶剂和其他成分的非特异性荧光寿命较短，通常<20ns，TRFIA 利用这一特性，待背景荧光完全衰变后，再测量镧系元素的特异性荧光，通过控制荧光测量的时间差，即时间分辨，可有效降低本底荧光的干扰，实现了测定的高信噪比，故称为时间分辨荧光免疫试验。

TRFIA 与 ELISA 的操作过程相似，主要包括加样、孵育、洗涤、加注 Eu^{3+} 螯合抗体、再孵育及洗涤、加注酸性增强液、时间分辨荧光信号检测、结果处理或传输等步骤。全自动时间分辨荧光免疫分析仪取代上述手工操作步骤，既可有效减少手工操作带来的偶然误差，提高检测准确度，又能大大加快检测速度，减轻劳动强度，提高工作效率。TRFIA 具有非特异性荧光干扰小、敏感性高、检测范围宽、试剂稳定等优点，曾被认为是最具有发展前景的新型超微量免疫分析技术。

【见习内容】

（一）时间分辨荧光免疫分析仪简介

1. 系统组成 时间分辨荧光免疫试验与酶联免疫吸附试验类似，以微孔板为检测载体。时间分辨荧光免疫分析仪的基本结构主要包括以下几部分。

（1）样品加注模块：包括标本放置平台、标准品舱、加样平台、样本稀释区、加样针清洗区、加样臂及滑轨、6 路独立加样针等，负责样品、标准品的加注与稀释。

（2）试剂加注模块：包括试剂放置架及平台、条码阅读器、吸头架、稀释杯、加样臂及移液器等，负责反应试剂（荧光标记物、缓冲液等，不包括增强液）的加注。

（3）微孔板转运模块：主要由微孔板抓手、运动轨道和机械传动装置等组成，负责微孔板在样本加注平台、洗板模块、时间分辨荧光检测模块相互间的装载与卸载。

（4）振荡孵育模块：包括微孔板孵育舱、温控和振荡装置等，为微孔板的振荡孵育提供恒温、振荡条件。

（5）洗板模块：由洗板组件和增强液加注组件及附属液体管路构成，负责微孔板洗涤和增强液的加注。

（6）时间分辨荧光检测模块：主要由光学系统、微孔板二维运动系统和信号采集分析系统组成，负责时间分辨荧光信号检测。

（7）计算机及管理控制软件：其功能与其他自动化免疫分析仪相同。

2. 主要性能参数 该系统样本舱最多可装载 450 个血清标本，微孔板负载容量为 12 块，反应试剂装载量最多为 12 个检测项目。

3. 临床适用范围 该型全自动时间分辨荧光免疫分析仪是试剂专用型的时间分辨荧光免疫分析平台，通常使用仪器配套试剂。随着时间分辨荧光免疫分析技术的发展，时间分辨荧光免疫试验的检测项目越来越多，临床应用范围逐步扩大。目前，全自动时间分辨荧光免疫分析仪主要应用于血液传染病标志物、激素、肿瘤标志物等微量物质的免疫定量测定。临床常用的检验项目组合如下。

（1）乙型肝炎标志物检测：乙型肝炎表面抗原（HBsAg）、乙型肝炎表面抗体（HBsAb）、乙型肝炎 e 抗原（HBeAg）、乙型肝炎 e 抗体（HBeAb）、乙型肝炎核心抗体（HBcAb）、乙型肝炎核心抗体 -IgM（HBcAb-IgM）。

（2）输血前筛查：乙型肝炎表面抗原（HBsAg）、丙型肝炎病毒抗体、梅毒抗体、人类免疫缺陷病毒（HIV）抗体等。

（3）甲状腺功能检查：游离 T_3（FT_3）、游离 T_4（FT_4）、总 T_3（TT_3）、总 T_4（TT_4）、促甲状腺激素（TSH）。

（4）肿瘤标志物：甲胎蛋白（AFP）、癌胚抗原（CEA）、总前列腺特异性抗原（t-PSA）、游离前列腺特异性抗原（f-PSA）、CA-125、CA19-9、CA15-3 等。

（二）标本处理及要求

自动化时间分辨荧光免疫分析仪与自动化酶免疫分析仪相似，尤其适合临床批量样本固定组合项目的快速测定，最常用的临床标本是血清。

1. 血清标本准备 常规静脉采血约 2ml，不抗凝，置于普通试管中或采用含分离胶的真空采血管。标本室温放置，待血液凝固后以 3 000～5 000r/min 离心 10 分钟分离血清备用。原始采血试管可直接用于上机检测。

2. 标本处理要求 自动化时间分辨荧光免疫分析仪和其他自动化免疫分析技术类似，以抗原 - 抗体反应为基础，标本处理要求同前所述。但 TRFIA 测量用的酸性增强液易受环境、容器中的镧系元素污染，使非特异性荧光本底升高。因此，标本处理过程中应注意防尘和防止手直接接触所致的污染。

（三）操作流程

全自动时间分辨荧光免疫分析仪的基本操作技术流程如下。

1. 开 / 关机

（1）日常开机：①打开仪器背面的黑色总电源，并顺时针旋转仪器前方的红色按钮，再依次开启显示器、控制电脑的电源开关。②双击桌面的【Easy Cuta】图标，启动管理软件，进入用户登录界面，输入用户名和密码，登录后仪器开始执行初始化程序。③点击【项目】进入洗板检测界面，将两块空白微孔板放置在加样平台的 1、2 号，点击【注满】功能键，仪器自动向微孔板加注液体后，查看所有微孔是否被注满，如个别微孔内液体未满，提示该孔对应的喷头体短针堵塞，须用细钢针处理；然后点击【吸干】功能键，待吸干结束后查看所有微孔内是否为空，如微孔内有残留液体，则提示该孔对应的喷头体长针堵塞，可用细钢针处理。检测结束后，仪器转入备用状态。

（2）日常关机：①关闭工控机，从【开始】菜单中选择【关闭】，退出 Windowns 系统。②关闭仪器总电源。

2. 参数设置

（1）项目设置：①单击菜单上的【设置】功能键，弹出【项目设置】子菜单。选中要编辑的检测项目名称。②按【编辑】按钮进入编辑对话框，点击【协议设置】，根据试剂盒说明书设置分析类型（IFMA 或 FIA），定性或定量分析方法，标准品、质控品及样品管数目（检测的复孔数）以及单位等参数。③单击【标准曲线设置】按钮进入标准曲线设置对话框，选择所需的标准曲线类型并激活，按照标准品说明书提供的各点浓度值依次从小到大输入标准品浓度。如须更改曲线的 *X* 轴、*Y* 轴，曲线拟合方法等参数，可在【更改设置】前打钩，根据说明书进行。

（2）项目输入：①点击【文件】下拉菜单【输入项目】按钮，弹出样本项目输入对话框；②进入试管样本放置界面，在【项目输入】模块，选中项目名称并点击右侧【>】符号，所选项目自动进入【所做项目】区域；③在【样本输入】模块，输入样本位置和样本序号（样本号等同于 LIS 设定的样本号，可根据实验室检测序号分配自行编号），点击【输入确认】，保存样本项目信息；④点击【查看信息】按钮，确认项目输入正确后，点击【下一步】完成项目输入。该系统微孔板孵育位只有 12 个。

3. 试剂装载

（1）项目输入全部结束后，点击【下一步】，出现项目标准品放置图，按图示信息，将标准品瓶对应装载至标准品舱内，在对应的项目批号栏内输入批号，点击【下一步】进入试剂组架放置图示界面。

（2）选择正确的试剂瓶（大、小）和试剂，按图示将其装载至试剂架对应的位置，点击【下一步】进入试剂装载检测过程，装载正确后，系统自动进入下一步操作。

（3）在桶检测界面，按图示准备好清洗液、清水，清空废液桶，点击【下一步】，仪器执行冲洗动作，冲洗结束后进入放置微孔板界面。

（4）按提示将微孔板放置于 1 号和 2 号加样平台对应的托盘内（微孔板压平，微孔条牢固卡在微孔架上，并注意叠放顺序），点击【装载】，搬运模块自动进行微孔板装载。

4. 标本装载及测定

（1）输入样本信息后，根据样本放置模拟显示区的颜色提示，将血清标本依次放入试管架上（每个试管架可放 18 个原始采血管）并推至仪器相应位置，试管架应从右向左依次摆放，此时指示灯由红变绿。

（2）把样本处理液、稀释液、稀释杯对应放置在样品放置平台；将 50ml 左右的 0.2mol/L NaOH 溶液加至专门的稀释槽，放在仪器加样针清洗槽下方的卡槽内（建议 NaOH 溶液一次性使用）。

（3）点击【确定】进入样本载体装载检测，装载与系统设置一致时，仪器开始正式运行检测程序。系统进入运行操作界面，可观察项目运行顺序和运行进度等信息。

（4）运行结束后，点击【卸载】，仪器把实验使用后的微孔板搬到平台上，手工取走。

5. 结果查询

（1）在菜单栏的【查询】下拉菜单，点击【病人结果查询】，进入结果查询界面。

（2）输入项目类别、项目名称、样本号或起始日期至终止日期等查询条件。

（3）点击【查看】，显示符合条件的检测结果列表，但不可进行修改。

6. 结果报告

(1) 点击主菜单的【数据处理】，选择【重新评估】进入【新建数据查询】界面。

(2) 选中未处理的数据，点击【计算】进行数据分析处理，然后输出结果，检测结果自动传到 LIS，经审核后发出检测报告。

(四) 质量控制

设备未自动设置质量控制程序，而是将质量控制品当样本进行测定，每次实验均须附带质量控制检测。

1. 运行质量控制程序

(1) 标本信息编辑结束后，选中所做项目名称，将鼠标光标放置在【质控品】按钮上，单击鼠标右键，系统自动弹出【质控品】对话框。根据不同的检测项目，分别设置质控品种类、质控品的使用、使用管数，然后点击【返回】按钮，系统自动保存并返回到样本项目输入界面。

(2) 在样本项目输入界面，分别将各种质控品设置在样本架上，各项质量控制的样本号可设为同一较大数字，如 999。

(3) 标本放置完毕后，依次将所测项目的质控品用干净试管或生化杯分装并置于单独试管架上，紧邻最后的标本架摆放（质控品的体积≥300μl）。在实验结束后，查询 999 号标本的数据，即质量控制结果。

2. 质量控制信息查看　在 LIS 上将 999 号标本数据设为质量控制，即可查看相应的质控品及质量控制项目信息。

(五) 影响因素

时间分辨荧光免疫分析的主要影响因素如下：

1. 实验室环境　时间分辨荧光免疫试验以稀土离子作为标记物，而空气中的灰尘含有大量稀土离子，容易导致试剂和微孔板的污染。因此，应保持实验室环境干净、无尘，实验用品无污染。

2. 标本　标本溶血、脂血、长期保存或反复冻融、凝集不完全等，均会干扰抗原 - 抗体反应，故要求标本新鲜，血清彻底分离。

3. 试剂　部分时间分辨荧光免疫检测试剂在使用前配制时，须用去离子水配制试剂，以减少纯度不高的水质对荧光的淬灭作用，配制试剂的容器必须用一次性洁净塑料容器，避免金属离子或环境中稀土离子对检测的干扰。配制的缓冲液、洗涤液、标准品和增强液使用前应测定本底荧光，合格后方可使用。

4. 标准曲线　标准曲线的准确度直接影响待测物浓度的计算，某些偶然因素可造成标准曲线的某个浓度点偏移较大，应根据标准品复孔和空白对照结果进行修正，以保证曲线的可靠性。

5. 微孔板　时间分辨荧光免疫试验载体常用聚苯乙烯微孔板（96 孔），其本底荧光低，并有微孔板自动洗涤装置，但不同厂家生产的微孔板，其本底荧光差异较大，应注意选择使用。

(六) 设备维护

1. 日保养

(1) 用 75% 乙醇擦拭样品针和试剂针前端面及外壁，清除黏附异物。

(2) 检查冲洗液和废液瓶的液面，必要时更换。

（3）保持标本放置平台、加注平台和试剂放置平台台面清洁，储存盒无异物留存，并用84消毒液（1∶50稀释）对台面进行消毒和清洁。

2. 周保养

（1）用蒸馏水清洗加样针清洗槽，确保清洗槽内部清洁。

（2）用75%乙醇擦拭清洗试剂加注模块的试剂移液器头部，避免异物黏附，影响吸头的密封性。

（3）用75%乙醇擦拭清洗微孔板托盘镜面，避免异物黏附，影响条码扫描器读取微孔板的条码信息。

3. 月保养

（1）用蒸馏水清洗洗液桶、清水桶内部，避免内部水垢进入管道造成管路堵塞。

（2）每月更换一次增强液架上的增强液瓶。

【见习报告】

1. 荧光免疫试验在临床的应用较早，其技术进展如何？目前在免疫学检测分析的应用领域有哪些？

2. 结合见习实验室的荧光免疫分析系统，叙述自动化荧光免疫分析仪的工作原理。

3. 结合见习实验室的荧光免疫分析系统，简述自动化荧光免疫分析仪的操作技术流程及其检测影响因素。

4. 荧光免疫试验有哪几种类型？时间分辨荧光免疫试验具有哪些优势？

（张国军）

第五单元　酶免疫试验

酶免疫试验是以酶作为示踪物质，将抗原 - 抗体反应的特异性和酶催化底物的高效性融合而建立的定性、定位和定量分析技术，在临床检验医学领域和医学、生物学研究等领域应用广泛。本单元主要介绍酶联免疫吸附试验和酶免疫组织化学技术，前者用于检测体液或溶液中微量物质，后者主要用于组织细胞抗原定性、定位检测和分布观察。同时介绍定量酶免疫分析中标准曲线数学模型的建立，引导学生讨论如何根据待测物质特性来选择酶免疫试验的方法类型。

验证实验一　酶联免疫吸附试验

酶联免疫吸附试验（enzyme-linked immunoadsordent assay，ELISA）是一种非均相免疫分析体系，体系中含有两个关键材料：预先包被于固相材料的抗体（或抗原）和酶标记的抗体（或抗原）。96 孔微孔板（酶标板）是最常用的固相材料，也是抗原 - 抗体反应的体系。常用的酶主要为辣根过氧化物酶（horseradish peroxidase，HRP）和碱性磷酸酶（alkaline phosphatase，ALP）。酶联免疫吸附试验有四种基本方法：夹心法（双抗体夹心法和双抗原夹心法）、间接法、竞争法和捕获法。本实验以双抗体夹心法测定乙型肝炎表面抗原（HBsAg）为例，验证 ELISA 的基本原理。

【实验目的】

掌握 ELISA 的基本原理，熟悉 ELISA 双抗体夹心法测定乙型肝炎表面抗原的操作方法。

【实验原理】

HBsAg 为蛋白抗原，单个分子上具有多种抗原表位，经过筛选可获得两种针对其不同表位的单克隆抗体。将其中一种抗体吸附和固定于酶标板（固相抗体）；另一种抗体用 HRP 标记（酶标抗体）。测定时，标准品或待测血清中的抗原在酶标板中与固相抗体结合，经过洗涤清除非特异结合物后再与酶标抗体结合，形成固相抗体 - 抗原 - 酶标抗体双抗体夹心复合物（图 5-1）。体系中固相抗体和酶标抗体是过量的，形成复合物的量与待检抗原的含量成正比。加入底物后，生成有色物质，检测标准品的吸光度（absorbance，*A*）值或光密度（optical density，*OD*）值，可绘制标准曲线，而待测样本中抗原含量由标准曲线获得。

【试剂与器材】

1. 酶标板（包被抗 HBsAg）

2. 标准品　使用商品化 HBsAg 纯品，用标本稀释液（5% BSA 0.1mol/L 的 PBS，pH 7.2）稀释成不同浓度备用；HBsAg 的标本稀释液做零点标准品。

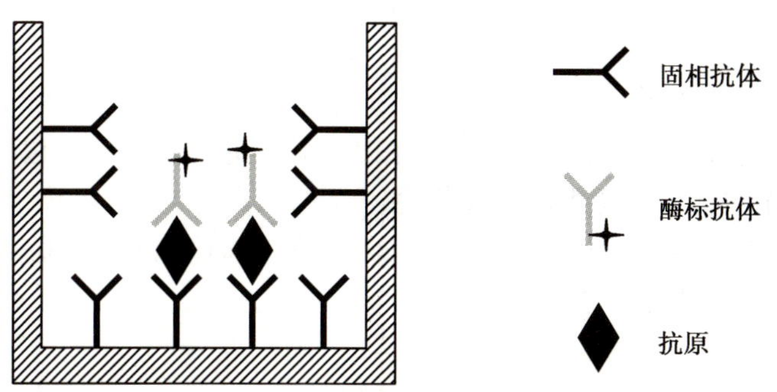

图 5-1 双抗体夹心法检测抗原的原理示意图

3. **酶标抗体** 抗 HBsAg-HRP，用标本稀释液稀释到工作浓度。

4. **质控血清** 使用商品化质控血清。

5. **显色底物** 使用商品化试剂盒显色液 A 和显色液 B 即可，显色液 A 含有 H_2O_2，显色液 B 含有底物四甲基联苯胺（TMB）。

6. **终止液** 可使用商品化试剂盒终止液，或自配 2mol/L 硫酸溶液。

7. **洗液** pH 7.4 的 0.02mol/L Tris-HCl 溶液，其中含有 0.05% 表面活性剂 Tween 20。

8. **酶标仪**

【操作步骤】

1. **制备酶标板** 将抗 -HBsAg 用 0.05mol/L 的 pH 9.6 的碳酸盐缓冲液稀释至工作浓度（一般为 3～10mg/L），即为包被抗体溶液。取空白 96 孔酶标板，加入抗体溶液（每孔 150μl），37℃ 2 小时或 4℃过夜结合。弃去包被抗体溶液并用碳酸盐溶液洗涤，然后再加入含 5% BSA 的碳酸盐缓冲液（封闭液）每孔 250μl，在 37℃下结合 2 小时；弃封闭液并用碳酸盐缓冲液洗涤，干燥后备用。

2. **实验准备** 将待测标本、酶标板、所需试剂平衡至室温；用标本稀释液稀释标本或试剂至工作浓度。

3. **实验操作**

（1）取出酶标板并做标记，加入标准品抗原或待测样本（每孔100μl），37℃反应 30 分钟。

（2）弃去孔中液体，用洗液洗涤 3～5 次，可人工洗板或使用洗板机洗涤。

（3）加入稀释好的酶标抗体（每孔 100μl），37℃反应 30 分钟。

（4）重复步骤（2）并将孔中液体拍干。

（5）每孔加显色液 A 和显色液 B 各 50μl，室温反应 15 分钟。

（6）每孔加入终止液 50μl，混匀。

（7）用酶标仪双波长比色，选择检测波长 450nm，参考波长 620nm，读取各孔吸光度（*A*）值或光密度（*OD*）值。

【结果判断】

本实验为 HBsAg 定量分析，须绘制标准曲线（手工绘制或软件绘制），标准品浓度为 *X* 轴，*OD* 值为 *Y* 轴。行标准曲线拟合一般采用四参数 logistic 数据拟合方式。未知样本 HBsAg 含量由标准曲线获得或通过相应软件计算。

【实验讨论】

1. 注意观察质控血清测定结果是否在一定范围内，以确保实验结果的准确性。

2. 商品化试剂盒除可提供包被用的抗体，部分试剂盒内提供已经包被固相抗体的酶标板。当自行包被酶标板时，应防止包被液蒸发。

3. HBsAg定性分析时需要确定临界值（cut-off值），简述如何确定临界值？

4. HBsAg的定量分析有什么临床价值？

验证实验二　酶免疫组织化学技术

酶免疫组织化学技术以细胞或组织切片为检测对象，应用酶标记免疫反应对特定细胞表面抗原进行显色，通过光学显微镜观察进而判断组织细胞表面有无特异抗原的表达。酶免疫组织化学技术将抗原-抗体结合的特异性、酶免疫分析的敏感性和组织化学技术的直观性结合，可用于抗原在组织和细胞的定位观察。与荧光抗体技术相比，酶免疫组织化学技术不需要荧光显微镜，染色结果可长期保存。此外，在酶免疫组织化学技术中，酶蛋白不宜直接标记抗体，而是采用酶（抗原）-抗酶（抗体）技术实现抗体标记。本实验以过氧化物酶-抗过氧化物酶（peroxidase-anti-peroxidase，PAP）复合物免疫组织化学技术检测T淋巴细胞表面标志CD3为例，验证酶免疫组织化学技术的原理和实验方法。

【实验目的】

掌握酶免疫组织化学技术的基本原理，熟悉酶免疫组织化学技术的基本操作方法。

【实验原理】

抗CD3抗体（Ab1）与组织/细胞切片或细胞涂片上T淋巴细胞表面的CD3特异性结合，形成抗原-抗体复合物；辣根过氧化物酶（P）与鼠源抗辣根过氧化物酶单克隆抗体（Ab2）预先结合，形成过氧化物酶-抗过氧化物酶（PAP）复合物；桥联抗体兔抗鼠IgG（Ab3）连接抗辣根过氧化物酶和抗CD3抗体（二者同为鼠源性Ig）；将免疫反应系统和显色系统偶联；加入过氧化物酶底物（含有DAB和H_2O_2），酶催化物显色，形成的有色产物（不溶性产物）沉积在抗原-抗体反应部位，从而通过光学显微镜对组织/细胞的CD3分子抗原进行定位、定性和定量。（图5-2）

【试剂与器材】

使用商品化试剂盒，或自备以下各材料，均可进行检测。

1. **抗CD3单克隆抗体**　分装保存。

2. **PAP复合物**　为通用试剂，含过氧化物酶（HRP）和抗过氧化物酶抗体，临用前按说明书提供比例混合。

3. **桥联抗体**　当抗CD3抗体和抗过氧化物酶抗体均为鼠源IgG抗体时，桥联抗体可采用兔抗鼠IgG或羊抗鼠IgG。

4. **显色底物**　采用二氨基联苯胺（DAB）和过氧化氢（H_2O_2）作为底物，经酶催化后，形成不溶的棕色沉淀。

5. **洗涤缓冲液**　pH 7.4的0.01mol/L PBS，用于洗涤玻片，去除未结合物。

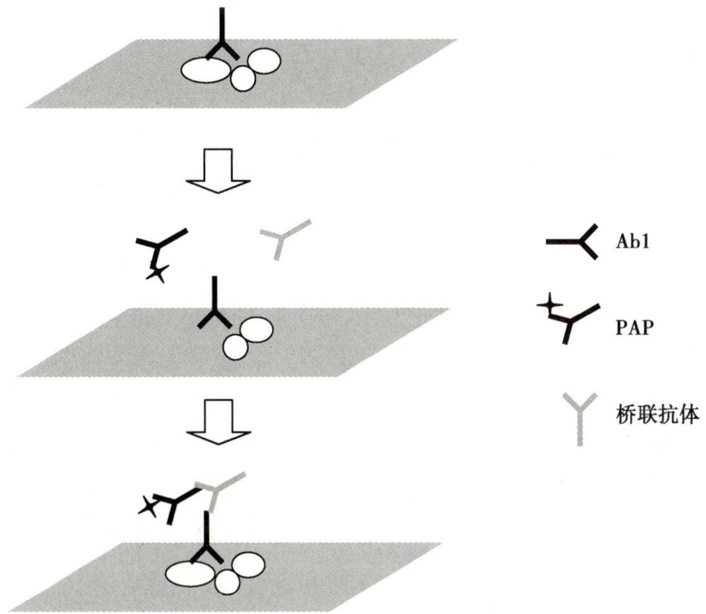

图 5-2 PAP-酶免疫组织化学技术检测抗原的原理示意图

6. 淋巴细胞分离液 Ficoll-hypaque 液。
7. 固定液 丙酮或甲醇。
8. 标本 人外周血。

【操作步骤】

1. 细胞涂片制备 采用 Ficoll-hypaque 液离心分离外周血单个核细胞（peripheral blood mononuclear cell，PBMC）（具体方法参见第七单元验证实验一）。取少量 PBMC 悬液，滴在干净载玻片上，均匀涂开。可适当调整 PBMC 细胞悬液的密度，光学显微镜下观察到细胞涂片上细胞分布密度合适。室温下晾干，用丙酮溶液固定 20 分钟。

2. 免疫反应

（1）向细胞涂片滴加稀释的抗 CD3 抗体 100μl，置于湿盒内，37℃反应 60 分钟，或 4℃反应过夜。

（2）用 PBS 洗涤细胞涂片 3 次，每次静置 3～5 分钟。

（3）加入桥联抗体（兔抗鼠 IgG）和新鲜配制的 PAP 溶液各 100μl，置于湿盒内，37℃反应 30 分钟。

（4）用 PBS 洗涤细胞涂片 3 次，每次静置 3～5 分钟。

3. 显色 加入底物溶液，室温下反应 10～15 分钟；用蒸馏水漂洗后加盖玻片，镜检。

【结果判断】

将待检载玻片置于普通光学显微镜下观察，阳性细胞呈棕黄色，计数 200 个细胞，计算 CD3 阳性细胞的百分率。

【实验讨论】

抗过氧化物酶抗体要与第一抗体（抗 CD3 单克隆抗体）同源，才能通过桥联抗体连接。

请结合本实验进一步思考以下问题。

1. 酶免疫组织化学技术的影响因素有哪些？
2. 如何设置阴性对照？
3. 酶免疫组织化学技术有何优点？
4. 在酶免疫组织化学技术中，为何不直接将酶蛋白标记在抗体分子上？

设计实验一　定量酶免疫分析中标准曲线数学模型的建立

定量免疫分析须用标准曲线来确定被测样品的浓度。标准曲线是已知不同浓度的标准品溶液和测定信号（吸光度值）之间变化曲线。标准曲线可用手工绘制法，也可经公式计算。随着计算机的普及，可以用计算机对标准曲线进行数学函数的运算以计算每一个样品的浓度，不再需要绘制曲线。为此，这一数学函数应尽可能地在可测浓度范围内与标准曲线匹配，称之为曲线拟合。

【问题背景资料】

在曲线拟合中有两个基本变量：分析物浓度（剂量）和信号强度（反应），用它们可直接手工绘制标准曲线，标准品数量越多，绘制出的曲线越光滑。但是，人工绘制曲线主观性强，不同人对同一组数据可绘制出不同曲线。然而，如利用计算机经某种数学函数运算，并计算未知样品的浓度（即通过曲线拟合），便能有效克服上述缺陷。

与生物化学分析（酶活性测定）不同，免疫分析具有特殊性：①不同浓度标准品（抗原）与特异性抗体反应的速率并不相同，导致标准品浓度（剂量）与测定的光密度值（剂量）之间并非呈线性关系；②同组数据拟合方式不同，剂量 - 反应曲线的形状不相同，由此计算出的结果也不相同；③酶活性对环境因素敏感，导致较大测定误差（方差不齐），由此引起不同浓度标本的测定误差也不相同。由于上述原因，定量酶免疫分析剂量 - 反应曲线的拟合更具有复杂性，须根据具体反应模式（竞争分析和非竞争分析）、待检指标临床意义等因素，合理进行剂量曲线拟合，最大限度降低检测结果的误差。

【实验设计提示】

剂量 - 反应曲线拟合是一种公式计算法，计算公式是一种经验公式，即将标准品浓度和测定光密度值之间的函数关系，用一个数学模型（经验公式）来描述，故又称为数学模型法。数学模型（函数）中的系数，是通过一定统计学方法（如最小二乘法）对各浓度标准品实测数据进行拟合后求出。标准品数量越多，各点浓度越接近，拟合效果越好。拟合方式确定后，将每个待测样品的光密度值（*OD*）代入公式（函数），即可计算未知样品中待测物的含量。

一、曲线拟合方法

剂量 - 反应曲线的拟合方法主要分为两大类：线性回归法和曲线拟合。两类方法都存在不同的数学处理模型，以下只介绍常用的曲线拟合方法。

（一）线性回归法

1. 半对数法

半对数法的拟合公式为：

$$Y=a+b\ln X \qquad 式(5\text{-}1)$$

Y：反应变量（光密度值）；X：分析剂量；a：截距；b：斜率

对每个标准点 i，可得到的数据 x_i 和 y_i，其中 $x_i=\ln X$，即 x_i 为每个标准点的剂量，y_i 为其相应的反应变量。根据最小二乘法的原理：

$$b=[\Sigma x_i, y_i-1/N(\Sigma x_i)(\Sigma y_i)]/[\Sigma x_i^2-1/N\Sigma x_i^2)] \qquad 式(5\text{-}2)$$

$$a=[\Sigma y_i-b(\Sigma x_i)]/N \qquad N=标准品的个数$$

对未知样品，在测得反应变量 Y 后，用下列公式计算未知样品中待测物质的含量。

$$X=e^{(y-a)/b} \qquad 式(5\text{-}3)$$

2. logit-log 法

logit-log 换算的拟合公式为：

$$\text{logit}Y=a+b\ln X \qquad 式(5\text{-}4)$$

对每个标准点 i，可得到数据 x_i 和 y_i，即 x_i 为每个标准点的剂量，y_i 为其相应的反应变量。将 x_i 做对数转换，y_i 做 logit 转换。

$$[\text{logit}Y=\ln(Y/1-Y),\ Y=B/B_0] \qquad 式(5\text{-}5)$$

根据最小二乘法的原理可计算出回归方程的回归系数 a 和 b。

对未知样品，也将其反应变量 Y 做 logit 换算后，按下列公式计算未知样品中待测物的含量。

$$X=e^{(\text{logit}Y-a)/b} \qquad 式(5\text{-}6)$$

logit-log 法适用多数竞争性免疫分析系统，而且由于其计算比较简单，用计算器即可完成。但如剂量 - 反应曲线不是完全对称的反 S 状曲线，则勉强用本法可在低剂量和 / 或高剂量有较大的误差。随着计算机的普遍应用，多项式曲线拟合已成为主要的数据处理方法。

（二）logistic 曲线拟合

1985 年由世界卫生组织（WHO）和国际原子能机构（IAEA）推荐使用 logistic 曲线拟合方法，目前应用也比较广泛。logistic 拟合模型可以看作 logit-log 模型的发展，但横坐标用反应剂量而不用反应剂量的对数。

logistic 曲线拟合可分为四参数和五参数两种，以四参数 logistic 曲线拟合最常用。四参数 logistic 曲线拟合的公式为：

$$Y=\{(a-d)/[1+(X/C)^b]\}+d \qquad 式(5\text{-}7)$$

Y= 反应变量（光密度值）；X= 分析物剂量（标准品的浓度）

a：曲线上渐近线的估计值，“0”标准点光密度值

b：斜率，即 logit-log 法的斜率

C：50% 最大 OD 相应抗原剂量

d：曲线下渐近线的估计值，最高剂量点光密度值

在实际工作中，将实验所得的各标准管的数据，由计算机进行非线性最小二乘法回归（可加权），求出各参数。对未知样品，将反应变量 Y 代入原公式，即可计算出未知样品中的反应剂量，即未知样品中待测物的含量。

二、最佳拟合方式的选择

由于实验系统的不同，各种数据处理方法的拟合程度也不一样。因此，应对每一个实

验系统（试剂盒）用不同的数据处理方法分析多批测定数据，然后选取最佳的拟合方式作为该实验系统（试剂盒）的数据处理方法，以利于对测定结果的对比和统计分析。目前的标记免疫分析数据处理软件，多有选择最佳拟合和自选拟合方式的功能，可根据需要进行选择。

（一）拟合方式的评价方法

评价数据处理方法的优劣可用下列指标：

1. 相关系数 线性回归的相关系数 r 或曲线回归的相关指数 R，二者均是重要的指标。其绝对值越接近于 1，表示拟合的程度越高。

2. 残差 残差是指各标准管的反应剂量代入拟合方程所得到的反应变量的期望值 Y_i' 与实际测定值之差的平方和。残差（Q）越小，拟合的程度越高。残差的计算公式为：

$$Q=\Sigma(Y_i'-Y)^2 \tag{式(5-8)}$$

3. 标准偏差 标准偏差（S）越小，拟合的程度越高。标准偏差的计算公式为：

$$\text{直线回归：}S=[Q/(N-2)]^{1/2} \tag{式(5-9)}$$

$$3\text{ 次曲线拟合：}S=[Q/(N-4)]^{1/2}$$

4. 百分比偏差（*DEV*%） 将各标准管的实测反应变量代入拟合方程，求得各标准点的反应剂量的结果 X_i' 与实际反应剂量 X_i 的百分比，称标准曲线函数拟合百分比偏差。百分比偏差越小，曲线拟合的程度越高。*DEV*% 的计算公式为：

$$DEV\%=[(X_i'-X_i)/X_i]\times 100 \tag{式(5-10)}$$

（二）评价拟合程度的意义

1. 剂量 - 反应曲线拟合程度的高低，只代表拟合的数学模型与剂量 - 反应曲线的符合程度，不代表剂量 - 反应曲线的准确度。

2. 不同的反应系统，其剂量 - 反应曲线的最佳数学拟合形式也不同。因而并不是计算的方法越复杂，拟合的程度越好。对每个反应系统应选择其自己的最佳曲线拟合形式。

3. 同一组数据用不同的拟合方式，其所得到结果的趋势是一样的，但所得结果的绝对值不同。因此，对同一实验系统最好选择一个拟合的数学模型，以利于对比和统计分析。

4. 任何曲线拟合模型都不能使不好的实验数据变成好的。因此，从根本上应设计好的实验系统并进行正确的实验操作，才能获得好的剂量 - 反应曲线。

三、曲线拟合实例

（一）原始数据

采用双抗体夹心法测定癌胚抗原（CEA），测定结果如表 5-1 所示。

表 5-1 试剂盒标准品 *OD* 值（双抗体夹心法）

CEA 浓度 /($\mu g \cdot L^{-1}$)	0	10	20	50	100	200	400
OD	0.054	0.330	0.456	0.779	1.231	1.726	2.397

质控血清 *OD* 值：

H：1.181

M：0.321

L：0.220

（二）四参数 logistic 曲线拟合

应用 ELISA Calc 回归 / 拟合计算程序，进行四参数 logistic 曲线拟合，结果如下（表 5-2 和图 5-3）：

$$Y=\{(a-d)/[1+(X/C)^{b}]\}+d \quad 式(5\text{-}11)$$

$a=5.776\ 12$

$b=-0.734\ 04$

$c=661.240\ 38$

$d=0.058\ 12$

$r^2=0.999\ 48$

残差平方和 = 0.00 218

表 5-2 四参数 logistic 曲线拟合相关指标

X- 剂量 /（μg•L^{-1}）	Y- 反应值	Y- 计算值	Y- 残差
0	0.054 0	0.058 1	0.004 1
10	0.330 0	0.310 2	−0.019 8
20	0.456 0	0.465 4	0.009 4
50	0.779 0	0.805 1	0.026 1
100	1.231 0	1.201 5	−0.029 5
200	1.726 0	1.737 2	0.011 2
400	2.397 0	2.395 6	−0.001 4

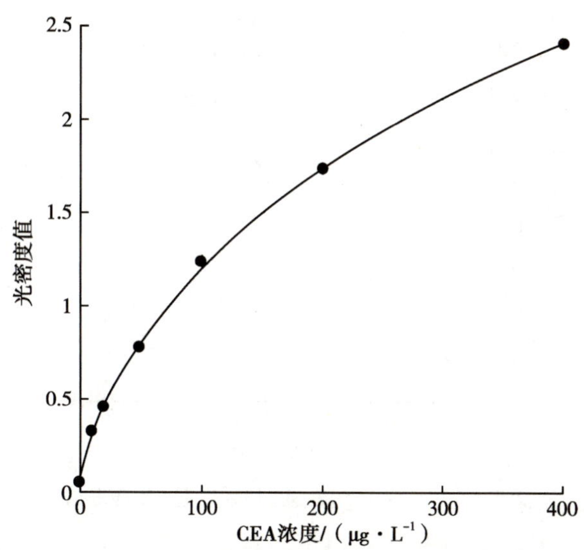

图 5-3 logistic 曲线拟合后剂量 - 反应曲线

质控血清测定结果：

H：97.0μg/L

M：10.6μg/L

L：5.4μg/L

（三）logit-log 直线回归

应用 ELISA Calc 回归 / 拟合计算程序，对表 5-1 数据进行四参数 logistic 曲线拟合。因 0 不能取对数，标准品须去掉 0 点，X 经 logit 转换，Y 经 log 转换，扣除本底光密度值 0.054，结果如下（表 5-3 和图 5-4）：

方程：$\mathrm{logit}Y=a+b\ln X$；转换后表示为：$Y=a+bX$

$a=-1.132\ 11$

$b=0.176\ 65$

$r^2=0.996\ 89$

残差平方和 0.002 18

表 5-3 logit-log 直线回归相关指标

X- 剂量 /（μg•L^{-1}）	Y- 反应值	Y- 计算值	Y- 残差
3.321 9	−0.545 2	−0.545 3	−0.000 1
4.321 9	−0.386 2	−0.368 6	0.017 5
5.643 9	−0.134 3	−0.135 1	−0.000 8
6.643 9	0.074 1	0.041 5	−0.032 6
7.643 9	0.225 6	0.218 2	−0.007 4
8.643 9	0.371 4	0.394 8	0.023 4

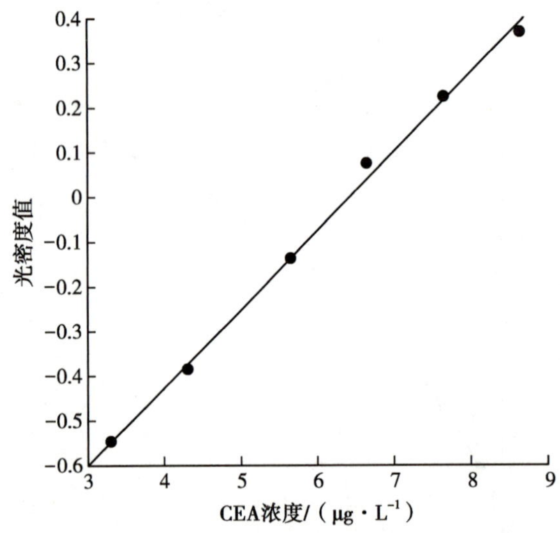

图 5-4 logit-log 直线回归后剂量 - 反应曲线

质控血清测定结果：

H：105.6μg/L

M：9.47μg/L

L：4.36μg/L

可以看出，同一组数据，因数据处理方式不同，标准曲线形状不同，质控血清测定结果也会带来一定偏差。

【小组讨论提纲】

1. 直线回归有几种常用方式？说明各自特点。
2. 曲线拟合有几种常用方式？说明各自特点。
3. 如何评价剂量-反应曲线拟合方式？

设计实验二　酶联免疫试剂盒的研制

当待检测的生物标志物具有抗原属性，能够制备相应抗体，便能通过免疫学分析方式对其进行定性或定量分析；反之，任何特异性抗体（病原体抗体或自身抗体），只要我们能够分离纯化（或人工制备）特异性抗原，同样可通过免疫分析方式对其进行定性或定量分析。以下设计性实验将讨论如何研制酶联免疫诊断试剂和如何对酶联免疫诊断试剂方法学性能进行评价。

【问题背景资料】

研制酶联免疫诊断试剂包括以下重要环节：①原料（抗原或抗体）的制备与标记；②方法选择与设计；③抗原、抗体选择和匹配；④确定各组分最佳工作浓度；⑤优化反应条件。本实验我们以检测一种新发现的肿瘤标志物（蛋白）为例，说明研制一种酶联免疫试剂盒的过程。具体要求：绘制实验流程图，说明重要实验内容和实验方法。

【实验设计提示】

1. 原料制备　免疫学分析方法的关键原料是抗原和抗体。

（1）抗原制备须分析待测物质性质，选择合适方法分离、纯化待测物质纯品。获得抗原纯品主要用于：①制备试剂盒标准品；②制备特异性抗体（单抗或多抗）。

（2）特异性抗体的制备须根据抗原的性质，选择合适动物，确定合理免疫方案和建立抗体效价测定方法等。

（3）制备好的抗原或抗体须根据方法学本身要求制备酶标抗原（或抗体）。

2. 方法选择与设计　酶联免疫吸附试验有四种基本方法：夹心法、间接法、竞争法和捕获法。双抗体夹心法是一种常用方法，适合测定大分子抗原（如蛋白质）；双抗原夹心法适合测定抗体（如病原体抗体）；竞争法适合测定小分子半抗原（如甾体激素）；捕获法用于测定 IgM 类抗体。具体选择哪一类型须根据待测物质特性决定。

3. 抗原和抗体选择　不是任何抗原、抗体均能作为制备酶联免疫法诊断试剂原料的。如抗体：纯度、特异性、亲合力、效价等均是衡量抗体质量的重要参数，抗体亲合力直接影响检测敏感性。再如人工制备（基因重组）抗原，需要考核其免疫活性是否和天然抗原一致，以确保对同一抗体具有相同亲合力。

4. 抗体匹配　对于双抗体夹心法，特别是双位点一步法，要想获得高质量剂量-反应曲线，捕获抗体和酶标抗体最好能识别抗原的不同表位。只有这样，两种抗体在与待测抗原结合时，才不发生相互干扰。任何一种抗原不是单一一种表位，理论上均有可能制备几种不同的单克隆抗体。为此，在使用单克隆抗体作为原料时，需要选择相互匹配的抗体，以便获得良好的剂量-反应曲线。

5. 确定各组分最佳工作浓度 抗原-抗体反应具有比例性，在最适比例情况下获得最强结合。为此，当不同浓度抗原与过量抗体反应时，检测信号随抗原增加而增强（夹心法），这是形成剂量-反应曲线的基础。然而，当抗原浓度过高，体系中抗体已不能满足过剩抗原时，检测信号不再增强，甚至减弱，我们称之为钩状效应。为此，为保证获得良好的剂量-反应曲线（标准曲线）和节约抗原或抗体用量，必须对体系中各组分确定最佳浓度。

6. 优化反应条件 抗原-抗体反应受多种因素影响，如体系的酸碱度、离子强度、温度等，须考核最适反应时间。优化反应条件时需要充分考虑临床工作对实验室的要求，如急诊项目要尽量缩短检测时间。

【小组讨论提纲】

1. ELISA试剂盒包括哪些组成部分，研制ELISA试剂盒需要做哪些准备工作？
2. ELISA有哪些方法类型？如何根据待测物质的理化特性进行选择？
3. 双抗体夹心法定量测定甲胎蛋白，如何选择包被抗体和酶标抗体？
4. 双抗体夹心法定量测定抗原，选择包被抗体浓度和酶标抗体浓度需要依据待测抗原的检测范围而定，如何确定拟研制试剂盒的检测范围？
5. 双抗体夹心法定量测定甲胎蛋白，如何确定包被抗体和酶标抗体的最佳浓度？
6. 理想剂量-反应曲线（酶联免疫吸附试验）应具备哪些条件？

临床见习 全自动酶免疫分析系统

酶免疫试验是把酶高效催化反应的专一性和抗原-抗体反应的特异性相结合的一种免疫检测技术。其检测原理是利用特定酶标记的抗原（或抗体）与其相应的抗体（或抗原）发生特异性免疫反应后，加入酶作用底物，底物经酶催化后发生显色反应，实现样品中抗原或抗体的定位、定性或定量测定。酶免疫分析技术利用酶催化底物反应的生物放大作用，提高了抗原-抗体反应的检测敏感性，具有检测敏感性高、特异性强、结果准确、操作简便、酶标试剂保存时间长等优点。目前，该技术与其他多种生物技术结合，衍生出了不同类型的酶免疫分析技术。

酶联免疫吸附试验（ELISA）是目前临床免疫学检验最基本、最常用的一种酶免疫分析技术。ELISA步骤包括：固相包被、加样、孵育、洗涤、加底物、再孵育、结果观察或光度值测定等过程，步骤多而复杂，须反复手工操作，劳动强度大，结果影响因素多，制约了ELISA的发展。20世纪80年代末，随着酶标仪和洗板机的出现和广泛应用，ELISA分析过程的自动化程度得到了明显提高。20世纪90年代末，由于自动化和计算机技术的日益发展和完善，多种全自动酶免疫分析仪器相继问世，并在临床实验室得到广泛推广、应用。根据其处理模式的不同，通常将全自动酶免疫分析系统分为一体机和分体机两类。根据其所用试剂是否为专用，又可分为试剂“限定”和试剂“开放”两类，本实验以Triturus自动酶免疫分析仪为例进行说明。

【见习要点】

掌握ELISA原理和酶免疫分析系统的工作原理，熟悉该仪器的操作技术流程及其质量控制，了解酶免疫分析方法的类型和应用范围。

【基本原理】

全自动酶免疫分析系统是把 ELISA 过程的加样及稀释—酶标板孵育—洗涤—加试剂—再孵育—洗涤—光度值检测—结果打印或传输等通用步骤进行整合，由自动化仪器取代手工操作。整个分析过程由计算机管理软件控制并自动完成，试剂、样品加注的精密度高，有效降低了手工操作带来的偶然误差，提高了 ELISA 检测结果的准确性。同时，自动化仪器检测速度快，检测时间大大缩短，劳动强度大大减轻，工作效率大大提高，适合大批量临床样本的处理。自动化酶免疫分析仪是酶免疫分析技术应用的一大进步，已广泛应用于临床免疫实验室固定项目组合的批量快速检测。

【见习内容】

（一）全自动酶免疫分析仪简介

1. 系统组成 目前，全自动酶免疫分析仪的品牌和型号较多，无论何种自动化酶免疫分析仪，其基本结构包括以下几部分。

（1）自动化酶免疫分析工作站：①前处理系统：包括条码识别系统、样本架和试剂架、加样系统等，负责样品、标准品和反应试剂（酶结合物、显色底物、终止液）的识别和加注。②孵育系统：包括孵育室、温度控制模块等，提供抗原 - 抗体反应所需的恒温、恒湿环境。③洗涤系统：包括洗板机、洗涤液舱、液路系统，负责反应液和洗涤液的吸出、加注、振荡等洗涤任务，去除酶联反应后未结合的标记物或其他成分。④装载传递系统：包括移动轨道、传动装置、机械臂、抓手等，负责样品装载、酶标板传递。⑤比色系统：包括光源、光路和光信号检测模块等，负责测定酶催化底物后反应体系的吸光度值。

（2）计算机管理和信息系统：包括计算机、打印机等硬件设备以及管理控制软件。其功能与其他许多自动化分析仪器相同。

2. 临床适用范围 自动化酶免疫分析仪通常是试剂“开放”型的酶免疫实验分析平台，原则上能满足基于 ELISA 原理的所有酶免疫测定。但随着化学发光免疫分析技术的发展，ELISA 的临床检测项目逐渐被取代，其临床应用范围逐渐缩小。目前，自动化酶免疫分析仪主要应用于血站、输血科、检验科批量分析的临床免疫学检验项目的测定。临床常用的检验项目组合如下：

（1）乙型肝炎标志物检测：乙型肝炎表面抗原（HBsAg）、乙型肝炎表面抗体（HBsAb）、乙型肝炎 e 抗原（HBeAg）、乙型肝炎 e 抗体（HBeAb）、乙型肝炎核心抗体（HBcAb）、乙型肝炎核心抗体 -IgM（HBcAb-IgM）。

（2）输血前筛查：乙型肝炎表面抗原、丙型肝炎病毒抗体、梅毒抗体、HIV 抗体等。

（二）标本处理及要求

自动化酶免疫分析仪主要应用于大批量临床标本固定组合项目的检测分析，最常用的临床标本是血清。

1. 标本准备 常规静脉采血 2～3ml，不抗凝，置于普通试管中或采用含分离胶的真空采血管。标本于室温（15～25℃）下放置，待血液凝固后以 3 000～5 000r/min 离心 10 分钟，分离血清备用。

2. 处理要求

（1）患者准备：类地高辛、类甲胎蛋白（AFP）等药物与靶抗原可能存在交叉反应，患者采血前 1 天应停服相关药物。此外，血清中脂类物质过高可能干扰抗原抗体的结合，故患者应当空腹抽血。

（2）标本保存：ELISA 检测宜采用新鲜标本。如不能及时检测，应及时分离血清，室温（15～25℃）下可保存 48 小时，普通冰箱中（2～8℃）可保存 5 天，需较长时间保存的应将血清存放于 −20℃环境下，须避免反复冻融。

（3）避免溶血：采血不畅、剧烈振荡、新鲜标本立即置于冰箱保存等因素可造成标本溶血。

（4）血清分离：标本采集时可采用含促凝剂的采血管，或将标本置于 37℃水浴，促进血清分离。

（三）操作流程

主要操作技术流程如下：

1. 开 / 关机程序

（1）日常开机：先打开仪器主控电源，再启动电脑，点击 Triturus 程序图标，系统初始化。

（2）日常开机：先关闭电脑，再关仪器电源。

2. 参数设置

（1）通用试剂设置：点击【Programming】，选中显示列表中的【Common Reagent】，按照具体检测项目的说明书，编辑或删除稀释液、洗涤液、酶标板、酶结合物、显色底物和终止液等，或编辑洗涤方式。

（2）设置洗涤液：点击【Programming】，在显示列表中依据试剂说明书编辑洗涤液类型；选择相应的稀释液、洗涤液、酶标板、酶结合物、显色底物和终止液等。

（3）编辑工作程序：①点击【Programming】，在显示列表中，输入项目名称，并根据试剂说明书选择相应的稀释液、酶标板、试剂和样品加入方式、洗涤方式及次数等；②选择是否设置空白孔，若需要设置空白孔，则输入加样量和复孔数；③编辑具体检测步骤、加样量、孵育时间及比色波长等。定性实验须输入 cut-off 值计算公式，定量实验则输入标准品各点的浓度值，设置灰区值范围，输入仪器确认结果的条件及外部质控的名称等。

（4）组合项目设置：点击【Programming】，在显示列表中设置组合项目名称，选择需组合的检测项目。

3. 试剂装载 按照对话框提示将试剂、稀释液、阴性 / 阳性对照血清以及加样吸头等放置在仪器的相应位置。

4. 标本装载及启动测定

（1）检查样品无溶血及纤维丝且足够量后，按样品盘上所标识的位置依次放入，置于仪器样本平台，转动样本盘位置并听到“咔”声后，确认样品盘已准确就位。

（2）点击【Run】，在对话框中输入检测样本数、起始样品号，确认样品号无误后，双击【Tests and Profiles Menu】选择相应测定程序，在工作单的相应项目上点击右键，选择所需检测的样品号，单击【Next】进行下一步操作。

（3）根据提示信息，把数量足够的酶标板条安置在酶标板上，将酶标板卡入板架，先使用的板放在最下面，依次叠加（一次最多 4 块），再将板架放置于托架上。注意酶标板两端、中央压平、卡紧，以免因板条不平，洗板时造成划板或局部洗涤不干净。

（4）检查洗涤液是否够量及废液桶容量是否足够。完成后，按下【Next Run】，软件自动编辑进行时间优化管理，运行检测程序并显示各项目和流程的检测时间。

5. 结果查询 点击【Results】，选择项目后，按【Test Information】确认结果，也可根据屏幕显示结果一览表，手工记录结果。

6. 报告 检测结果须结合临床资料及相关检查结果综合分析，并审核，必要时与临床联系。

（四）质量控制

1. 编辑质量控制（质控）程序

（1）主界面点击【QC Control】，进入质控界面，选择【Protocols】功能模块，在列表中点击【New】或【Edit】选项，出现三个标贴的窗口。

（2）在 Heading 窗口输入质控项目名称和描述；在 External Controls 窗口编辑外部质控的名称，以及最大 *CV*（变异系数）值要求；在 Multitudies 窗口使编辑的统计规则应用于外部质控。

2. 运行质控 在工作单上，选择放置质控品的位置，点击鼠标右键，从弹出的清单中选定【外部质控】选项。程序显示构建外部质控窗口，从列表中选定相对应的质控，输入批号和有效期，并执行质控程序。

3. 质控结果分析 质控测定完成后，点击【Test Information】测试信息窗口中的【质控】进入质控结果界面；亦可在【QC Control】栏中 Report 处选择相应质控项目、测定日期和质控图类型，打印结果。

（五）影响因素

酶免疫分析过程涉及多个检测步骤，影响因素较多，主要影响因素包括：

1. 标本 标本严重溶血、脂血（餐后采血时发生）；长期保存或反复冻融，导致抗原、抗体变性；凝集不完全所致纤维丝等，均会干扰酶催化反应底物的显色，导致假阳性或假阴性结果。因此，要求标本新鲜，且充分离心分离血清。

2. 试剂 试剂使用的抗体质量对酶免疫检测的影响较大，要求使用高质量的抗体，不同厂家或不同批次的试剂很难保证质量完全一致。使用自动化酶免疫分析仪时，为了减少试剂的批间差异，保证结果的可靠性和稳定性，应尽量选择同一厂家、相同批号的试剂。从4℃冰箱取出的试剂应室温放置 20～30 分钟后启用，否则水化层可影响试剂的原始浓度和试剂中溶质浓度的均匀分布。

3. 加样 ELISA 过程一般有加注样本、酶标记物、底物、显色液、反应终止液等多个加样步骤，仪器加样系统使用的频率高。为了保证加样的准确性，应定期对加样系统进行维护和校准。同时，血清样品应分离充分，样本总量不低于 1ml，否则容易造成样品空加或采样针堵塞。

4. 钩状效应（HOOK 效应） HOOK 效应是指 ELISA 中因被测样本抗原或抗体浓度过高而出现假阴性的带现象。随着 ELISA 一步法的广泛应用，部分临床标本中抗原含量过高，会产生 HOOK 效应，出现假阴性结果，可采用同步稀释法测定，以减少 HOOK 效应的发生。

5. 洗涤 酶标板的洗涤虽不是 ELISA 的反应步骤，但是测定误差的主要来源之一。洗涤液中含有 0.05% 表面活性剂 Tween 20，如 Tween 20 浓度超过 0.2% 时，可导致固相抗原 - 抗体复合物解吸附而影响 ELISA 的检测下限。此外，如每个测试孔洗涤程度不均一，会带来空间差异，影响检测结果的准确性。为此，酶标板拼接时，酶标板条必须放平，确保洗板机所有吸液针一致地插入孔板底部，完全吸尽洗液（液体残留量小于 2μl），以免影响洗板机操作而造成洗板不彻底。

6. 显色 邻苯二胺（OPD）显色剂见光易变质，应在使用前配制，反应过程须避光。四甲基联苯胺（TMB）变肉眼可见的蓝色时，不能继续使用，否则影响显色效果。

7. 光密度测定 应定期对酶标板读数仪进行保养，校正滤光片。根据显色底物设置正确比色波长，最好选用双波长测定，一个检测波长，一个参考波长（常用 630nm），以消除酶标板底部划痕、不平、指印或液面高度差异造成的光干扰。

8. 校准与质控 应用 ELISA 进行定量检测时，须定期校准标准曲线或每更换一批试剂后，应重新校准曲线。同时，每批实验均须选择合适的质控品，进行室内质量控制，以保证结果的准确性。

（六）设备维护

1. 常规保养

（1）运行洗板程序，观察洗板针是否全部通畅。

（2）检查样品盘及其下部圆板、试剂盒、清洗针位置，同时检查洗板位及洗板头有无漏液。如发现漏液，应通知技术人员进行维修。

（3）检查试剂架放置加样吸头的小孔内壁是否清洁，可用 75% 乙醇浸泡的棉签擦拭污物。

（4）每批检测完成后，须冲洗管路，排空废液。观察注射器有无漏水或盐渍，如发现大量漏水应关闭电源，并与维修人员联系。

（5）仪器外部应保持清洁，如有污物可用清水或 75% 乙醇擦拭。

2. 日保养

（1）检查各种容器及其盖子、连接管道、孵育器、洗板头、样品盘及加样平台等有无污染或微生物生长。

（2）用清水浸湿的软布清洁样品盘、加样平台、试剂盖、孵育器、洗板位、洗板头等位置。

（3）对传感器保护膜用镜头纸擦拭。加样针用 75% 乙醇擦拭针头和白色绝缘体。光度仪用 75% 乙醇清洁叉形物下表面。

（4）关机后，取出收集废弃吸头的水槽，洗净并消毒。

3. 周保养

（1）清洗试剂加样针：①配制 1% 的次氯酸钠 1L；②单独编辑一个加样程序：使用 Fix Needle 加样，加样量 100μl，在 Relicates 中输入重复次数（3～8 次）；③用 10 个试管加入上述次氯酸钠溶液 2ml，并用次氯酸钠溶液取代 NaCl 溶液，置于 Priming Solution 的溶液瓶中，运行该加样程序，最后换回 NaCl 溶液瓶，运行【Prime】和【Rinse】。

（2）液体管路消毒：在【Others】菜单中选择【Decontamination】功能键，按下列步骤操作。①在蒸馏水容器位换用装有 0.5% 次氯酸钠溶液的容器，按【Enter】键继续；②系统将自动用次氯酸钠溶液充满整个液路管道并保留 15 分钟；③换回蒸馏水瓶，按【Enter】键继续，系统自动用蒸馏水漂洗液路。

（3）容器消毒：用 0.5% 次氯酸钠溶液消毒各种容器，并静置 30 分钟，然后用蒸馏水漂洗、风干。

【见习报告】

1. 酶联免疫吸附试验检测的物质众多，不同类型的酶联免疫吸附试验适合哪些类型抗原物质的检测？

2. 结合见习实验室的酶免疫分析系统，简述自动化酶免疫分析仪的工作原理及基本构造。

3. 结合见习实验室的酶免疫分析系统，简述自动化酶免疫分析仪的操作流程及酶免疫分析的影响因素。

4. 简述自动化酶免疫分析仪的保养内容。

（李 妍）

第六单元 其他免疫标记技术

免疫标记技术是将抗原 - 抗体反应与标记技术相结合，用标记物标记已知抗原或抗体，通过检测标记物或其反应的强度可对相应抗原或抗体进行定性或定量检测的一种技术。常用的免疫标记物包括荧光素、放射性核素、酶、胶体金及化学发光剂等。标记的抗体或抗原与其相应抗原或抗体的结合反应既可以在液相中，也可以在硝酸纤维素膜（nitrocellulose membrane，NC 膜）等固相膜上进行。固相膜免疫技术具有检测速度快、敏感性高，样品不需要特殊处理，试剂和样本用量极小，操作简单，无须贵重仪器等特点，既可用于抗原检测，也可用于抗体检测，已在临床得到广泛应用，是即时检验（point-of-care testing，POCT）的主要方法。常用的类型有免疫层析试验、免疫渗滤试验、酶联免疫斑点试验和免疫印迹试验等。

验证实验一 胶体金免疫层析试验

胶体金（colloidal gold）也称为金溶胶，可以和抗原或抗体等各种大分子物质结合，成为免疫胶体金。胶体金免疫层析试验（colloidal gold immunochromatography assay）是将抗原或抗体点加在固相载体 NC 膜上，再依次在膜上滴加样品、免疫胶体金等试剂，与 NC 膜上的相应抗原或抗体发生反应后，形成大分子胶体金复合物并聚集，从而使阳性结果在膜上呈现肉眼可见的红色斑点。本实验以胶体金免疫层析试验双抗体夹心法检测乙型肝炎表面抗原（HBsAg）为例说明相关实验方法。

【实验目的】

掌握胶体金免疫层析试验的实验原理，熟悉实验操作步骤及结果判断方法。

【实验原理】

免疫层析试验所用的试剂为干试剂，试剂被结合在一个约 6mm×70mm 的塑料板条（试纸条）上。胶体金标记 HBsAb（小鼠单克隆抗体）干片被粘贴在试纸条的近下端，HBsAb 多克隆抗体和抗小鼠 IgG 抗体分别包被于 NC 膜的测试区和质控区。当试纸条下端浸入液体标本中时，下端吸水材料吸取液体向上端移动，使胶体金标记 HBsAb 复溶，并带动其向膜条渗移。若标本中有 HBsAg，可与胶体金标记 HBsAb 结合形成复合物，此复合物由于层析作用流至测试区时即被预包被的 HBsAb 结合形成胶体金标记 HBsAb-HBsAg-HBsAb 复合物，膜条上出现红色条带。过剩的胶体金标记 HBsAb 继续层析至质控区与抗小鼠 IgG 结合，呈现红色质控线。

【试剂与仪器】

1. **标本** 血清(为了实验室安全,可以将乙型肝炎疫苗加入血清中配制成阳性血清)。

2. **"胶体金法"乙型肝炎表面抗原诊断试纸条** 有商品供应。

3. **试管等**

【操作步骤】

将试纸条从冰箱取出,置于室温下30分钟,让其充分复温。将铝箔袋撕开,取出试纸条。将试纸条有箭头的一端插入血清中,其深度不可超过标示线,约5秒后取出平放,5~10分钟内观察结果。

【结果判断】

1. **阳性** 试纸条测试区(T区)和质控区(C区)均出现红色条带。

2. **弱阳性** 10~30分钟内,试纸条T区条带颜色明显浅于C区。建议用酶联免疫吸附试验重新测试,以免漏诊。

3. **阴性** 仅C区出现红色条带。

4. **无效** T区和C区均无条带,表明实验失败或试纸条失效。

【实验讨论】

免疫层析试验将几种试剂组分优化组合成一个整体的免疫层析分析条,许多条件及条件的组合都会影响到它的质量,因此要有良好的质量控制措施,主要包括:敏感性,阴阳性临界值(cut-off值)的准确性和一致性等。

1. **敏感性** 因测定主要针对正常人体液中不存在的或含量很低的生物活性物质的定性结果,所以高敏感性及其重复性是最重要的质量控制指标。为此,生产厂家在保证分析条的各种优化条件外,还应提供能确证敏感性的标准品,供操作者检验其敏感性和重复性。另外,还应配有相应的阳性及阴性对照血清以供对照之用。

2. **阴阳性临界值的准确性和重复性** 避免发生假阴性或假阳性结果,保证结果的正确。生产厂家应提供确定临界值的标准品,最好还要有低于或高于临界值的标准品(注明浓度),以便对结果有更准确的判断。

验证实验二 免疫印迹试验

免疫印迹试验(immunoblotting test, IBT)是一种将高分辨率凝胶电泳和免疫化学分析技术相结合的杂交技术。因与Southern早先建立的检测核酸的印迹方法DNA印迹(Southern blot)相类似,亦被称为Western blot。免疫印迹试验是将含有某种或某些抗原的混合物成分经SDS-聚丙烯酰胺凝胶电泳(polyacrylamide gel electrophoresis, PAGE)进行分离,再通过电转印将凝胶中分离开的所有物质转移到NC膜上,待测标本中的特异性抗体可与NC膜上的相应抗原结合形成免疫复合物,用酶标记抗人IgG抗体作为示踪第二抗体,最后加入底物沉积显色,将阳性区带与抗体谱比较判断结果。本实验以免疫印迹试验检测样本中糖尿病相关的自身抗体为例,验证免疫印迹试验方法。

【实验目的】

掌握免疫印迹试验的实验原理，熟悉操作步骤及结果判断方法。

【实验原理】

将胰腺细胞提取的混合蛋白抗原（含有胰岛素、谷氨酸脱羧酶和胰岛细胞抗原等多种细胞蛋白成分），用 SDS- 聚丙烯酰胺凝胶电泳（PAGE）按分子量大小依次分离成各区带，再通过电转印技术转移至 NC 膜上，使得 NC 膜条上含有按分子量大小不同排列的各种胰岛细胞自身抗原成分。将其放入反应槽与待测血清反应，如待测血清含有自身抗体，将会与 NC 膜上相应抗原结合，再加入酶联免疫显色试剂，就会在抗原、抗体结合位置出现显色条带，与标准带对照即可判断待测血清中含有何种抗体。

【试剂与器材】

1. **抗原** 印迹抗原膜条（有商品供应）。
2. **抗体** 待测血清。
3. **PBS** pH 7.2～8.0 的 0.01mol/L PBS（含 0.05% 表面活性剂 Tween 20）。
4. **辣根过氧化物酶（HRP）标记抗人 IgG**
5. **底物** 显色剂 A（0.6‰ 二氨基联苯胺）、显色剂 B（0.1% 过氧化氢）。
6. **其他** 标准带、微量加样器、吸头、烧杯、量筒、吸水纸、反应槽、电动摇床等。

【操作步骤】

1. **预处理** 取出所需数目的印迹抗原膜条，放入反应槽内，包被有抗原的一面朝上，在每个反应槽中分别加入 1ml 磷酸盐缓冲液，于室温摇床上摇摆温育 5 分钟后，小心倒去反应槽中的液体。

2. **加样温育** 在反应槽中加入 1ml 磷酸盐缓冲液后，加入 10μl 待测血清或阳性对照血清，将反应槽置于摇床上，于室温下摇摆温育 30 分钟。

3. **清洗** 倒去反应槽中的液体，在反应槽中加入 1ml 磷酸盐缓冲液于摇床上摇摆清洗膜条 5 分钟，小心倒去槽中液体，重复 3 次，扣干。

4. **加酶结合物** 在反应槽中分别加入 1ml 磷酸盐缓冲液和 20μl HRP 标记抗人 IgG，于室温下摇床上摇摆温育 30 分钟。

5. **清洗** 同步骤 3。

6. **显色** 在反应槽中分别加入显色剂 A 和显色剂 B 各 0.5ml，于室温下摇床上摇摆温育 10 分钟，倒去反应槽中液体，用双蒸水或去离子水清洗膜条 3 次，每次约 1 分钟。

7. **观察结果** 倒去槽中液体，将印迹抗原膜条置于标准带结果判定模板上，风干后观察结果。

【结果判断】

印迹抗原膜条质控带出现强着色反应说明实验成功。

将抗原膜条上出现的显色区带与标准带结果判定模板比较，将印迹膜上起始线与标准带起始线对齐，观察阳性显色区带与对应的标准带位置即可判断显色区带是何种自身抗体（图 6-1）。

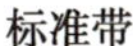

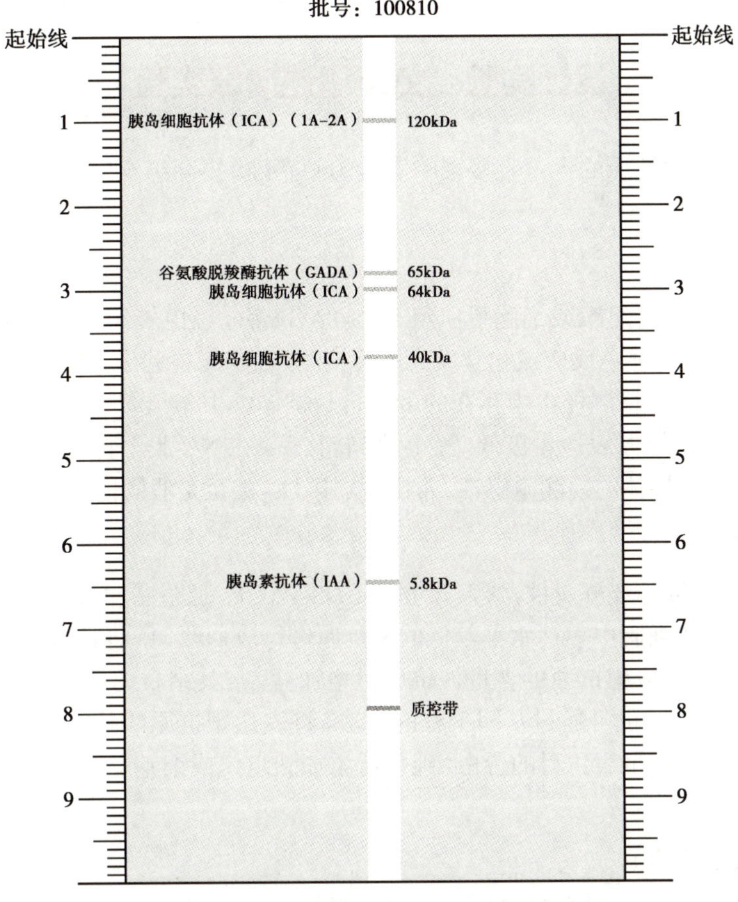

图 6-1　糖尿病自身抗体检测抗原膜条标准带

【实验讨论】

完整的免疫印迹试验由 SDS- 聚丙烯酰胺凝胶电泳（PAGE）、电转印和抗原 - 抗体反应三部分组成，实验操作复杂、耗时长、影响因素多，因此在临床检测中通常采用市售的蛋白抗原印迹膜条进行分析，省去了 SDS-PAGE 和电转印两个实验环节，以缩短检测时间，提高检测的准确性。

免疫印迹法在临床应用中存在一定的局限性，虽然蛋白质分子量不同，但由于其带电荷不同，在电场中泳动速度仍可相同，从而使不同分子量的蛋白质出现电泳距离一致的条带，因此分子量相同的条带并不一定显示为抗某种单一蛋白的抗体。由于一条 NC 膜上有数种成分显示，有些条带距离很近，加上每次电泳时蛋白区带在凝胶中迁移的速率均有不同，给条带的识别带来一定困难，很容易造成误差和假阳性。免疫印迹试验中的抗原是经过变性的，即使有些抗体可能识别转移膜上的变性抗原，但并非所有抗体均能与变性抗原反应。免疫印迹试验一般不能检出针对构象表位的抗体，会造成某些抗体漏检。

提高免疫印迹试验敏感性的方法主要包括增加抗原含量或增强信号强度，可使用信号更好和更强的荧光试剂或使条带局部酶的活性增强。目前，新的性能更好的化学发光检测系统不断被推出。

设计实验　免疫印迹增敏实验

组织或细胞中靶抗原的含量直接影响实验的敏感性，提高组织或细胞中靶抗原的含量可提高检测的敏感性。

【问题背景资料】

免疫印迹试验是将组织或细胞蛋白经 SDS-PAGE 后，经电转印至 NC 膜，然后进行抗原 - 抗体反应，结合酶显色反应或化学发光进行检测，在临床检验中主要用于病原体或自身抗体的检测，可以同时检测样本中存在的多种自身抗体。由于组织或细胞中不同靶抗原的表达水平不同，有些抗原表达量极低，经电泳、转移后，在 NC 膜上特定区域的蛋白含量极低，影响了其对相应抗体的检测敏感性，常出现弱阳性，甚至是假阴性结果。

【实验设计提示】

首先将组织或细胞裂解变性，裂解产物经 SDS-PAGE，通过蛋白质 marker 判断靶抗原所在位置，将组织或细胞中表达水平较低的靶抗原进行胶回收，并将其添加到裂解产物中，以提高组织细胞中相应靶抗原的含量。抗原量增加后，与其结合的待检抗体增多，导致酶显色反应增强。另外，也可通过基因工程的方法，将表达靶抗原的基因构建到原核表达载体中，在大肠杆菌中大量表达目的蛋白，纯化后添加到组织或细胞裂解产物中，以增加靶抗原的含量。

【小组讨论提纲】

1. 影响免疫印迹实验检测敏感性的因素有哪些？
2. 除了增加靶抗原的量以外，还有哪些措施可以增加免疫印迹实验检测的敏感性？

临床见习　全自动化学发光免疫分析系统

化学发光免疫分析（chemiluminescence immunoassay，CLIA）是把抗原 - 抗体反应与发光反应结合起来的一种新型标记免疫分析技术，既具有发光反应的高敏感性，又兼有免疫反应的高特异性。其原理是利用鲁米诺、吖啶酯、三联吡啶钌等化学发光物质标记抗原或抗体，与相应抗体或抗原发生免疫反应，所形成的免疫复合物上的化学发光物质经氧化剂、催化剂或电化学反应激发后，形成激发态的中间体，当这种激发态的中间体回到稳定的基态时，即可快速、稳定发光，产生的光量子强度与所测抗原（抗体）浓度呈正相关。发光强度可用光信号测量仪器进行检测，根据已知浓度标准品制作的剂量 - 反应曲线，即可计算出待测物的含量。化学发光反应可在气相、液相或固相反应体系中进行，通常以液相发光检测应用最多。根据发光标记物和反应原理的不同，化学发光免疫分析可分为直接化学发光免疫分析、化学发光酶免疫分析和电化学发光免疫分析三种类型。化学发光是在常温下由化学反应所致光子的发射，虽具有荧光特性，但不需要激发光，有效避免了荧光分析中激发光源的杂散光影响。自 1977 年 Halmann 建立化学发光测定技术以来，由于该技术具有发光标记物稳定、试剂有效期长、检测敏感性高及特异性强等特点，并且化学发光易于自动化检测，临床应用范围广，既可检测不同分子大小的抗原、半抗原或抗体，也可用于核酸探针的检测，因此，化学发光免疫分析被广泛应用于临床标本中蛋白质、激素、肿瘤标志物等成分的检测。本实验以电化学发光免疫分析仪（Cobas E601 电化学发光免疫分析模块）为例进行说明。

【见习要点】

掌握化学发光免疫分析的基本原理和电化学发光免疫分析仪的检测原理，熟悉该仪器的操作技术流程及其质量控制，了解化学发光免疫分析的类型。

【基本原理】

电化学发光免疫分析是以电化学发光剂三联吡啶钌标记抗体（或抗原），以三丙胺（TPA）为电子供体，在电场中因电子转移而发生特异性化学反应，包括电化学和化学发光两个过程。在进行电化学发光免疫分析时，反应体系内的待测物与其相应的抗体发生免疫反应，形成磁性微粒包被抗体 - 待测抗原 - 三联吡啶钌标记抗体的免疫复合物，反应完成后，复合物进入流动室，同时注入 TPA 缓冲液。当磁性微粒流经电极表面时，被电极下的电磁铁吸引而留在电极表面，而未结合的标记抗体和游离待测物被缓冲液冲走。同时电极施加电压，启动电化学发光反应，使三联吡啶钌和 TPA 在电极表面进行电子转移，产生电化学发光，发射波长为 620nm 的光子。发光信号由安装在流动池上方的光信号检测器测量，光强度与待测抗原的浓度成正比，结合已知浓度抗原标准品的剂量 - 反应曲线，光强度信号被仪器配置的计算机自动计算成被测抗原浓度。

电化学发光免疫分析使用的标记物三联吡啶钌在电场中可不断得到 TPA 提供的电子而持续发光，信号强度高，容易测定与控制。三联吡啶钌直接标记抗原或抗体，结合稳定，不影响标志物的理化特性，本底检测信号极低，检测特异性更高，检测线性范围宽，敏感性高，检出限可达 pg/ml 或 pmol 水平。试剂稳定性好，2～5℃可保存 1 年以上。电化学发光免疫分析已成为临床免疫学分析重要的定量检测方法，具有良好的发展前景。

【见习内容】

（一）全自动电化学发光免疫分析系统简介

1. 系统组成 Cobas E601 电化学发光免疫分析模块是临床常用的一款全自动电化学发光免疫分析仪。仪器结构主要包括以下几部分：

（1）核心单元：包括标本进样口、试管架及传输轨道、条码阅读器、试管架旋转器、试管架加载器、试管架卸载器、STAT 室（急诊标本上机位）等，负责常规和急诊标本的装载、传输、卸载。

（2）E601 模块：①试剂区：位于仪器左侧，包括试剂舱 / 盘、条码阅读器、试剂瓶盖开 / 关装置、试剂加注系统及清洗站、磁珠混合器及清洗站等，负责反应试剂的识别、加注和搅拌。②测量区：包括孵育室 / 盘、温度控制模块，提供抗原 - 抗体反应所需的恒温、恒湿环境。发光信号检测模块负责测定电化学反应后三联吡啶钌发射的特异发光强度值。样品加注系统负责从取样位支架上的样品管中定量采集和运送样品、校正液或对照液至测定杯中。探针每次抽取过程均使用一次性吸头，防止携带污染，并具有液面和凝块检测装置以确保精确地抽取样品。③耗材区：包括加样吸头盒及升降器、抓手、吸头盒装载平台、废物丢弃袋/区等，为样品加注系统提供洁净的吸头。④预清洗区：包括清洗夹、四极磁性固定器、预清洗液体管道、清洗液分配器、清洗站、涡流混合站等，负责反应杯的转移，磁珠的抓捕、冲洗和重悬，去除反应后未结合标记物或其他血清成分。⑤附属试剂与清洁液：包括ProCell溶液和CleanCell溶液等，分别位于模块的前门后面和前门壁内。

（3）计算机控制单元：包括两台计算机主机、一台触摸显示屏和一台普通显示屏等硬件设备以及管理控制软件。其功能与前述其他自动化免疫分析仪器基本相同。

2. 主要性能参数 该系统采用独特的电化学发光检测原理。仪器检测速度为每小时170个测试，从样本放入到检测出第一个结果所需时间为9分钟、18分钟或27分钟。样本盘可放置75个标本，可用原始采血标本管直接上机。加样系统采用一次性吸头，避免交叉污染。标本可连续装载而不影响仪器运转。可随时插入急诊样本进行测试。试剂盘可放置25种不同的试剂，并带有内置式恒温系统，上机后的试剂可保存8周。仪器配置全自动二维条形码识别系统，标本条形码内含的检测项目信息自动扫描、存储在计算机管理系统中，检测数据通过计算机管理系统直接传输到LIS数据库。

3. 临床适用范围 目前该系统开发出用于肝炎标志物、心肌损伤标志物、肿瘤标志物、激素等80多个临床检测项目。临床常用的检测项目组合如下：

（1）常规项目：肝炎标志物系列、肿瘤标志物系列、甲状腺功能、生殖性激素系列、心肌损伤标志物、贫血因子、骨代谢等项目组合。

（2）特有项目：CA72-4、神经元特异性烯醇化酶（NSE）、细胞角蛋白19片段抗原21-1（CYFRA21-1）、S100蛋白、Ⅰ型前胶原氨基末端肽（PINP）、C-肽（C-P）、β胶原特殊序列（β-CROSSL）、N-末端脑钠肽前体（NT-proBNP）、促肾上腺皮质激素（ACTH）等。

（二）标本处理及要求

全自动电化学发光免疫分析仪主要应用于批量临床标本的定量或定性分析，最常用的临床标本是血清。

1. 血清标本准备 常规静脉采血2～3ml，不抗凝，置于普通试管中或采用含分离胶的真空采血管。标本室温放置，待血液凝固后以3 000～5 000r/min离心10分钟分离血清备用。

2. 标本处理要求 电化学发光免疫分析仍以抗原-抗体反应为基础，因此标本处理要求与其他免疫分析实验基本相同。电化学发光免疫分析在临床常用于对性激素、胰岛素等小分子激素的定量测定。性激素水平呈现一定规律的日间波动，青春期波动更加明显，为了便于动态比较，最好在早晨固定时间采血。此外，对脂血或冷冻溶解后混浊不清的标本，测试前必须通过离心沉淀分离血清。

（三）操作流程

全自动电化学发光免疫分析仪的基本操作技术流程如下：

1. 开/关机

（1）日常开机：①检查供、排水系统是否正常，打开供水系统电源。②依次打开打印机、显示器、电脑以及仪器左侧电源开关。③输入操作者用户名和密码，进入主界面，仪器自检后待机备用。

（2）日常关机：①仪器处于Standby状态，在【Utility】功能界面选择【Maintenance】，执行关机保养程序。②仪器回到Standby状态，点击【Shut down】执行关机程序，最后依次关闭仪器、供水装置、计算机或打印机电源。

注：该系统可24小时处于待机状态，不必每日开、关机。

2. 参数设置

（1）应用参数下载：在【Utility】功能界面选择【Application】，点击【Download】，在提示栏中通过项目代码、项目名称、试剂盒编号查找相关项目，按【Search】查找到相关项目后，点击【Download】下载项目参数。

（2）参数修改：在【Utility】功能界面选择【Application】，点击【Analyze】，可修改试剂盖开关模式，点击【Calib】可修改校准重复性设置，点击【Range】可修改检测项目单位。

（3）项目添加及组合设置：在【Utility】功能界面选择【System】，点击【Key Setting】进行项目添加及组合设置。【Key Setting】界面内有血清、尿液、脑脊液、全血四种标本类型选项，每种标本类型包括Group 1、Group 2、Group 3、Group 4、Group 5共计5个Group，每个Group中可编辑32个检测项目。

1）项目组合设置：在【Key Setting】界面中选择相应的标本类型，点击【Profile Setting】进入项目组合编辑界面，在【Profile Name】界面中点击空白选择栏，在下方Profile Name中输入组合项目名称（少于8个字母）；在Test Name中选择所需的项目并添加至Assigned Tests界面，依次点击【Update】和【OK】保存。点击已添加项目的模块可以进行项目的修改。

2）项目添加设置：在【Key Setting】界面中选择相应的标本类型，在任意5个Group中点击空白模块，仪器自动显示所有需要申请的项目，包含组合项目在内，选择所需项目后点击【OK】，依次点击【Update】和【OK】后，该项目即被关联至Workplace界面。

组合项目和单个项目的添加和关联可以根据实验目的和临床需求进行自行设计和修改。

3. 试剂装载

（1）在【Reagent】功能界面点击【Setting】，查看仪器现有试剂状态（剩余情况），打印试剂装载列表。

（2）仪器处于Standby状态，打开试剂舱门并按需求装载试剂，选择F1，点击【OK】，仪器开始扫描试剂条码，扫描完毕后，在Setting界面显示试剂状态信息。

4. 校准

（1）在【Calibration】界面选择【Install】，在Download提示栏内选择定标液名称，点击【OK】选择相应的定标液批号，从管理计算机下载定标参数。

（2）在【Calibration】界面点击【Calibrator】，输入放置定标液的标本架编号和位置，再点击【Assign】完成设置。如果使用定标瓶上的条形码，则不需要安排架号，仅需在【System】界面选择应用barcode方式。

（3）在【Calibration】界面点击【Status】，选择需要定标的项目和定标方法，按【Save】键保存所编辑信息。

（4）加载定标液，可以选择常规进样口或者急诊进样口进样，按下【Start】键，执行校准程序。

（5）在Workplace界面点击【Calib review】，查看项目校准结果，若出现红色为定标失败，点击校准失败的项目，在Print界面通过【Calibration Trace】查找校准失败的原因，重新校准。提示校准成功，同时在【Calibration】功能界面下选择【Calibration Result】，查看校准品信号值。

5. 标本装载及测定

(1) 将加入样品的标准试管(可用原始采血管)或微量杯安放在标本架上。

(2) 把标本架放置在标本传输轨道上(从1号位开始)。

(3) 在屏幕 Workplace 菜单中,点击【Test Selection】选择样本类型:①常规样本在 Sample ID 处输入样本编号,并选择测试项目,单个样本按【Save】直接保存;批量样本按【Repeat】键,输入最后的样本号再保存。②急诊样本选择【Stat】键,输入样本架编号及样本编号,选择测试项目,按【Save】保存测试信息,并把标本放在急诊进样口。

(4) 按【Start】键仪器开始运行测定,结果自动传入实验室信息系统(laboratory information system,LIS)。

6. 结果查询

(1) 进入 Workplace 菜单,选择【Data Review】。

(2) 点击【Search】,在信息栏输入 Sequence No、Sample ID 等样品查询信息,点击【Down】查询检测结果。

7. 结果报告　正常情况下仪器自动将结果传输到 LIS,如传输通信出现异常,仪器能保存结果但无法完成传输,需要在通信恢复后,选择未传输的结果,点击【Send to Host】将结果传输至 LIS。所有检测结果必须结合临床资料认真审核。

(四)质量控制

1. 装载质控参数

(1) 在【QC】界面点击【Install】,手工模式选择【Add】,填入质控项目名称、样本类型、编码、批号和有效期,按下【OK】键。

(2) 点击添加的质控项目及质控品,选择【Edit】,在提示界面输入质控品的靶值及 SD,按下【Update】,从控制计算机装载定标参数。

2. 运行质控程序

(1) 在主菜单下,进入【QC】界面。

(2) 点击【Control】,选中【Rack Assignment】,选择质控品及位置,点击【Assign】,完成质控品架号设置。

(3) 点击【Install】,选择需要的质控品及项目,点击【Activate test】,激活所选项目,激活成功后项目变蓝色。

(4) 点击【Status】,选中质控项目并保存,将质控架放置于常规进样单元,无须编辑 Sequence,可直接点击【Start】执行质控检测程序。

3. 质控信息查看　进入【QC】界面,点击【Individual】选择查看项目:点击【Chart】查看 Levy-Jennings 图;点击【Realtime QC】查看当前质控结果数据;点击【Accumulate】查看质控检测结果的历史数据。

(五)影响因素

化学发光免疫分析系统的主要影响因素如下:

1. 标本　标本溶血后,红细胞释放的多种酶可能对待测物有破坏作用。脂血标本因脂类物质可影响抗原抗体的结合从而干扰检测结果。ACTH、黄体生成素(LH)、C-P 等对温度敏感的激素类物质的检测标本应在 2~8℃条件下储存,在 24 小时内完成检测,若储存在 -20℃冰箱内可稳定 6~12 个月。甲状腺素测定血清在 2~8℃条件下可稳定 7 天,若在 -20℃条件下可稳定 6 个月;AFP、CEA、CA15-3 等肿瘤标志物测定血清在 -20℃条件下可稳定12个月，若保存在2～8℃条件下应在24小时内完成检测。

2. 试剂 化学发光免疫分析系统使用专用试剂，不同厂家的试剂不能混用。抗体的质量对化学发光免疫检测的影响较大，即使同一厂家不同批次的试剂也很难保证抗体质量完全一致。因此，更换试剂批号后，应对检测系统进行重新校准。此外，全自动化学发光免疫分析仪均有恒温的试剂储存舱，但长期储存用量较小的试剂容易变质，影响检测结果，使用后最好取出、加盖并置于2～8℃冰箱内保存。

3. 加样 仪器加样装置长期使用易出现机械磨损，导致样品或试剂的加入量发生系统偏差，为了保证加样量的准确性，应定期对加样系统（样品、试剂）进行维护和校准。标本量过少或血清分离不良容易造成样品空加或采样针堵塞。

4. 校准与质控 仪器是否处于最佳工作状态是影响测定结果准确度的重要因素。仪器工作状态可通过室内质量控制结果进行判断。由于各种检测项目的试剂稳定性和检测原理不同，成功定标后的标准曲线有效期差异较大，一般来说夹心法的稳定性好于竞争法。如标准曲线过期不按时校正，可出现标准曲线漂移，影响化学发光免疫分析结果。在临床操作过程中，应结合标准曲线的有效期或室内质控结果，决定是否需要校正标准曲线。若仪器重要功能单元经过大维修、更换配件或缓冲液等试剂升级，则必须校正标准曲线。

5. 标本上机时间 若将检测标本长时间放置于样品舱，温度较高可能导致标本因蒸发而浓缩，可影响测定结果的准确性。因此，标本上机数量应根据仪器加样速度决定，保证标本在3小时内加样完毕。

6. 结果判断 对仪器测定结果应结合室内质控值进行检测有效性的判断，若发现某一检测项目质控失控，必须对测定结果进行复查，必要时更换试剂或重新定标。对于一些因偶然因素所致的异常结果，需要实验技术人员根据自己的实践经验进行判断。

（六）设备维护

1. 常规保养 检查样品吸头、废弃物收集容器、清洗液和废液瓶的液面，必要时添加或更换。

2. 日保养

（1）擦洗探针：①执行Utility—Maintenance—Manual Cleaning—Select，选择E模块，点击【Execute】，先用干净纱布蘸75%乙醇擦拭，再用纱布蘸蒸馏水擦拭，最后用干纱布擦拭，完成后点【Stop】；②执行Utility—Maintenance—Reset程序，对仪器进行复位。

（2）擦洗仪器表面：执行Start—Masking，选择E模块—OK—Yes，用1%次氯酸钠消毒液擦拭Mask状态的仪器表面，完成后解除模块的Mask状态。

（3）测试后保养：仪器在Standby状态下，执行Utility—Maintenance—关机保养，选定E模块及测量池，完成后仪器回到Standby状态。

3. 周保养

（1）清洁清洗站喷嘴：①执行以下程序，Utility—Maintenance—Empty PC/CC Reservoir—选择E模块—Execute，吸干小杯内液体后，继续执行Utility—Maintenance—Manual Cleaning—Select—选择E模块—Execute，仪器停止；②将Sipper针移到孵育池处，提起喷嘴，取出小杯，用蒸馏水浸湿的棉签擦拭；③完成后对仪器复位，并执行Utility—Maintenance—Reagent Prime程序，仪器重新灌注；④最后进行关机保养程序，回到Standby状态。

（2）清洁搅拌棒、混匀器、孵育池：①执行Utility—Maintenance—Manual Cleaning—Select，选择E模块，点击【Execute】，仪器停止；②先用经75%乙醇浸湿的干净纱布擦拭，再用蒸馏水纱布擦拭，最后用干纱布擦拭；③完成后点击【Stop】，执行 Utility—Maintenance—Reset 程序，对仪器进行复位。

（3）清洁冲洗站：①执行 Utility—Maintenance—Manual Cleaning—Select，选择 E 模块，点击【Execute】，仪器停止；②用带管的大号注射器吸取一定量的 5% 次氯酸钠溶液，将管的一端插入仪器管道，注入次氯酸钠溶液，然后反复注入蒸馏水，重复该步骤 2～5 次；③完成后点击【Stop】，并执行 Utility—Maintenance—Reset 程序，对仪器进行复位。

4. 季保养 主要清洁水箱、仪器附带冰箱压缩机过滤膜等。

5. 按需保养

（1）在 Standby 状态下，清洁 Procell M/Cleancell M 试剂瓶的吸管及过滤膜，用 75% 乙醇擦拭试剂盘，用 1% 次氯酸钠清洁固体废物部件。

（2）在关机状态下，对固体废物区进行清空并清洁。

（3）2 天以内停机：按正常步骤关机，并关闭制水机；开机时执行设定好的 Maintenance—POWERON1；2～7 天停机：执行 Maintenance—POWER OFF2，开机执行 Maintenance—POWER ON2；如果超过 7 天关机，请与厂家工程师联系。

【见习报告】

1. 化学发光免疫分析技术的自动检测仪器发展较快，根据发光标记物的不同，可以分为哪几种化学发光免疫分析方法？各自的优缺点如何？

2. 结合见习实验室的化学发光免疫分析系统，叙述全自动化学发光免疫分析仪的工作原理。

3. 结合见习实验室的化学发光免疫分析系统，简述全自动化学发光免疫分析仪的操作技术流程及检测影响因素。

4. 电化学发光免疫分析有哪些特点？

（黄俊琼）

第七单元 免疫细胞检测技术

免疫细胞是指参与免疫应答或与免疫应答有关的细胞，主要包括T淋巴细胞、B淋巴细胞、单核巨噬细胞、粒细胞和自然杀伤细胞等。检测机体的免疫细胞，对于评估机体免疫功能及状态具有重要意义，也有助于免疫相关疾病的诊断、疗效的评估和预后判断。本单元主要介绍如何将特定的免疫细胞从血液或组织中分离出来，并根据免疫细胞所具有的独特标志与特殊功能，采用体外方法对其进行数量和功能检测。

验证实验一 外周血单个核细胞的分离

外周血单个核细胞（peripheral blood mononuclear cell，PBMC）包括淋巴细胞和单核细胞。在体外研究淋巴细胞，常常要先分离血液等标本中的单个核细胞，再进一步将淋巴细胞等分离、纯化并进行检测。PBMC分离的原理是根据各类血细胞的大小、密度、沉降率、黏附力等存在差异，利用特定的技术加以区分。本实验介绍采用单次差速密度梯度离心法分离人外周血单个核细胞的方法。

【实验目的】

掌握外周血单个核细胞分离的基本原理，熟悉免疫细胞分离的操作方法。

【实验原理】

外周血单个核细胞的密度与血液中的其他细胞不同。红细胞密度较大，约为1.093，多形核粒细胞约为1.092，血小板约为1.032，单个核细胞密度介于1.075～1.090。因此，利用一种密度介于1.076～1.092的等渗溶液（淋巴细胞分离液）进行密度梯度离心，可使不同类别的血细胞因密度不同而呈梯度分布。血小板因密度小而悬浮于血浆中；红细胞和多形核粒细胞密度大于分离液，同时红细胞因聚蔗糖作用而聚集成缗钱状，因而沉积于管底部；单个核细胞的密度略小于淋巴细胞分离液，故悬浮于分离液上层与血浆层交界处，呈云雾状白膜层。吸取该层细胞，经洗涤后即可获得外周血单个核细胞。

【试剂与器材】

1. **人淋巴细胞分离液（Ficoll-hypaque液）** 密度1.077±0.001。
2. **Hanks液** 配制方法见附录1。
3. **台盼蓝（Trypan-blue）染液** 配制方法见附录1。
4. **白细胞稀释液** 吸取2ml冰醋酸混于98ml蒸馏水中，加入10g/L亚甲蓝3滴。
5. **标本** 肝素抗凝的人外周静脉血。
6. **器材** 试管、滴管、吸管、无菌干燥注射器、无菌棉球、橡皮止血带、水平式离心机、生物显微镜、血细胞计数板等。

【操作步骤】

1. **稀释血液** 吸取肝素抗凝的人外周静脉血2ml，再加入等量Hanks液，混匀稀释。

2. **加分离液** 在离心管中加入淋巴细胞分离液2ml，再用毛细吸管吸取稀释全血4ml，在距分离液面上1cm处，沿管壁缓慢叠加于分离液上，使两者之间形成清晰的界面。稀释血液与分离液体积比为2∶1。

3. **离心** 配平后将离心管置于水平式离心机内，以2 000r/min离心20分钟。离心后管内容物由上至下分为四层：最上层为稀释血浆层（含有绝大部分血小板和破碎细胞）；中层透明的为细胞分离液；单个核细胞层位于上、中层界面处，呈现云雾状灰白色膜层；最下层为红细胞及其面上的粒细胞。

4. **吸取白膜层** 用毛细吸管轻轻插到上层血浆与中层分离液的交界处，沿管壁周缘吸出富含单个核细胞的云雾状白膜层，移入另一试管中。

5. **洗涤细胞** 在单个核细胞管中加入5倍体积的Hanks液混匀，以1 500r/min离心10分钟，弃上清，加适量Hanks液，将沉淀细胞振摇重悬后，同法洗涤2次。末次离心后，吸尽上清，再加入Hanks液使细胞悬液体积补充至1ml。

6. **计数** 吸取20μl细胞悬液加380μl白细胞稀释液混匀2～3分钟，吸取15μl滴入血细胞计数板中，充池，计数白细胞数。

7. **细胞活力检测** 取50μl细胞悬液与50μl台盼蓝染液混匀，静置10分钟后，取15μl滴于玻片上，加盖玻片，在高倍显微镜下观察细胞状态。

【结果判断】

活细胞可排斥染料不被着色，折光性强。染料可渗入死亡细胞，死亡细胞着蓝色，体积略膨大。正常情况下，活细胞比例大于95%。

【实验讨论】

1. Ficoll密度梯度离心法是一种分离单个核细胞的常用方法，细胞得率高于80%，淋巴细胞纯度可达90%以上。

2. 简述分离不同种类动物（如大鼠、小鼠、家兔）外周血单个核细胞时，对分离液的密度要求有何不同？

3. 本法制备的单个核细胞悬液能满足许多细胞免疫实验的要求。试问若需要进一步进行T淋巴细胞、B淋巴细胞的纯化，可采用哪些方法除去单核细胞？

验证实验二　T淋巴细胞增殖试验

T淋巴细胞增殖试验又称T淋巴母细胞转化试验，是指T淋巴细胞在体外培养过程中受到特异性抗原或非特异性有丝分裂原（如植物血凝素、刀豆蛋白A）刺激后，发生一系列增殖反应，并转化为淋巴母细胞。T淋巴母细胞转化率的高低在一定程度上可反映机体的细胞免疫功能水平。根据实验目的与实验条件的不同，T淋巴细胞增殖试验结果的读取可采用形态学检查法和MTT比色法等方法。

一、形态学检查法

【实验目的】

掌握T淋巴细胞增殖试验形态学检查法的实验原理，熟悉操作步骤和结果判定方法。

【实验原理】

T淋巴细胞在有丝分裂原植物血凝素（phytohemagglutinin，PHA）等刺激下发生增殖反应，细胞的形态与代谢发生变化，表现为细胞体积增大，胞质增多并出现空泡，核染色质疏松、核仁明显，部分细胞出现有丝分裂。将细胞涂片、染色，在显微镜下观察细胞的形态，计算转化细胞的百分率可反映机体的细胞免疫功能。

【试剂与器材】

1. **RPMI 1640培养液** 有商品出售。用前调至含10%小牛血清、青霉素100kU/L、链霉素100mg/L，用无菌的3% $NaHCO_3$ 调pH至7.2～7.4。

2. **PHA** 用含10%小牛血清的RPMI 1640培养液稀释PHA至500～1 000mg/L。

3. **吉姆萨染液** 配制方法见附录1。

4. **标本** 肝素抗凝人外周静脉血。

5. **器材** 细胞培养瓶、CO_2培养箱、超净台、高压灭菌器、无菌过滤装置、离心机、显微镜等。

【操作步骤】

1. **加样** 取肝素抗凝血0.2ml，注入预先加有1.8ml RPMI 1640培养液的培养瓶内，同时加入PHA（500mg/L）0.1ml，对照瓶内不加PHA。

2. **培养** 混匀后置于37℃ 5%CO_2培养箱内孵育72小时，其间每天旋转摇匀一次。

3. **制片** 培养结束后，弃去上清，混匀细胞，加入离心管中，以1 500r/min离心10分钟。弃上清，吸取白细胞层制片，自然干燥。

4. **染色** 甲醇固定1～2分钟后，吉姆萨染色15～20分钟，水洗，干燥。

5. **计数** 油镜下计数200个淋巴细胞，观察淋巴细胞的形态变化，计算淋巴细胞转化率。

【结果判断】

淋巴母细胞的转化程度可根据细胞核的大小、核与胞质的比例、胞质的染色性、核的结构以及有无核仁等来判断。转化与未转化淋巴细胞的形态特征如表7-1所示。

表7-1 转化与未转化淋巴细胞的形态特征

类别	转化的淋巴细胞		未转化的淋巴细胞
	淋巴母细胞	过渡型淋巴细胞	
细胞大小（直径）/μm	12～20	12～16	6～8
核大小、染色质	增大、疏松	增大、疏松	不增大、密集
核仁	清晰、1～4个	有或无	无
有丝分裂	有或无	无	无
胞质、着色	增多、嗜碱	增多、嗜碱	极少、天青色
浆内空泡	有或无	有或无	无
伪足	有或无	有或无	无

在油镜下观察血片的头、体、尾三部分，计数200个淋巴细胞，根据上述淋巴细胞转化的形态特征，计算出淋巴细胞转化率。其中转化细胞包括淋巴母细胞、核分裂象细胞和过渡型淋巴细胞。正常情况下，PHA诱导的淋巴细胞转化率为60%～80%，小于50%可视为细胞免疫功能降低。

$$\text{淋巴细胞转化率}=\frac{\text{转化的淋巴细胞数}}{\text{转化的淋巴细胞数}+\text{未转化的淋巴细胞数}}\times 100\% \qquad \text{式(7-1)}$$

【实验讨论】

1. 注意事项

（1）培养基成分对转化率影响较大，注意其有效期。

（2）淋巴细胞要新鲜制备，一般在采血后2小时内进行实验。操作时动作要轻柔、迅速，以免细胞损伤而影响实验结果。

（3）在用小牛血清前须经过56℃ 30分钟灭活。

（4）培养时要保证有足够的CO_2气体，一般10ml培养瓶内液体总量不要超过2ml，保证全过程无菌操作。

（5）PHA剂量过大对细胞有毒性，但若PHA剂量太小也不足以刺激淋巴细胞转化，因此实验前应先测定PHA转化反应剂量。

2. 结合本实验进一步思考以下问题

（1）T淋巴细胞转化率的高低可反映机体细胞免疫功能水平，试问非特异性有丝分裂原与特异性抗原刺激引起的淋巴细胞增殖反应有何异同点？

（2）培养基的pH可影响淋巴细胞转化率，此外，还有哪些因素可影响该实验结果？

（3）除T淋巴细胞增殖试验外，还有哪些试验可用于评价T淋巴细胞功能？

（4）除形态学检查法外，还有哪些方法可用于检测淋巴细胞转化率？

二、MTT比色法

【实验目的】

掌握T淋巴细胞增殖试验MTT比色法的实验原理，熟悉操作步骤和结果分析方法。

【实验原理】

MTT是一种四甲基噻唑盐，化学名为3-（4，5-二甲基-2-噻唑）-2，5-二苯基溴化四唑，水溶液呈淡黄色。T淋巴细胞受到PHA作用后发生活化增殖，其胞内线粒体琥珀酸脱氢酶活性相应升高，MTT作为该酶的底物参与反应，被催化发生呈色反应，形成结晶状的蓝紫色甲臜（formazan），经盐酸异丙醇或二甲基亚砜溶解后为蓝色溶液。甲臜的形成量与细胞增殖活化的程度呈正相关。用酶免疫检测仪在波长570nm处测定细胞培养物的吸光度（A）或光密度（OD）可反映细胞增殖活化情况。

【试剂与器材】

1. RPMI 1640培养液　用前调至含10%小牛血清、青霉素100kU/L、链霉素100mg/L，用无菌的3% $NaHCO_3$调pH至7.2～7.4。

2. PHA　用含10%小牛血清的RPMI 1640培养液稀释PHA至500～1 000mg/L。

3. MTT 溶液(5g/L,临用时配制) 用 pH 7.4 的 0.01mol/L PBS 缓冲液配制,在 4℃条件下避光保存。

4. 0.04mol/L 盐酸异丙醇(临用时配制) 取 300ml 异丙醇加 1ml 浓盐酸混合即可。

5. 标本 肝素抗凝人外周静脉血。

6. 器材 96 孔细胞培养板、CO_2 培养箱、超净台、高压灭菌器、无菌过滤装置、酶免疫检测仪等。

【操作步骤】

1. 单个核细胞制备 先采用密度梯度离心法分离外周血单个核细胞,并用含 10% 小牛血清的 RPMI 1640 培养液调整细胞浓度至 1×10^6/ml。

2. 加样 将细胞悬液加入 96 孔培养板中,每孔 100μl,每个样品 3 个复孔,并设相应对照孔。实验孔加含 PHA 的 RPMI 1640 培养液 100μl,对照孔加不含 PHA 的 RPMI 1640 培养液 100μl。

3. 培养 混匀后置于 37℃、5%CO_2 培养箱内培养 68 小时。

4. 加 MTT 将培养板以 1 500r/min 离心 10 分钟,吸弃上清,每孔加 MTT 溶液 20μl,混匀,继续培养 4 小时后,每孔加 100μl 盐酸异丙醇,低速振荡 10 分钟,充分溶解。

5. 读板 采用酶免疫检测仪双波长(检测波长 570nm、参考波长 630nm)测定各孔吸光度(A),测定值为 A_{570nm} 减去 A_{630nm} 的最终结果。

【结果判断】

以刺激指数(SI)判断淋巴细胞转化程度:

$$刺激指数(SI)=\frac{实验组A_{570\text{-}630nm}均值}{对照组A_{570\text{-}630nm}均值} \qquad 式(7\text{-}2)$$

【实验讨论】

1. 注意事项

(1)由于本实验需要培养 3 天才能观察结果。因此,实验操作过程应避免细菌污染导致实验的失败。

(2)MTT 比色法加入盐酸异丙醇后要在 30 分钟内进行测定,若在规定时间内来不及测定,可将未加盐酸异丙醇的培养板置于 4℃环境下保存。测定前取出,室温静置 10 分钟后再加盐酸异丙醇。

2. 结合本实验进一步思考以下问题

(1)T 淋巴细胞增殖试验 MTT 比色法与形态学检查法相比较有何优缺点?

(2)MTT 比色法检测 T 淋巴细胞增殖试验的主要影响因素是什么?

(3)MTT 比色法还可用于哪些免疫细胞功能检测?

综合实验　T 淋巴细胞亚群检测

成熟的淋巴细胞主要分布于外周免疫器官、免疫组织和外周血中。淋巴细胞亚群的数量、比例和功能测定在免疫缺陷病、自身免疫病、肿瘤等发病机制、诊断、疗效观察和预后判断等方面具有重要的意义。常用于鉴定和检测淋巴细胞的表面标志是分化抗原（cluster of differentiation，CD），CD3 是所有 T 淋巴细胞均有的共同标志性抗原，不同功能的 T 淋巴细胞亚群又有各自的标志性分化抗原，如辅助性 T 细胞表达 CD4，细胞毒性 T 细胞表达 CD8。分化抗原的鉴定和检测依赖于其相应的单克隆抗体，抗体标记方法主要有直接标记和间接标记两种类型。本实验主要介绍外周血 T 淋巴细胞及其亚群百分率的测定。

一、间接免疫荧光法检测 T 淋巴细胞亚群

【实验目的】

掌握 T 淋巴细胞亚群的主要表面标志和检测原理，熟悉操作步骤和结果判定方法。

【实验原理】

应用针对不同 CD 分子的单克隆抗体（小鼠 IgG）与相应的淋巴细胞特异性结合，再加入荧光素标记的羊抗鼠 IgG（第二抗体）与之反应，形成细胞表面分化抗原（CD）- 抗 CD 单克隆抗体 - 荧光素标记的羊抗鼠 IgG 的结合模式，在荧光显微镜下计数荧光染色阳性的不同亚群细胞，可计算出各淋巴细胞亚群的百分率。

【试剂与器材】

1. 人淋巴细胞分离液（Ficoll-hypaque 液） 密度 1.077±0.001。
2. pH 7.2～7.4 的 0.01mol/L PBS 配制方法见附录 1。
3. 第一抗体 小鼠抗人 CD3、CD4 和 CD8 单克隆抗体（IgG），小鼠非免疫抗体（IgG）。
4. 第二抗体 FTTC 标记羊抗鼠 IgG 抗体。
5. 标本 肝素抗凝人外周静脉血。
6. 封片介质 取 9 份甘油加 1 份 pH 8.0 的 0.01mol/L PBS。
7. 器材 微量加样器、吸头、吸管、无菌注射器、离心管、离心机、载玻片、荧光显微镜等。

【操作步骤】

1. 分离外周血单个核细胞 参见本单元验证实验一的方法，分离外周血单个核细胞，制备 500μl 细胞悬液，调整细胞浓度为 1×10^6/ml。
2. 第一抗体反应 取 3 支 1.5ml 离心管，各加入 100μl 淋巴细胞悬液，再分别加入抗 CD3、抗 CD4、抗 CD8 单克隆抗体各 100μl，混匀样本后放置于室温下孵育 30 分钟。
3. 洗涤 加入 1ml PBS，以 1 500r/min 离心 5 分钟，弃上清，共洗涤 3 次。
4. 荧光抗体染色反应 末次洗涤后弃上清，保留液体约 100μl，加入 100μl FTTC 标记的羊抗鼠 IgG（第二抗体），混匀后放置于室温下避光孵育 30 分钟。
5. 洗涤 同步骤 3。
6. 封片 末次洗涤后弃上清，加封片介质 50μl 混匀后，吸取约 10μl 滴于载玻片上。
7. 结果观察 加盖玻片后在荧光显微镜下观察。计数时，先在普通光源下计数全视野细胞，再换用激发光光源分别计数 CD3、CD4、CD8 荧光阳性细胞。
8. 阴性对照 采用小鼠非免疫抗体（IgG）进行上述相同的实验操作。

【结果判断】

荧光显微镜下观察，以特异性荧光阳性细胞百分率表示：计数 200 个淋巴细胞总数，其

中 $CD3^+$、$CD4^+$ 和 $CD8^+$ 细胞所占的百分率，并计算 $CD4^+/CD8^+$ 细胞比值。

【实验讨论】

1. 间接免疫荧光试验是检测 T 淋巴细胞及其亚群的经典方法，荧光素标记的第二抗体具有通用性和高敏感性的特点。在实际应用中这些特点可能对实验结果带来哪些潜在的干扰？

2. 由于荧光强度会随时间的延长而减弱，甚至荧光淬灭。故标本荧光染色后应立即观察、计数。若实验条件受限无法及时检测，可采取哪些措施尽量减少荧光淬灭对结果的影响？

3. 鉴于荧光显微镜下判断结果时易受主观因素影响，而采用流式细胞仪可以准确和客观地进行细胞分类计数。该如何设计实验流程，将两种方法结合，以发挥最大效能？

4. 间接免疫荧光试验非特异性荧光来源较多，实验时可采取哪些方法减少非特异性荧光干扰？

二、流式细胞术检测 T 淋巴细胞亚群

【实验目的】

掌握流式细胞术检测人外周血 T 淋巴细胞亚群的原理，熟悉基本操作方法。

【实验原理】

常用直接标记法。采用荧光标记的抗不同 CD 分子的单克隆抗体（小鼠 IgG），与待测的淋巴细胞特异性结合后，制备成单细胞悬液，然后应用流式细胞仪检测。流式细胞术的参数中，前向散射光（forward scattered light，FSC）可反映细胞的相对大小，侧向散射光（side scattered light，SSC）则反映细胞内颗粒的复杂程度。根据人外周血中淋巴细胞、单核细胞和粒细胞等的这两种散射光特征不同，通过 FSC 和 SSC 设门选中目的淋巴细胞群，接着再分析不同淋巴细胞亚群结合的荧光标记抗 CD3、CD4 和 CD8 抗体表达量，即可计算 T 淋巴细胞亚群的百分率。

【试剂与器材】

1. **标本** 待检人外周血（肝素抗凝）、质控血或健康人静脉血。
2. **荧光标记抗体** 抗 CD3-FITC、抗 CD4-PerCP-cy5.5、抗 CD8-PE。
3. **同型对照抗体** 小鼠 IgG1-FITC、IgG1-PerCP-cy5.5、IgG1-PE。
4. **红细胞裂解液** 配制方法见附录 1。
5. **pH 7.2～7.4 的 0.01mol/L PBS** 配制方法见附录 1。
6. **器材** 微量加样器、吸头、漩涡混匀器、离心机、专用试管、流式细胞仪等。

【操作步骤】

1. **分组** 取 3 支流式管，标记序号 1、2、3，分别吸取 100μl 全血于管中。

2. **荧光标记** 向 1 号管中加入小鼠 IgG1-FITC、IgG1-PerCP-cy5.5、IgG1-PE 各 10μl，2 号管中加入抗 CD3-FITC、抗 CD4-PerCP-cy5.5 各 10μl，3 号管中加入抗 CD3-FITC、抗 CD8-PE 各 10μl。

3. **温育** 充分涡旋样本后，放置于室温下避光孵育 30 分钟。

4. 裂解红细胞 向 3 支试管中分别加入 2ml 红细胞裂解液，充分涡旋样本后放置于室温下避光 10 分钟。溶血完全后，以 1 000r/min 离心 5 分钟，弃上清，用 2ml PBS 洗 2 遍，将白细胞沉淀，重悬于 0.5ml PBS 中。

5. 上机检测 将样品试管放至流式细胞仪检测区。流式细胞仪的基本操作流程参见本单元临床见习。样品分析简要操作步骤如下：

（1）在浏览框【Browser】下，依次建立【New Folder】→【New Experiment】→【New Specimen】→【New Tube】，点击采集管前方箭头，使其变为绿色。

（2）点击参数【Parameter】页面，勾选所需通道参数，选择高度 H、面积 A 信号参数。在通用工作模板中画直方图，调节 FSC 和 SSC 电压，使样本在 FSC/SSC 上分群明显，目标细胞群清晰可见，选择所需通道。

（3）通过 FSC 和 SSC 设门法确定淋巴细胞群，选中 CD3-FITC、CD4-PerCP-cy5.5、CD8-PE 荧光检测通道，点击【Acquire Data】，在仪器面板点击控制键【Run】、流速【Low】，待图形信号稳定后，点击【Record Data】，每管收集检测 50 000 个细胞待分析。

【结果判断】

利用分析软件分析数据，可计算各 T 淋巴细胞亚群占淋巴细胞总数的百分率，并计算 $CD4^+/CD8^+$ T 淋巴细胞比值。T 淋巴细胞亚群参考范围如下：

（1）总 T 淋巴细胞百分率（$CD3^+$）：58.40%～81.56%。

（2）$CD4^+$ T 淋巴细胞百分率（$CD3^+CD4^+CD8^-$）：24.93%～45.57%。

（3）$CD8^+$ T 淋巴细胞百分率（$CD3^+CD4^-CD8^+$）：16.40%～33.76%。

【实验讨论】

1. 注意事项

（1）每批标本均需要设置同型对照，以排除非特异性荧光的干扰。

（2）由于流式细胞术和间接免疫荧光试验检测的敏感性不同，参考值范围差异较大，应根据检测方法来使用参考值。

2. 结合本实验进一步思考以下问题

（1）哪些方法可用于检测免疫细胞的表面标志？

（2）采用流式细胞术分析时，通常采用何种方法准备单细胞悬液？

（3）采用流式细胞术分析时，常用何种荧光染色方法？

（4）流式细胞仪检测的光信号主要有哪些类型，各代表何种意义？

设计实验　白细胞杀菌能力测定实验设计

白细胞杀菌能力测定实验主要检测外周血中性粒细胞或单核细胞的吞噬和杀菌功能，是反映免疫细胞非特异性免疫功能的重要指标之一。通过自主设计并完成实验全过程，观察白细胞的吞噬功能及其代谢变化，熟悉与白细胞杀菌能力相关的指标，学会分析并探讨胞内杀菌机制。根据所学专业知识以及所提供的实验条件，自主设计 1～2 种检测白细胞杀菌能力的实验方案。阐明实验原理、观察指标、操作步骤和实验的注意事项。按其中的最佳实验设计方案完成实验全过程，根据所得结果完成实验报告，并对实验结果进行分析与总结。

【问题背景资料】

白细胞是指中性粒细胞、嗜酸性粒细胞、嗜碱性粒细胞、淋巴细胞和单核细胞等。中性粒细胞与单核巨噬细胞等又称吞噬细胞，可通过趋化、调理、吞噬和杀伤等步骤清除病原体、死亡细胞等异物。两种吞噬细胞内含有大量溶酶体酶、过氧化物酶、非特异性酯酶及多种杀菌物质，吞噬细菌后，能将其杀灭并消化菌体。与细胞吞噬过程相关的趋化、吞噬、呼吸爆发、脱颗粒等任何阶段功能缺陷均可影响吞噬细胞的杀菌活性。

【实验设计提示】

用于检测白细胞杀菌能力的方法有硝基四氮唑蓝（nitroblue tetrazolium，NBT）还原试验、MTT 比色法、细菌计数法以及化学发光法。根据基本实验原理与实验要求，参考以往所学的免疫学知识或查阅有关文献资料，以实验小组为单位，讨论设计 1～2 种白细胞杀菌能力检测方案。

NBT 是脱氢酶和其他过氧化物酶的底物，呈淡黄色粉末状。当细菌感染时，中性粒细胞在吞噬杀菌过程中发生呼吸爆发，糖代谢活性增强。此时被吞噬进入胞质内的 NBT 可被细胞糖氧化过程中所脱的氢还原成蓝紫色的甲臜（formazan），以折光性很强的点状或斑块状颗粒沉积于胞质内，在镜下检测 NBT 阳性细胞数量，可推知中性粒细胞的杀菌功能。

MTT 比色法原理是淡黄色的 MTT 能被活细菌细胞内线粒体的琥珀酸脱氢酶还原形成蓝紫色的甲臜类结晶物质，经盐酸异丙醇或二甲基亚砜溶解后成为蓝色溶液。甲臜产生的量与活细菌细胞数在一定范围内呈线性关系，通过酶免疫检测仪测定其 A_{570nm} 值，可定量检测存活的细菌数。

细菌计数法是将一定量的白细胞与细菌按比例混合、培养，作用一段时间之后，在培养体系中加入抗生素杀死胞外细菌，而吞入胞内的细菌则不被抗生素杀灭。定时取样，将白细胞溶解，释放出胞内细菌进行培养，计数生长的菌落即可直接判断中性粒细胞的杀菌功能。

另外，中性粒细胞在吞噬细菌过程中，随着呼吸爆发，产生大量活性氧代谢产物，包括过氧化氢、超氧阴离子、羟自由基等，后者又能激发细胞内某些物质产生化学发光反应，细胞的杀菌能力与发光强度平行。因此可通过化学发光仪测量发光信号，从而推算细胞吞噬杀菌功能。

【小组讨论提纲】

1. 哪些方法可用于检测白细胞杀菌能力？各有何优缺点？
2. 白细胞与细菌的比例与培养时间对白细胞杀菌能力有何影响？
3. 如何排除因细胞溶解或其他原因释放的酶所引起的非特异性反应？
4. 影响 NBT 试验结果的因素有哪些？

临床见习　流式细胞分析系统

流式细胞术（flow cytometry，FCM）是应用流式细胞仪为检测手段，对单个细胞、微小生物颗粒或微球的理化特性等进行多参数、快速定性、定量分析或分选的技术。流式细胞仪是在流体喷射技术、激光技术、荧光细胞化学、单克隆抗体技术及计算机技术等交叉融合的基础上发展起来的一种先进的生物医学仪器设备，主要由液流系统、光学系统、信号检测系统以及数据处理分析系统四大部分组成。该技术从 20 世纪 70 年代问世以来，经过 50 多年的快速发展，仪器设备更趋完善，智能化程度更高，其应用范围也从基础研究进入临床检验诊断领域，为细胞分析提供了全新手段。流式细胞仪按照功能可分为传统流式细胞仪、光谱流式细胞仪、质谱流式细胞仪以及量化成像分析流式细胞仪等不同类型，广泛应用于免疫学、细胞遗传学、肿瘤生物学等学科基础研究与临床检验等领域。本实验仪介绍 FCM（FACS Calibur）流式细胞仪在临床免疫学检验中的应用。

【见习要点】

掌握流式细胞术进行免疫细胞分析的工作原理，熟悉流式细胞分析系统的操作流程，了解流式细胞仪的临床适用范围。

【基本原理】

流式细胞仪不仅可对细胞悬液中的单个细胞及其超微结构进行多参数快速分析，具有分选功能的流式细胞仪还可按实验要求分选出具有相同特征的同类型细胞。其工作原理为将待测细胞与特异性荧光标记抗体结合后制备成单细胞悬液，在流动室经鞘液包裹呈单行排列，形成稳态单细胞液柱，依次通过流动室检测区域。以激光作为激发光源，垂直照射检测区域的样品流，结合了荧光标记抗体的细胞产生特异性荧光，同时，根据细胞大小、胞内颗粒多少产生不同强度的散射光。利用散射光检测器收集前向散射光（FSC，代表细胞大小）与侧向散射光（SSC，代表细胞颗粒复杂度），与荧光抗体结合的细胞可被激发产生不同波长的荧光，应用多道脉冲高度分析器处理荧光脉冲信号；信号经放大后进入计算机系统进行数据转换、存储、分析及处理，按不同的检测设计采用相应软件对结果进行综合分析，并以直方图、阳性细胞百分率、平均荧光强度等多参数的图像和数据表示。

用流式细胞仪进行细胞分选时，当细胞悬液形成的单细胞液柱流经流动室，流动室上方的压电晶体产生机械振动，带动流动室以相同频率进行振动，使单细胞液柱断裂成一连串均匀的液滴，细胞悬浮在部分液滴中。按照被分选细胞设定的特性参数，该类细胞在形成液滴时会被充电，使其带有正电荷或负电荷，未被设定分选参数的细胞及空白液滴不带电荷。带电荷液滴在落入电极偏转板的高压静电场时，依其所带电荷性质发生定向偏转，落入不同的收集器中，从而实现细胞的分类收集。

流式细胞仪采用激光作为激发光源，保证其具有更好的单色性与激发效率；利用荧光染料和单克隆抗体结合的标记技术，保证了检测的敏感性和特异性；利用计算机系统对细胞的多参数信号进行数据处理，保证了检测速度和数据统计分析的精确性。

【见习内容】

（一）流式细胞仪的结构与性能

1. 系统组成 FACS Calibur 流式细胞仪是针对临床检验诊断的自动化多色流式细胞分析系统，具有细胞分析和细胞分选的双相功能。主要由以下几部分组成。

（1）上样模块：主要由进样针、样品支撑架和液滴存留系统等组成，负责样品的加注。

（2）液流系统：包括由样品管、鞘液管、喷嘴组成的流动室和鞘液，细胞悬液被气体压力推动，在流动室形成高速流动的单细胞液柱。

（3）光学系统：由激光光源、分光镜、光束形成器、透镜组、滤光片等组成，为荧光检测提供特定波长的激发光，并把细胞标记物的发射荧光传输到信号检测器。

（4）荧光信号检测模块：包括由 FS、SS、FL1、FL2、FL3、FIA 组成的光电信号转换系统和电信号放大系统，主要作用是检测散射光和荧光信号。

（5）计算机控制系统：主要由计算机数据处理及分析软件组成，可进行实验数据的分析、存储与显示。

此外，根据实验目的和要求，还可选配自动进样系统、分选浓缩系统、自动免疫样本制备仪等模块。

2. 主要性能参数 系统检测的自动化程度高，从样本自动化处理、自动上样，到按钮式液流控制、自动化软件获取和分析，每个环节操作简便、快捷；细胞分析速度达 10 000 个 /s，分选速度为 300 个 /s；最少样本体积仅为 100μl。

3. 临床适用范围 随着生物医学和流式细胞分析技术的发展，流式细胞分析的临床检测项目越来越多，临床适用范围逐步扩大。目前，流式细胞仪在临床免疫学检验中主要应用于抗原特异性免疫细胞的检测、分选和免疫细胞功能分析等。临床常用的检验项目组合如下。

（1）淋巴细胞及其亚群检测：T 淋巴细胞，$CD3^+$；辅助性 T 细胞，$CD3^+CD4^+CD8^-$；细胞毒性 T 细胞，$CD3^+CD4^-CD8^+$；B 淋巴细胞，$CD19^+$；NK 细胞，$CD3^-CD16^+CD56^+$。

（2）强直性脊柱炎检测：HLA-B27。

（3）阵发性睡眠性血红蛋白尿（PNH）检测：CD55、CD59。

（4）白血病免疫分型：CD45、CD5、CD7、CD10、CD19、CD13、HLA-DR、CD33、CD34、CD14、CD56、CD15。

（5）血小板功能检测：CD41、CD61、CD42、CD62、CD36、PAC-1。

（二）样本处理及要求

目前，流式细胞仪在临床免疫学检验中主要应用于 T 淋巴细胞、B 淋巴细胞、NK 细胞等免疫功能细胞的检测以及血小板功能分析，临床检验标本以静脉全血为主。

1. 全血标本准备 常规经静脉采血 2～3ml 于 EDTA-K2 或肝素抗凝的真空采血管内。在夏、冬季，标本采集后应在 10～22℃条件下运送。样本的白细胞总数应在（4.0～10.0）×10^9/L。若>10.0×10^9/L，须用 PBS 稀释样本；若<10.0×10^9/L，应分离单个核细胞。

2. 抗体以及对应标记方法的选择 流式细胞术可检测细胞表面蛋白、凋亡、周期以及胞内蛋白、离子浓度等生物学特性与功能等指标，实验前应确认待测指标所需抗体以及对应标记方法。

（1）直接标记：荧光标记的单克隆抗体（如 FITC、PE 等）与待测抗原特异性结合称为直接法荧光染色，由于直接标记操作方便，影响因素较少，结果准确，是目前流式细胞术中最常见的方法。

（2）间接标记：在间接法荧光染色中，特异性抗体（第一抗体）未用荧光素标记，荧光素或生物素标记于抗抗体（第二抗体），与第一抗体偶联进行检测，可大大增加靶标蛋白检测范围。

（3）细胞内染色：细胞内染色时，需要先对细胞进行破膜与内部蛋白固定，再选择直接或间接染色检测。

3. 检测样品处理　具体操作方法参见本单元综合实验“二、流式细胞术检测 T 淋巴细胞亚群”。

（三）操作流程

流式细胞仪的基本操作技术流程如下：

1. 日常开机

（1）检查稳压器电源，打开电源，稳定 5 分钟。

（2）检查废液桶和鞘液桶液面：清空废液桶，加入 400ml 漂白水原液；打开压力阀，将鞘液桶加注至 4/5 体积（常用三蒸水，细胞分选用 PBS 或 FACSFlow），所有管路均妥善安置。

（3）打开仪器主控开关，预热 5～10 分钟，待仪器进入 Standby 状态，排出过滤器内的气泡。

（4）再打开打印机、管理控制电脑，等待屏幕显示系统桌面。

（5）按【Prime】执行冲洗功能 1 次，以排出流动室中的气泡。分析样品前，先用 FACAFlow 或 PBS 做样品，按【High Run】进行 2 分钟管路清洗。

注：分选实验后，每次开机须冲洗管道：分选装置不接通浓缩系统，装两个 50ml 离心管，按右下角白色按钮开始冲洗。待自动停止后接通浓缩装置，同上法重复冲洗一次。

2. 建立获取模式文件

（1）从桌面图标中点击【CELLQuest】启动软件，出现“Untitled”的实验文件，点击其右上角的放大钮，放大视窗窗口，以编辑实验信息获取模式文件。

（2）选中左列绘图工具中的【Dot plot】图标后，在实验文件的空白区再次点击，拖曳对角线至适当大小后放开鼠标，出现散点图对话方框。

（3）点击【Plot Source】，选择 Acquisition 作为图形资料来源，确认 *X* 轴和 *Y* 轴参数预设为 FSC-H1024、SSC-H1024；在颜色方框中点击【Multicolor Gating】（收取样品时，门内细胞将出现颜色）；点击【OK】后实验文件出现 FSC/SSC 散点图。

（4）选中左列绘图工具中的直方图（histogram），同上法绘出直方图。

（5）选中左列绘图工具中四象限工具，在 FL1/FL2 散点图上拖动 Quadrant 的中心将其设定在 $(x, y)=(10^1, 10^1)$ 处，这些象限将指定阴性 / 阳性区域。

（6）按实验目的，命名建立的获取模式文件并储存于指定文件夹中，临床进行相同实验检测时可直接调用，不必再建立类似文件。

注：管理控制电脑中已设定两个模式文件：ACQ 和 EXP，ACQ 用于细胞 DNA 检测，EXP 用于细胞表面标志分析。

3. 仪器的设定和调整

（1）从桌面选中【CELLQuest】，进入此界面后在【File】指令栏中打开合适的获取模式文件。

（2）从屏幕上方【Acquire】指令栏中，选取【Connect to Cytometer】进行控制电脑和流式细胞仪的联机，并将 Acquisiton Control 对话框移至合适位置。

（3）在【Cytometer】指令栏中，开启 Detectors/Amps、Threshold、Compensation、Status 四个对话框，并移至屏幕右方，以便获取数据时随时调整获取条件。

（4）在 Detectors/Amps 对话框中，先为每个参数选择适当的倍增模式（amplifier mode），即线性模式（Lin）或对数模式（Log）。进行细胞表面抗原分析时，FSC 和 SSC 以 Lin 模式测量，DDM Param 选择 FL2，其他 FL1、FL2 与 FL3 则以 Log 模式测量；分析细胞 DNA 含量时，FSC、SSC、FL1、FL2、FL3 均以 Lin 进行测量，DDM Param 选择 FL2；分析血小板表型时，FSC、SSC、FL1、FL2、FL3 等均以 Log 进行测量。

（5）待测样品放置于样品支撑架，支撑架左移，仪器设定为【High Run】，支撑架回位。

（6）在 Acquisiton Control 对话框中，选中【Acquire】，开始获取细胞。在仪器调整过程中可随时按【Pause】或【Restart】键，观察仪器调整效果。未调整好之前不要去掉【Set Up】前的"√"。

（7）在 Detectors/Amps 对话框中，根据荧光阴性对照样品调整细胞群。通过 PMT voltages（粗调）与 Amp Gains（细调）调整 FSC 和 SSC 探测器中的信号倍增度，使样品的细胞检测信号出现在 FSC-SSC 散点图内，细胞群分布独立，不与其他细胞族群、细胞碎片重叠。

（8）在 Threshold 对话框中选择适当的参数，调整 Threshold 的高低，减少噪声信号（细胞碎片）。细胞表型分析时一般用 FSC-H。Threshold 并不影响检测器对信号的获取，但可改善画面质量。注意不要切掉主要细胞族群。

（9）在 Compensation 对话框中，根据标准荧光样品调整双色（或多色）荧光染色所需的荧光补偿，确保细胞族群分布工整、垂直。

（10）选中左列绘图工具中的【Region】，在散点图靶细胞族群周围画定区域线，圈选出不同细胞群的范围，选择性显示有意义的细胞群。圈定合适的细胞群可使仪器调整更为容易。

（11）调整好的仪器设定储存在 Instrument Settings 中，进行相同实验时可调出使用，届时只需微调即可。

4. 样品分析

（1）从桌面选择【CELLQuest】，新视窗出现后从【File】指令栏中选择【Open】，打开预设的获取模式文件。

（2）从【Acquire】指令栏中，选取【Connect to Cytometer】进行电脑和仪器联机，并将出现的 Acquisiton Control 对话框移至合适位置。

（3）从【Cytometer】指令栏中选取【Instrument Settings】，打开并调出存储的相同实验项目的仪器设定，按【Set】确定。

（4）在【Acquire】指令栏中，选择【Acquisition & Storage】确定储存的细胞数、参数、信号道数，Resolution 在做细胞表面标志分析时选择 256，做 DNA 检测时选择 1024。根据不同检测对象选择不同的参数后，点击【Parameter Saved】储存。

（5）在【Acquire】指令栏中，点击【Parameter Description】，选择实验文件存储位置（Folder），命名文件名称（File），输入样品代号以及各种参数的标记。

（6）在【Cytometer】指令栏中，选中【Counters】，将此对话框移至合适位置，以便随时观察计数情况。

（7）将样品试管放至检测区，在 Acquire Control 对话框中选取【Acquire】，启动样品测定。

（8）在 Acquire Control 对话框中随时选择【Pause】或【Abort】，微调仪器设定，待细胞群分布合适后，去除 Setup 前的"√"，点击【Acquire】键开始正式获取细胞检测信号。

（9）仪器检测足够数目的细胞后，自动停止检测并存储数据，以"嘟"声提示。随即可进行下一个样品的检测。

注：当所有样品分析完毕，换上三蒸水，将流式细胞仪置于 Standby 状态，以保护激光管。

5. 数据分析（双色分析）

（1）从桌面点击【CELLQuest】启动软件，出现"Untitled"的实验文件，点击其右上角的放大按钮，放大视窗窗口，编辑实验信息获取模式文件。

（2）选中左列绘图工具中的【Dot plot】图标后，在实验文件的空白区再点击，拖曳对角线至适当大小后放开鼠标，出现散点图对话方框。

（3）点击【Plot Source】并选择 Analysis，点击【Select File】，找到实验预存的 Sample Files，点击【Open】打开实验文件。确认 X 与 Y 参数项的默认值 FSC-H256、SSC-H256 后，在 Color 方框中点击【Multicolor Gating】，确认无误之后，点击【OK】，出现样品检测的 FSC/SSC 散点图。

（4）选中左列绘图工具中的多角形区隔工具，将【Cursor】移至 FSC/SSC 散点图上，并沿靶细胞聚落周边画出范围，完成 R1 区域的界定，以此区域来圈选靶细胞。如果要删除 R1 区域，可在工具列中点选 Gates → Region list，以鼠标点选 R1，再按【Delete】键删除 R1 区域。删除 R1 区域后，可用绘图工具板重画 R1。

（5）从【Plots】菜单中选择【Dot Plot】，复制一个同样大小的散点图，屏幕显示 Dot Plot 对话方框。点击【X Parameter】，显示实验文件（如 NORM001）中所有的参数项（FSC、SSC、FL1、FL2），将 X 参数项改成「FL1-H 256 Gamma-1」，Y 参数项改成「FL2-H 256 Gamma-2」。从 Gate 输入栏中将 No Gate 改成 G1=R1。点击【OK】完成一个以 G1 圈选的 FL1/FL2 散点图，可将复制图移至原图右侧。重复上述操作，完成所有靶细胞群落的圈选区域界定。

（6）选中左列绘图工具中的【Quadrant Marker】图标后，在 FL1/FL2 散点图中心处点击并拖曳至定点，二维散点图被区隔为四个象限。

（7）在屏幕上方【Stats】菜单中选择【Quadrant Stats】，计算各象限中的细胞数据，获得四象限的细胞统计结果。

（8）选择四象限统计表，在【File】菜单中选择【Export Statistics】，传输统计数值至 Excel 文件，命名文件后点击【Save】，保存检测结果。

6. 结果查询

（1）在【File】菜单中选择结果保存的文件，点击【Open】打开已保存的检测结果。

（2）从【File】菜单中选择【Print One】，直接打印实验工作文件。

7. 结果报告　检测数据可通过仪器数据传输功能自动传入 LIS 系统。结果须根据阴、阳性对照和质控情况，并结合临床资料进行审核后，发出检验报告。

8. 关机程序

（1）取 4ml FACSClean 液或次氯酸钠溶液（1∶10 稀释）作为样品置于旁位（样品支持架左移）（vacuum is on），让外管吸取液体约 2ml，再将样品架置于中位（vacuum is off），按【High Run】清洗管路 5 分钟（内管吸取 2ml）。

（2）按【Standby】，取下样品管，改用三蒸水 4ml 作为样品，同上处理，按【Prime】3 次，冲洗液流系统。

（3）仪器自动转为 Standby 状态，换 2ml 三蒸水，按【Standby】10 分钟，使风扇冷却激光光源。

（4）从【File】中选择【Quit】，退出软件，如有对话选项，选择【Don't Save】，确认退出应用软件，所有数据已储存、备份。

（5）在【Special】栏中选择【Shut down】，再依次关闭计算机、打印机、主机、稳压电源。

（四）质量控制

设备有质量控制（质控）程序，运行质控程序方法如下。

1. 制备三色标准微球样品 样品管1加入1ml鞘液和1滴Unlabeled标准微球；样品管2加入3ml鞘液并各加1滴Unlabeled、FITC-、PE-、PerCP-标记的标准微球，混匀。标准微球浓度也可根据实际情况进行调整。

2. 运行质控程序

（1）开启仪器和任务控制计算机，预热5分钟，打开【FACSComp】软件进入质控界面，选择保持路径和校正内容。如标准微球为新产品须输入微球的批号。

（2）在软件界面左侧【Assay Selection】选项中选择质控类型，即实验过程中是否需要清洗样品。

（3）功能键设置在“Run”，标准三色微球上样自动检测，并进行电压、补偿等设置。

（4）【FACSComp】软件运行完毕，显示测试结果并打印，退出程序。

（五）影响因素

流式细胞仪并非完全自动化的仪器，获取可靠的实验结果需要准确的人工技术配合。其检测结果的主要影响因素如下。

1. 抗凝剂的选择 血液标本采用EDTA-K2抗凝，细胞形态保存较好，但细胞稳定时间较短，仅12～48小时。肝素抗凝对血细胞形态有一定影响，但细胞稳定期较长，一般可达48～72小时。抗凝剂选择错误，可能导致血细胞形态发生较大变化，影响检测结果的准确性。血小板分析通常用柠檬酸钠抗凝，注意在标本采集和运送过程中防止血小板的机械活化。

2. 标本凝集 血液标本凝集，特别是肉眼不可见的微小凝集，可导致血液细胞数目明显减少，或微小凝集颗粒干扰细胞分析结果。因此，标本采集要保证顺利，避免反复穿刺或血流不畅，并注意及时混匀标本，防止血液发生凝集。

3. 溶血/严重脂血标本 溶血、严重脂血标本会干扰血细胞的分离和荧光抗体的标记，此类标本为不合格标本。轻微脂血标本可用生理盐水洗涤1～2次后，再用于分析检测。

4. 标本保存 标本采集后一般应立即测定，保存时间不应超过48小时。细胞在荧光抗体标记前，不宜于4℃环境下保存，冷藏、复温等过程易导致细胞表面蛋白质的脱落。因特殊情况未能及时测定的标本，可在完成荧光抗体标记后，于4℃环境下密封保存，4小时内完成检测。活化淋巴细胞、干细胞分析须立即测定；活化血小板分析应在标本采集后立即处理。

5. 细胞数目 确保标本上机检测前的细胞浓度为1×10^6/ml，细胞浓度过低会直接影响检测结果，浓度过高可能又会造成仪器管路堵塞，信号不稳。

6. 荧光抗体标记 荧光抗体标记是流式细胞分析的重要步骤，细胞荧光标记的质量将直接影响检测结果的准确性。荧光抗体标记细胞，尤其采用间接免疫荧光标记时，须使用0.5%牛血清白蛋白和1%胎牛血清等蛋白封闭剂，封闭细胞表面的非特异结合位点，减少重叠细胞。对标记完成的细胞应充分洗涤，离心速度不能过高，减少细胞碎片。同时，上述操作过程中应注意避光，保证细胞免疫荧光的稳定。

7. 实验结果分析 流式细胞检测应设置对照样品，采用与抗体来源同型匹配的无关对照和荧光抗体的本底对照。判定结果时，应注意减去本底荧光，为使免疫荧光的定量分析更精确，通过计算机程序软件用拟合曲线方法从实验组的曲线峰值中减去对照组的曲线峰值，可以得到更精确的免疫荧光定量结果。

（六）设备维护

1. 常规保养 流式细胞仪开、关机时均须进行检查保养，程序同前。

2. 月保养 每月进行一次系统管路的清洗、保养。如果仪器处理样本量较大或经常使用附着性染料，则须增加管路清洗的频率。

（1）打开仪器电源，断开鞘液筒连接，鞘液过滤器出口管路从上端口取下，直接与装有1∶10稀释漂白剂的鞘液筒连接，清洗剂不流经滤器直接进入流动室。

（2）仪器处于“Run”状态，流速设置为“High”，样品管加入3ml左右漂白剂，置于上样针位置，清洗20～30分钟。

（3）鞘液筒和样品管装蒸馏水，同样方法清洗管路。

（4）鞘液管路复位与原鞘液筒连接，样品管盛1ml蒸馏水置于上样针位置。仪器选择【Standby】模式备用或关机。

3. 定期保养 鞘液过滤器主要作用是过滤鞘液中的结晶等杂质。如分析时发现FSC或SSC图中碎片增多，提示须更换过滤器。

（1）打开压力阀，鞘液筒减压。

（2）断开过滤器的所有管路连接，从基座取下，更换新的过滤器并固定。

（3）重新连接过滤器所有管路，鞘液筒加压，仪器设置于“Run”状态，使鞘液充满过滤器，排除气泡。

仪器采用过滤后的空气冷却激光。空气过滤器位于鞘液抽屉上方，可用吸尘器清洁或清水冲洗，空气干燥后插回原处。

【见习报告】

1. 简述流式细胞仪的临床应用范围。
2. 结合见习实验室的流式细胞仪，简述其工作原理。
3. 结合见习实验室的流式细胞仪，简述其操作技术流程及检测过程的影响因素。
4. 流式细胞仪在细胞分析方面具有哪些优势？

（陈 敏）

第八单元 其他免疫物质检测实验

除了前面单元介绍免疫物质（抗原、抗体、免疫活性细胞）的检测之外，机体血清中还存在一些其他免疫物质，如补体、细胞因子、免疫复合物等可溶性效应分子，也在机体免疫防御、疾病免疫病理等过程中发挥着重要调节作用。因此，对这些可溶性免疫物质的检测不仅能反映机体免疫状态和免疫细胞效应作用，而且为一些疾病（如感染性疾病、自身免疫病等）的诊断、治疗方案及预后判断等提供有效的参考价值。本单元将介绍临床具有代表性的其他免疫物质检测实验。

验证实验一 血清总补体活性测定

补体（complement）是存在于正常人和动物血清与组织液中的一组经活化后具有酶活性的蛋白质，包括 30 余种可溶性蛋白及膜结合蛋白，广泛参与机体抗微生物免疫防御反应与免疫调节，在固有免疫应答和适应性免疫应答中都发挥着重要作用。因此，也是反映机体免疫功能的重要指标之一。

补体的测定包括两类：含量测定和活性测定。正常情况下，补体活性及含量相对稳定；但在某些病理状态下，补体系统被异常活化，通过级联反应发生不可逆性失活及消耗，导致含量发生显著波动。因此，补体活性和含量测定能反映机体免疫功能状态，对某些临床疾病的诊断具有重要的辅助作用，如系统性红斑狼疮、类风湿关节炎以及某些类型的肾炎。

目前检测补体的方法有两种：一种是免疫溶血法，主要用于经典途径 CH_{50} 和旁路途径 CH_{50} 活性检测，该法便捷，无需特殊设备，敏感性较低，只能检测活性；另一种是免疫化学法，包括免疫扩散、免疫电泳和免疫比浊法，主要用于补体单个成分含量测定。免疫比浊法具有简单、快速、定量准确、重复性好且自动化程度高等优点，是目前临床实验室的常用检测方法。

总补体活性测定（total complement activity assay）是检测血清补体被激活后最终引起靶细胞溶解效应的方法。依据涉及的激活途径，检测常分为经典途径检测的 CH_{50}（classical pathway CH_{50}，CP-CH_{50}）和旁路途径检测的 CH_{50}（alternative pathway CH_{50}，AP-CH_{50}）。本实验是以 CP-CH_{50} 为例进行验证。

【实验目的】

通过对补体经典途径介导的溶血反应检测，熟悉血清总补体活性测定的操作过程及结果判断，理解补体系统在免疫反应过程中的效应作用。

【实验原理】

CP-CH_{50} 实验是利用了补体激活介导的溶解细胞生物活性，主要反映补体（C1～C9）经典途径活化的补体活性。绵羊红细胞（SRBC）表面抗原与相应抗体（溶血素）结合形成致敏羊红细胞，当将受检血清与 SRBC 混合孵育时，血清中补体被细胞膜上抗原 - 抗体复合物激活，通过经典途径引起细胞膜破裂，发生 SRBC 溶解。在一定范围内（如 20%～80% 溶血率），血清中补体活性与溶血程度之间呈直线正相关性，溶血程度对补体量的轻微变动非常敏感。因此，通常以 50% 溶血程度（CH_{50}）作为判定反应终点指标，该实验又称为补体 50% 溶血实验（complement hemolysis 50%，CH_{50}）。

【试剂与器材】

1．贮存缓冲液（pH 7.4）配制 NaCl 75g，三乙醇胺 28ml，1mol/L HCl 177ml，$MgCl_2 \cdot 6H_2O$ 1.0g，$CaCl_2 \cdot 2H_2O$ 0.2g。先将 NaCl 溶于 700ml 蒸馏水中后，再加入三乙醇胺和 HCl，然后用适当蒸馏水溶解 $MgCl_2$ 和 $CaCl_2$ 后，缓慢加入上述配好的溶液中，冷却后补加蒸馏水定容至 1 000ml，过滤，4℃条件下保存。

2．工作缓冲液配制 实验当日，取上述配制的贮存液 1 份，以 9 份蒸馏水稀释混匀，即用。

3．2% SRBC 悬液配制 新鲜脱纤维或 Alsever 液保存的绵羊血，加入数倍量生理盐水，以 2 000r/min 离心 5 分钟，洗涤 2 次，第 3 次以 2 500r/min 离心 10 分钟，弃上清。管底压积红细胞用工作缓冲液配成 2% 细胞悬液。为使红细胞浓度标准化，可取少量 2% 细胞悬液用工作缓冲液稀释 25 倍，再用 0.5cm 比色杯置于 721 分光光度计（波长设定 542nm）比色，调整透光率为 40%。每次实验所用红细胞悬液的浓度、细胞形态和活性等指标必须一致，否则予以调整。

4．溶血素（抗 SRBC 抗体）制备 按效价用工作缓冲液稀释至 2 个单位（U）。如效价为 1∶4 000，使用时稀释至 1∶2 000。

5．致敏 SRBC 悬液的制备 取适量新鲜 2% SRBC 悬液，逐滴加入等体积 2U 的溶血素，边滴加边混匀，然后置于 37℃水浴 10 分钟。致敏 SRBC 悬液最好现配现用，其可在 4℃条件下过夜保存。

6．标本及其他试剂 待检血清、生理盐水、17g/L 高渗盐水。

7．器材 试管、刻度吸管、离心机、恒温水浴箱、721 分光光度计、比色杯等。

【操作步骤】

1．稀释待检血清 吸取待检血清 0.2ml，加入工作缓冲液 3.8ml，将血清稀释 20 倍。

2．制备 50% 溶血标准管 吸取 2% SRBC 悬液 0.5ml，加蒸馏水 2.0ml，混匀至 SRBC 完全溶解，即 100% 溶血管；然后加入 17g/L 高渗盐水 2.0ml 成为等渗溶液，再加入 2% SRBC 悬液 0.5ml，即为 50% 溶血管。

3．取 10 支试管按顺序编号，按照表 8-1 所示加入各试剂，将各管混匀，置于 37℃水浴 30 分钟后测定补体活性。

进行上述操作时应注意以下几点：

（1）待测血清应新鲜，室温放置时间 >2 小时，会使得补体活性下降。还应避免血清的溶血、污染的发生。

（2）接触血清的实验器材应清洁、干净，残留的酸、碱等化学物质可能会引起补体活性缺失。

表 8-1 血清总补体溶血活性测定

试管号	工作缓冲液 /ml	1∶20 稀释血清 /ml	致敏 SRBC 悬液 /ml		CH_{50}/($U \cdot ml^{-1}$)
1	1.40	0.10	1	37℃水浴30分钟	200
2	1.35	0.15	1		133
3	1.30	0.20	1		100
4	1.25	0.25	1		80
5	1.20	0.30	1		66.6
6	1.15	0.35	1		57.1
7	1.10	0.40	1		50
8	1.05	0.45	1		44.4
9	1.00	0.50	1		40
10	1.50	0.00	1		—

注：CH_{50}（$U \cdot ml^{-1}$）=1/x×20，x 代表引起 50% 溶血的所用最少血清量，20 是稀释倍数。表中 CH_{50} 列数值代表对应试管在所用血清量时的总补体溶血活性。

（3）因所测得的值与反应体积有关，在向试管内加各种液体时，要保证液体体积的准确性，否则会导致所测值产生误差。

（4）工作缓冲液和致敏 SRBC 悬液均应新鲜配制。

【结果判断】

将各实验管经 2 500r/min 离心 5 分钟后，先用目测法，将各管与 50% 溶血标准管比较观察，选择溶血程度与标准管最接近的两管；然后再用分光光度计于波长 542nm 进行比色，以工作缓冲液作为空白，校正零点，测出透光率与标准管最接近的一支管，根据该管所用血清量，按以下公式求出血清总补体溶血活性。

血清总补体溶血活性（CH_{50}）（U/ml）= 1/ 所用血清量（ml）× 血清稀释倍数

本法测定血清总补体溶血活性（CH_{50}）一般正常参考值范围为（50～100）U/ml。

【实验讨论】

1. 方法评价 该方法是血清总补体活性测定的经典实验，方法简便、快速，其结果反映补体 C1～C9 等成分的综合水平，不能具体提示何种补体成分活性水平，也不能反映补体成分含量水平，常作为补体活性筛查试验。除了应用于传染病诊断和流行病学调查外，该法也可应用于自身免疫病自身抗体检测、肿瘤相关性抗原检测。

从试剂的稳定性、操作复杂性及实验敏感性等方面，该法不适合临床大批量样本的自动化操作，目前已经有针对致敏绵羊红细胞改良的替代方法应用于临床自动化检测，即脂质体均相免疫溶破试验，该法血清用量少、影响因素少、操作方便、快速、准确，如 AUTOKIT CH_{50} 试剂盒，采用包裹指示酶的脂质体膜代替绵羊红细胞，通过补体介导脂质体膜破裂释放指示酶，指示酶再与底物作用，底物吸光值变化与补体活性呈正比关系。

2. 结合本实验进一步思考以下问题

（1）该法虽然简便和快速，但敏感性较低，实验结果易受多种因素影响。试讨论：影响 CH_{50} 结果偏差的有哪些因素？

（2）为何总补体的溶血活性以 50% 溶血程度作为判定反应终点指标，而不用 100% 溶血程度？

验证实验二　血清循环免疫复合物检测

免疫复合物（immune complex，IC）在体内有两种存在形式：一种是组织中固定 IC，而另一种是在血液中，可溶性抗原与相应的抗体结合，形成的可溶性抗原 - 抗体复合物，被称为循环免疫复合物（circulating immune complex，CIC）。可溶性抗原和抗体性质以及抗原和抗体结合比例会影响 CIC 的形成大小。通常中等大小的 CIC（沉降系数约等于 19S），既不容易从肾排出，也不容易被吞噬细胞清除，更容易沉积于局部血管壁或毛细血管基底膜，如肾脏基底膜、皮肤基底膜、关节滑膜等处，可使补体系统发生级联激活反应，导致各种免疫病理损伤，形成免疫复合物病，如血管炎、类风湿关节炎及免疫复合物肾小球肾炎等。

CIC 的检测方法分为抗原特异性和非抗原特异性。由于大多数情况下，CIC 抗原性质不清或太复杂，所以临床上多采用非抗原特异性方法。该法依据免疫球蛋白分子结合抗原后发生的物理学和生物学特性的改变进行检测，不用考虑形成 CIC 抗原性质。其方法种类较多，这里仅介绍物理方法中的聚乙二醇（polyethylene glycol，PEG）比浊法。

【实验目的】

掌握 PEG 比浊法测定循环免疫复合物（CIC）的实验步骤、结果判断标准和计算方法；理解循环免疫复合物测定的临床意义。

【实验原理】

聚乙二醇（PEG）是一种非离子亲水剂，为直链大分子多糖，具有较强的脱水作用，可非特异性沉淀蛋白，具有可逆性，对蛋白生物活性无影响，为常用的抗原 - 抗体复合物形成的增浊剂。终浓度 3%～4% 的分子量为 6 000Da 的聚乙二醇（PEG 6000）能选择性沉淀 CIC，并能抑制 CIC 解离，促进 CIC 进一步聚合成分子量更大的凝聚物，形成浊度。利用分光光度计测定溶液的浊度可反映 CIC 相对含量。

【试剂与器材】

1. **待检血清**　正常血清。

2. **热聚合人 IgG（AHG）**　将人 IgG（10μg/L）置于 63℃水浴加热 20 分钟，立即转冰浴，冷却后通过 Sephacryl S-300 柱或 Sepharose 4B 柱收集第一蛋白峰。实验时用不含 CIC 的健康人血清配制成 120mg/L、60mg/L、30mg/L、15mg/L、7.5mg/L 不同浓度的标准品。

3. **pH 8.4 的 0.1mol/L 硼酸盐缓冲液（BBS）**　硼砂 4.29g、硼酸 3.40g，蒸馏水加至 1 000ml，溶解后用 G3 或 G4 号玻璃滤器过滤备用。

4. **聚二乙醇 - 氟化钠（PEG-NaF）稀释液**　PEG 6000 40.0g、NaF 10.0g、BBS 加至 1 000ml，溶解后用 G3 或 G4 号玻璃滤器过滤备用。

5. **器材**　微量加样器、试管、吸管及橡皮滴头、分光光度计等。

【操作步骤】

（一）定性实验

1. **1∶3 稀释血清**　取待测血清 0.15ml，加入 BBS 0.3ml。

2. **取 2 支试管按顺序编号**　按照表 8-2 所示加入各试剂，将各管混匀，置于 37℃水浴

60分钟后，测定分光光度计 A_{495nm} 值（测定前先用BBS校正零点）。

表8-2 循环免疫复合物（CIC）定性检测

剂量单位：ml

试管号	实验组名	PEG-NaF 稀释液	BBS	1∶3 待检血清
1	待检测定管	2.0	—	0.2
2	待检对照管	—	2.0	0.2
37℃水浴60分钟				

注：血清最终稀释度为1∶33，PEG最终浓度为36.4g/L。

（二）定量实验

1. 1∶3稀释血清 取待测血清0.15ml，加入BBS 0.3ml。

2. 取6支试管按顺序编号 按照表8-3所示加入各试剂，将各管混匀，置于37℃水浴60分钟后，测定分光光度计 A_{495nm} 值或于比浊仪上直接测量光散射值。

表8-3 循环免疫复合物（CIC）定量检测

剂量单位：ml

加入物	试管号					
	1	2	3	4	5	6
PEG-NaF 稀释液	2.0	2.0	2.0	2.0	2.0	2.0
1∶3 待检血清	0.2	—	—	—	—	—
AHG（120mg/L）	—	0.2	—	—	—	—
AHG（60mg/L）	—	—	0.2		—	—
AHG（30mg/L）	—	—	—	0.2	—	—
AHG（15mg/L）	—	—	—	—	0.2	—
AHG（7.5mg/L）	—	—	—	—	—	0.2
37℃水浴60分钟						

注：血清最终稀释度为1∶33，PEG最终浓度为36.4g/L。

上述操作应该注意以下几点：

（1）向试管内加各试剂时，注意保持PEG最终浓度的准确性，若PEG浓度 >50g/L，其选择性沉淀CIC特性消失，可能导致假阳性结果。

（2）应在受试者空腹时采集新鲜待检样本，避免低密度脂蛋白、高γ-球蛋白血症或脂肪含量过高引起血清样本浊度增加。

（3）血清标本应避免因反复冻融导致的假阳性。

【结果判断】

1. 定性实验 待检血清浊度值 $=(A_{测定管}-A_{对照管})\times100$。以大于正常血清浊度值均值加2个标准差为CIC阳性（正常血清参考值4.3±2.0，阳性临界值为4.3+4=8.3）。

2. 定量实验 以不同浓度热聚合人IgG标准品为横坐标，$A_{测定管}$值或者光散射值为纵坐标，在坐标纸上或用相关软件绘制标准曲线，并得到直线回归方程，将待测血清的 $A_{测定管}$ 值或光散射值代入方程，计算出待测血清中CIC含量。

3. 参考区间 定性实验阴性（<8.3）；定量实验如使用商业试剂盒，以其说明书参考值

为考量，或通过本地区一定数量不同年龄、性别健康人群检测，建立自己实验室的参考区间；对来自文献或说明书的参考区间使用前应加以验证。

【实验讨论】

1. 方法评价 PEG 比浊法是检测循环免疫复合物经典方法之一，既可以对循环免疫复合物进行定性检测，也可以进行定量检测（需要参考标准品，常以热聚合人 IgG 为标准品），因其操作简单、迅速，目前临床大多数实验室还在应用；特别是在采用自动化免疫浊度分析系统后，使得实验结果的重复稳定性有所提高。但其特异性较差，干扰因素较多，临床仅用于循环免疫复合物筛查。ELISA 法特异性和敏感性优于 PEG 比浊法，但其稳定性较差。

循环免疫复合物的测定虽无特异性诊断意义，但对一些免疫复合物病的活动性判断和指导治疗仍有一定辅助价值，如系统性红斑狼疮、类风湿关节炎、部分肾小球肾炎等。对循环免疫复合物的检测方法较多，但缺乏公认的统一、标准的方法，各个方法之间结果存在一定差异，因此，对循环免疫复合物应采取多种方法联合检测原则，以提高结果的准确性。

2. 结合本实验进一步思考以下问题

（1）在 PEG 比浊法操作实验过程中，对结果的影响因素较多，如 PEG 浓度、标本混浊度、比色杯洁净度、缓冲液离子强度、pH 以及温度等，容易导致“伪浊度”出现，试讨论：如何尽可能减少“伪浊度”出现？

（2）由于人体生理状态下也存在少量 CIC，而病理状态下往往是单一种类的 CIC 增高，这种增高只有在影响免疫复合物总水平时才被检出，除了 PEG 比浊法外，还有多种原理不同的其他方法。那么，如何能提高 CIC 阳性检出率？

设计实验 细胞因子检测实验设计

细胞因子是一类由多种细胞分泌产生的，具有广泛多样生物活性且半衰期很短的蛋白质或多肽分子，也是免疫系统功能发挥的信息传递者和效应显现形式。测定细胞因子不仅能反映机体免疫应答的强弱，判断机体的免疫功能状态；而且是临床观察治疗效果和判断预后的重要指标。

根据所学知识及提供的实验条件，选择一种细胞因子类型，自主设计检测该细胞因子的 1～2 种实验方案；阐明所选择的实验方法的实验原理、观察指标、操作步骤和实验的注意事项。按自主实验设计方案完成实验全过程，完成实验报告，并进行结果分析与总结。

【问题背景资料】

细胞因子是由机体多种细胞分泌的具有多种生物学功能活性的小分子蛋白质或多肽，通过结合细胞表面相应的细胞因子受体发挥生物学作用。它主要以自分泌和旁分泌方式发挥作用，分泌具有短暂性和自限性。细胞因子种类可分为白介素（IL）、干扰素（IFN）、肿瘤坏死因子（TNF）、集落刺激因子（CSF）、趋化因子（CC）和生长因子（GH）等六类。各类型具有各自的特性和主要的生物学功能，如 TNF 能引起靶细胞死亡，IL-2 能刺激 T 淋巴细胞增殖等。

依据细胞因子的特点，测定方法可分为免疫检测法（蛋白含量测定）和功能检测法（生物活性测定）。免疫检测法是根据细胞因子具有的免疫原性来检测其蛋白含量，如 ELISA

法，其结果常以 pg/ml 表示；功能检测法是根据细胞因子具有的生物学功能活性设计的检测方法，如细胞增殖试验、趋化试验，其结果常以活性单位（U/ml）表示。

【实验设计提示】

参考所学免疫学知识或查询有关文献材料，并根据已有实验条件，选择一种细胞因子类型，以实验小组为单位，分别讨论、设计针对该细胞因子蛋白含量的免疫检测和生物活性的功能检测方案。

生物活性的功能检测法，是基于细胞因子所具有的某一方面独特的生物学功能，构建的反映其在生物体内活性状态的反应体系。通过将不同浓度的细胞因子待检标本或标准品与指示细胞共育一定时间，以指示细胞的变化（如细胞增殖、细胞死亡或分泌蛋白等）来显示细胞因子的功能，然后将待检标本与标准品比较，判断得出待测细胞因子的活性水平。

根据所测细胞因子生物学功能，生物活性的功能检测法可分为细胞增殖测定法、细胞毒活性测定法、抗病毒活性测定法和趋化活性测定法等。

细胞增殖测定法是利用某些细胞因子具有生长因子活性，促进该细胞因子依赖的细胞株或某些原代细胞发生增殖的作用，通过检测这些细胞增殖程度来反映细胞因子生物学功能。常用检测技术有放射性核素掺入法和 MTT 比色法，前者是在细胞增殖过程中，核素标记的核苷掺入 DNA 合成过程中，检测核素含量可反映细胞增殖程度；后者是 MTT 被细胞线粒体琥珀酸脱氢酶还原成蓝黑色的甲臜，其形成甲臜的量与细胞增殖程度成正比，如白介素 -2（IL-2）的测定。

细胞毒活性测定法是利用某些细胞因子能在体外直接杀伤靶细胞的作用，通过检测靶细胞的杀伤效率来反映细胞因子生物活性。该方法的靶细胞一般选择能在体外长期传代培养的肿瘤细胞株。对待测细胞因子做一系列稀释后加至靶细胞培养体系，以检测靶细胞的死细胞数量作为判断指标，死细胞数量与细胞因子活性成正比，死细胞、活细胞检测可采用放射性核素掺入法和 MTT 比色法，如肿瘤坏死因子（TNF）的测定。

抗病毒活性测定法是利用某些细胞因子具有抗病毒生物活性，对病毒感染细胞所产生致细胞病变效应或病毒产量进行抑制，通过检测感染细胞病变程度或病毒产量抑制程度来反映细胞因子生物活性；主要用于干扰素（IFN）的测定。将一定浓度的感染病毒靶细胞株（如 Wish、Hep2/c、A549 等）与不同稀释度的 IFN 待检标本共育后，通过检测细胞病变效应、病毒蚀斑形成或者病毒产量抑制程度反映 IFN 的生物活性。

趋化活性测定法是利用某些细胞因子对特定细胞有定向趋化的生物活性，诱导该细胞向细胞因子浓度高的方向定向移动，通过检测这些特定细胞的趋化效能来反映细胞因子生物活性。常采用 Boyden 盲端小室法，上室的特定细胞通过硝酸纤维膜向含高浓度细胞因子的下室移动，根据特定细胞迁移的多少，可判断趋化因子活性强弱。

免疫检测法是根据细胞因子均为蛋白质或多肽，具有较强免疫原性，能刺激机体产生相应抗体的特点，通过制备某一细胞因子的特异性抗血清或单克隆抗体，利用抗原抗体特异结合的特性，用免疫检测法对细胞因子进行定性或定量检测，如酶联免疫吸附法、免疫印迹法、免疫荧光法等免疫测定技术。

注意要点：

1. 功能检测方法不适用于所有细胞因子的检测。不是所有的细胞因子都有对应的依赖性细胞株，生物活性测定应选择具有依赖性细胞株作为指示细胞 / 靶细胞的细胞因子。

2. 指示细胞 / 靶细胞在培养方面应做到无菌操作，实验用细胞生长处于对数增长期，一般细胞活性须大于 95%，密度适宜。最好先进行预实验确定最佳细胞浓度、最佳培养时间。

3. 待检标本可以是细胞培养物上清、血清、血浆以及某些病理情况下的其他体液成分，必须防止标本的污染，注意标本的保存，避免反复冻融。用细胞培养物上清时，注意细胞因子的分泌高峰期；血液来源标本注意避免溶血。

4. 待检标本中可能存在干扰实验结果的物质，如细胞因子可溶性受体、天然抗体、一些载体蛋白，可通过加入对应抗体，清除非特异的干扰，或者将标本进行系列稀释后再做检测。

5. 科学地设置好实验对照，充分考虑实验的阴性对照、阳性对照、空白对照、标准品剂量反应对照等，以排除非特异性因素对结果的干扰，增强实验的可信度和说服力。有些方法可以设置特异性抑制试验，有助于提高结果的特异性。

【小组讨论提纲】

1. 在细胞因子检测中，对生物活性的功能检测法或免疫检测法实验结果的影响因素有哪些？如何在实验中尽量避免？（针对所设计的具体实验方法进行讨论）

2. 在待检标本中，细胞因子含量与细胞因子活性，哪个更真实反映机体内状态？而临床应用中，是否只需要检测细胞因子含量或活性其中一种？为什么？

（朱小飞）

第九单元 感染性疾病免疫检测

感染性疾病的免疫学标志物包括特异性标志物和非特异性标志物。特异性标志物主要包括病原体抗原及其抗体以及特异性免疫细胞；非特异性标志物可在多种疾病中发生变化，主要包括急性时相反应蛋白、补体、细胞因子等。特异性抗原作为直接诊断指标，在排除技术因素、操作误差和交叉反应的前提下，结合临床症状可确诊感染。特异性抗体中，IgM 抗体出现早、消失快，是近期感染的间接诊断指标，其不能通过胎盘，但胚胎发育晚期的胎儿已经能产生 IgM，因此脐带血或新生儿血液中 IgM 升高提示有宫内感染（如巨细胞病毒感染、风疹病毒感染等）；IgG 抗体出现较晚、浓度高、维持时间长，通常提示既往感染，是病原体感染流行病学调查的重要指标。本单元以梅毒螺旋体抗体、乙型肝炎表面抗体检测为例，介绍特异性抗体、抗原的检测方法及其在感染性疾病中的诊断价值。

验证实验一 梅毒螺旋体抗体检测

梅毒（syphilis）是一种由梅毒螺旋体感染导致的性传播疾病，实验室检测在其筛查、诊断和治疗中具有重要作用。常用的梅毒实验室检测方法包括病原学检测和血清学检测，病原学检测直接检测梅毒螺旋体，血清学检测则是检测血液或者组织液中的梅毒抗体。根据检测所使用抗原的不同，梅毒的血清学检测可分为两类：检测非特异性抗体的非梅毒螺旋体血清学试验与检测特异性抗体的梅毒螺旋体血清学试验。非梅毒螺旋体血清学试验方法简单、快速，常用作梅毒的筛查试验，包括性病研究实验室试验（venereal disease research laboratory test，VDRL test）、不加热血清反应素试验（unheated serum reaction test，USR test）、快速血浆反应素环状卡片试验（rapid plasma regain test，RPR test）、甲苯胺红不加热血清试验（toluidine red unheated serum test，TRUST）。检测特异性抗体的梅毒螺旋体血清学试验包括荧光梅毒螺旋体抗体吸收试验（fluorescent treponemal antibody absorption test，FTA-ABS test）、梅毒螺旋体免疫印迹（treponema pallidum western blot，TP-WB）试验、梅毒螺旋体血球凝集试验（treponema pallidum hemagglutination assay，TPHA）、梅毒螺旋体明胶颗粒凝集试验（treponema pallidum particle agglutination test，TPPA test）、梅毒螺旋体抗体酶联免疫吸附试验（treponema pallidum antibody enzyme-linked immunosorbent assay，TP-ELISA）、梅毒螺旋体化学发光免疫分析试验（treponema pallidum antibody chemiluminescent immunoassay，TP-CLIA）。只应用一种方法容易造成假阴性或假阳性结果，联合应用梅毒非特异性抗体和特异性抗体实验可以大大提高梅毒的实验室诊断准确性。

一、甲苯胺红不加热血清试验

甲苯胺红不加热血清试验（TRUST）是梅毒筛查常用的实验方法，用于检测患者血清中非特异性抗心磷脂抗体等类脂质抗体（反应素），该抗体的存在与否能提示是否感染梅毒螺旋体并反映病程。

【实验目的】

掌握 TRUST 的基本原理和操作步骤，学会分析、判断和报告结果，熟悉梅毒实验室筛查项目的临床意义。

【实验原理】

TRUST 属于间接凝集试验中的颗粒免疫凝集试验，实验原理为感染梅毒螺旋体后，被损害的宿主细胞及梅毒螺旋体本身释放的类脂质物质，引起宿主产生抗心磷脂抗体等类脂质抗体（反应素），抗体类型包括 IgA、IgM 和 IgG。这种抗体能在体外与人工按一定比例配制的含心磷脂、卵磷脂和胆固醇的抗原溶液发生作用，产生絮状凝集现象。本实验采用 VDRL 抗原溶液（含心磷脂、卵磷脂和胆固醇的无水乙醇溶液）重悬于特制的甲苯胺红溶液中，当待测血清中存在反应素时，即与其发生凝集反应，出现肉眼可见的粉红色凝块。

【试剂与器材】

使用商品化试剂盒或自备以下各材料，均可进行检测。

1. 甲苯胺红不加热血清试验（TRUST）抗原混悬液。
2. 梅毒阳性对照。
3. 梅毒阴性对照。
4. 反应纸卡。
5. 待测血清。
6. 器材　微量加样器（10～50μl、20～100μl）、吸头、数显振荡仪或水平旋转仪、计时器。

【操作步骤】

1. 试剂准备　实验前预先将试剂盒从冰箱取出，放置于室温（18～25℃）下平衡 30 分钟。

2. 稀释血清　血清用生理盐水按 1∶2、1∶4、1∶8、1∶16 进行倍比稀释，用记号笔在反应纸卡上编号，并备注稀释度。

3. 加样　分别吸取梅毒阳性对照、阴性对照血清及待测血清样品各 50μl，均匀地铺加在反应纸卡的各圆圈中，并将样本涂布充满整个反应圆圈。

4. 抗原混匀　滴加抗原前，将试剂瓶沿水平方向旋转以使抗原混匀，并用专用塑料滴管轻缓地反复吹吸数次，直至抗原充分悬浮。

5. 加抗原　向每个样品反应圈垂直滴加经充分混悬的抗原 17μl。

6. 混匀抗原抗体　滴加抗原后，立即用移液头倾斜 30° 左右在反应圈中旋转数次，以使抗原和样本尽快混合。

7. 水平振荡　将卡片置于水平旋转仪上，加盖，根据实验室情况确定是否在海绵中加入去离子水以保湿，以 100r/min 的速度水平振荡卡片 8 分钟。

8. 观察结果　立即肉眼观察结果。

【结果判断】

1. 质量控制判断　判断标准为：①阴性对照的正常范围：正常情况下，阴性对照检测结果应无粉红色凝集物，判定为 N（若阴性对照检测出现凝集反应，应重复试验）。②阳性对照的正常范围：正常情况下，阳性对照检测结果应可见中等或较大块的粉红色凝块，判定为 R，否则试验无效。

2. 阴性反应（N） 可见粉红色均匀的沉淀物，无凝集物。

3. 弱阳性反应（W） 可见较小、明显的粉红色凝块。

4. 阳性反应（R） 可见中等或较大的粉红色凝块。对大于 1∶16 阳性者可将血清用生理盐水继续作倍比稀释（1∶32，1∶64…），然后按上述方法进行试验，以呈现明显凝集反应的最高稀释度作为该样品的抗体效价（滴度）。

5. 结果的报告格式 ①阴性反应报告，应包括试验方法和结果表示两部分内容，如："甲苯胺红不加热血清试验（TRUST）阴性"；②阳性反应报告，应包括试验方法、定性（原倍）结果和半定量（滴度）结果三部分内容，如："甲苯胺红不加热血清试验（TRUST）阳性；滴度：1∶32"；滴度超过 1∶64 时报告"TRUST 阳性 >1∶64"。

【实验讨论】

1. 注意事项

（1）试验应在室温（18～25℃）条件下进行，过低的环境温度可能导致假阳性结果。

（2）TRUST 抗原溶液在使用前必须充分摇匀。

（3）涂布样本时保持移液头与反应板的夹角接近 30°，避免移液头划破反应板表面防水涂层。

（4）应在明亮光线下肉眼观察结果，不可使用显微镜观察。

（5）少数样本在检测后发现反应圆圈的周边均悬浮着细小颗粒凝集，而中心部分呈现阴性反应。可手持反应板倾斜 30°，轻轻地转动数次，可帮助识别临界阳性反应的结果。

（6）对临床诊断提示早期梅毒或疑似早期梅毒病例的样本，即使定性实验呈阴性反应，也应将样本稀释到 1∶16 进行半定量实验，以排除前带现象。

（7）本实验为梅毒非特异性类脂质抗体（反应素）试验，对阳性者应结合临床及梅毒螺旋体特异性抗体试验再做判断。

（8）因为血浆中的抗体浓度显著高于血清，所以同一个患者血清与血浆的检测结果不可直接比较。用血浆样品进行检测时，应在样本类型中标注"血浆"。仅在特殊情况下利用 TRUST 检测血浆样品，例如：血库、无离心机的实验室、无法获得血清样品等。

（9）数显振荡仪需要每周进行校正转速，以（100±2）r/min 为正常范围，每年需要到计量局进行仪器校正，并出具报告。

2. 假阴性反应

（1）感染梅毒螺旋体后，机体免疫应答需要一定的过程，类脂质抗体的浓度尚处于实验方法的检测限之下，称为窗口期，可发生假阴性反应。

（2）少数早期梅毒和神经梅毒以及部分晚期梅毒，可发生定性实验假阴性反应。

3. 假阳性反应

（1）某些真空采血管中含有的添加剂成分可干扰检测结果，引起假阳性反应。

（2）与梅毒感染无关的其他因素，如急性和慢性病毒感染、老年人免疫调节功能低下等，容易产生一些自身抗体、异常蛋白质等交叉反应物质，可造成梅毒非特异性抗体试验呈阳性反应。常见引起 TRUST 假阳性反应的疾病因素包括系统性红斑狼疮、麻风病、疟疾、传染性单核细胞增多症、病毒性肝炎、肿瘤、其他螺旋体疾病等；常见引起 TRUST 假阳性反应的生理性因素包括妊娠、高龄等。

4. 前带现象 部分早期梅毒的样本可出现前带现象，指非梅毒螺旋体血清学试验中，血清中存在高浓度抗体时出现弱阳性、不典型或阴性反应结果，而患者临床表现为二期梅毒，将血清稀释后再次进行检测，即可呈现阳性结果，该现象称为前带现象。处理方法：将血清稀释后再进行试验。

二、梅毒螺旋体抗体明胶颗粒凝集试验（TPPA 试验）

TPPA 试验为检测梅毒特异性抗体（主要为 IgG）较为可靠的方法，特异性较强，为梅毒血清学确证实验之一。

【实验目的】

掌握 TPPA 方法原理、实验操作步骤及结果判断，熟悉其在临床诊断中的作用及意义。

【实验原理】

将梅毒螺旋体抗原包被在人工载体明胶颗粒表面，使之成为致敏颗粒，当抗原致敏颗粒与检测样本血清作用时，如血清含有相应的抗体（梅毒螺旋体抗体），可发生特异性凝集反应，形成肉眼可见的粉红色凝集。以此检测样本中有无相应的梅毒螺旋体抗体，同时可做滴度分析，检测抗体效价。

【试剂与器材】

1. 试剂 梅毒螺旋体抗体检测（明胶颗粒凝集试验）试剂盒，有商品供应，主要成分包括：血清稀释液、致敏颗粒、未致敏颗粒以及相应的溶解液，阳性对照血清。

2. 器材 专用滴管、反应板、微量加样器、加样吸头。

【操作步骤】

1. 试剂准备 实验前预先将试剂盒从冰箱取出，放置于室温（18～25℃）下平衡 30 分钟。

2. 加稀释液 在反应板第 1 孔用微量加样器加入血清稀释液 100μl，在第 2～8 孔各加 25μl。

3. 加样 在第 1 孔中加入待检血清 25μl，混匀后吸出 25μl 加入第 2 孔，同法操作至第 8 孔，丢弃 25μl。实验中同时设置阳性对照。

4. 加颗粒物质 在第 3 孔中加入未致敏颗粒 25μl。在第 4～5 孔中加入致敏颗粒 25μl。

5. 反应及观察结果 混匀后，室温下静置 2 小时后观察结果（保证足够的反应时间，及时观察结果）。

操作程序如表 9-1 所示。

【结果判断】

1. 结果判断

阴性：颗粒集中于孔底，呈纽扣状，呈现外周边缘均匀、平滑的圆圈。

弱阳性：颗粒形成小环状，呈现外周边缘均匀、平滑的圆圈。

表 9-1 梅毒螺旋体抗体明胶颗粒凝集试验操作程序

管号	1	2	3	4	5	
稀释液 /μl	100	25	25	25	25	
待测血清 /μl	25	25	25	25	25	弃去 25
未致敏颗粒 /μl	—	—	25	—	—	
致敏颗粒 /μl	—	—	—	25	25	
最终稀释度	—	—	1∶40	1∶80	1∶160	

阳性：颗粒环明显变大，其外周边缘不均匀且杂乱地凝集在周围。

强阳性：产生均匀凝集，凝集颗粒在底部，整体上呈膜状延展。

2. 最终判定基准 未致敏颗粒（最终稀释度 1∶40）的凝集现象判定为阴性，致敏颗粒（最终稀释度 1∶80 及以上）出现凝集现象判定为阳性。将反应图像为阳性的最终稀释度作为抗体效价；比如稀释度超过 1∶160 时，报告"梅毒螺旋体抗体明胶颗粒凝集试验（TPPA 试验）阳性；滴度 >1∶160。

【实验讨论】

1. 采血前使受检者保持平静、松弛和空腹状态；不建议采集抗凝血标本，如果必须使用血浆，推荐的抗凝剂是肝素。

2. 接收标本后在 60 分钟内将标本离心，分离出血清；样本在室温（15～25℃）下可稳定一周，冰箱（2～8℃）中稳定 7 天，−20℃条件下可保存一个月（应避免反复冻融血清）。为避免标本中水分挥发使血清浓缩，对保存时间超过 1 天的标本均加塞密闭或覆盖湿巾。

3. 血清免疫反应中一般要考虑前带现象；但对于接受过免疫球蛋白血液制剂的患者，其血清样品可能呈假阳性。

4. 本实验试剂的溶解液、血清稀释液和阳性对照血清中含有 0.1% 的叠氮钠防腐剂，在废弃时，要用大量的水冲洗以避免生成具有爆炸性金属叠氮。

5. 试剂盒内的试剂都是为了产生正确的反应而组合起来的，不能将生产批号不同的试剂混合在一起使用。严格遵守本实验试剂的保存条件，注意不要冷冻保存。

6. 梅毒螺旋体感染后 2 周左右，患者血清中即可出现特异性 IgM 抗体，4 周左右即可检测出特异性 IgG 抗体，TPPA 试验为检测特异性 IgG 抗体的较好方法之一，其阳性可以提示曾经或现症感染梅毒，与 TRUST 的检测结果综合分析，对梅毒的判断、分期及治疗效果评价具有重要价值。

7. 梅毒螺旋体感染初期，有可能不产生抗体，或虽然产生抗体但数量很少，如果怀疑感染，即使本实验的判定结果为阴性，也须随访复查并与其他的检查结果和临床症状结合起来加以综合判定。

8. 结合本实验进一步思考以下问题

（1）梅毒实验室检验项目包括哪些？各自的临床意义是什么？

（2）导致 TRUST 出现假阳性或假阴性结果的因素各有哪些？

（3）为什么梅毒实验诊断强调综合应用特异性抗体和非特异性抗体两种方法，以及使用不同类型的技术检测？

验证实验二　乙型肝炎表面抗体检测

乙型病毒性肝炎（乙肝），是由乙型肝炎病毒（HBV）引起的传染病。乙型肝炎病毒通过血液与体液传播，具有慢性携带状态，在我国流行广泛，人群感染率高。主要通过血清学、病毒学和生化标志物的检测进行乙肝的临床诊断。其中乙型肝炎病毒血清标志物（HBsAg、HBsAb、HBeAg、HBeAb 和 HBcAb）是主要的实验诊断检测指标，用来流行病学筛查和确诊，为乙肝携带者的筛查、乙肝患者病情和接受治疗后疗效评估提供依据。

酶联免疫吸附试验（ELISA）是一种非均相免疫分析实验，本实验有两个关键材料：预先包被于固相材料的抗体（或抗原）和酶标记的抗体（或抗原）。96 孔酶标板是最常用的固相材料；常用的酶主要为辣根过氧化物酶（HRP）和碱性磷酸酶（ALP）。ELISA 有四种基本方法：夹心法（双抗体夹心和双抗原夹心）、间接法、竞争法、捕获法。本实验以 ELISA 双抗原夹心法检测血清乙型肝炎表面抗体（HBsAb）为例，介绍 HBsAb 检测的基本原理和实验方法。

【实验目的】

掌握 ELISA 检测 HBsAb 的基本原理、操作步骤、结果判断、影响因素等，熟悉乙肝五项标志物的模式（检测结果组合类型）及临床意义。

【实验原理】

根据 ELISA 夹心法原理，以纯化的乙型肝炎表面抗原包被酶标板（包被抗原），加入待测样本和酶标记乙型肝炎表面抗原（酶标抗原）后，如果样本中存在 HBsAb（待测抗体），则会与包被抗原和酶标抗原发生特异性结合反应，形成“酶标抗原 - 待测抗体 - 包被抗原”结构的免疫复合物，并结合在固相载体上。通过洗涤去除未结合的酶标抗原和样本，再加入底物缓冲液和底物液，底物在酶的催化下生成蓝色产物，用终止液终止酶反应后，微孔中的蓝色溶液变成黄色，颜色深浅与样本中待测抗体的浓度在一定范围内成正比。

【试剂及器材】

使用商品化试剂盒或自备以下各材料，均可进行检测。

1. 酶标板（包被 HBsAg）
2. 酶标抗原试剂　HBsAg- 辣根过氧化物酶（HRP），用标本稀释液稀释到工作浓度。
3. 对照品　包括阳性对照血清及阴性对照血清。
4. 显色底物　使用商品化试剂盒显色剂 A 液和显色剂 B 液即可，显色剂 A 液含有 H_2O_2，显色剂 B 液含有 TMB。
5. 洗液　pH 7.4 的 0.02mol/L Tris-HCl 溶液，其中含有 0.05% 表面活性剂 Tween 20。
6. 终止液　可使用商品化试剂盒终止液，或自配 2mol/L 硫酸溶液。
7. 封板膜
8. 待测样品　2 份不同 HBsAb 浓度的人血清样品。
9. 酶标仪

【操作步骤】

1. 实验准备　将待测标本、酶标板、所需试剂平衡至室温。洗涤液的配制：浓缩洗涤液(蒸馏水或去离子水 1∶20 稀释)。

2. 实验操作 编号：将样品对应酶标板按序编号，每板应设阴性对照 3 孔，阳性对照 2 孔和空白对照 1 孔(用双波长检测的，可以不设空白对照孔)。

(1) 加样：分别在相应孔中加入待测样品或阴性、阳性对照血清 50μl，轻轻振荡混匀。

(2) 加酶：在每孔中加入酶标试剂 50μl，空白孔除外，轻轻振荡混匀。

(3) 温育：用封板膜封板后，置于 37℃下温育 30 分钟。

(4) 洗板：小心揭掉封板膜，用洗板机洗涤 5 遍，最后一次尽量扣干。

(5) 显色：每孔加入显色剂 A、B 液各 50μl，轻轻振荡混匀，37℃下避光显色 15 分钟。

(6) 测定：每孔加入终止液 50μl，轻轻振荡混匀，10 分钟内测定结果。设定酶标仪于 450nm 波长处，用空白孔调零(建议用双波长，检测波长 450nm、参考波长 600～650nm)，测定各孔吸光度(*A*)值或光密度(*OD*)值。

【结果判断】

1. 临界值(cut-off 值)=2.1× 阴性对照平均 *A* 值。注：阴性对照平均 *A* 值小于 0.05 按 0.05 计算，大于或等于 0.05 按实际值计算。

2. 试剂空白值须 <0.08，否则检测无效，须重复检验(双波长读值不适用此标准)。

3. 每个阴性对照 *A* 值必须 <0.1(空白校零后)，若其中任何一个读数与标准不符，应考虑误差予以剔除，使用剩余的读数再次计算平均值。剩余的读数必须符合前述标准，否则检测无效，须重复检验。

4. 每个阳性对照孔 *A* 值须≥0.5，若其中读数不符合上述标准，检测无效，须重复检验。

5. 样本 *A* 值≥cut-off 值为 HBsAb 阳性，样本 *A* 值 <cut-off 值为 HBsAb 阴性。

【实验讨论】

1. 本实验试剂使用样品为人血清或血浆，含有 EDTA、柠檬酸钠或肝素等抗凝剂的样品可用于本实验。

2. 本实验不能用于检测含叠氮钠、悬浮纤维蛋白或聚集物、重度溶血的样品。

3. 样品中应无微生物，可在 2～8℃储存 1 周；长期储存应低温冻存，并避免反复冻融。

4. 使用前将样品室温平衡 30 分钟以上，冷冻样品实验前须混匀。

5. 本品仅用于体外诊断，操作应按说明书严格进行。封板膜不能重复使用，不同批号酶标板、酶标试剂和阴 / 阳性对照不可混用，不能与其他厂家试剂混用。

6. 避免在有挥发性物质及次氯酸类消毒剂(如 84 消毒液)的环境下操作。

7. 使用前将试剂平衡至室温(30 分钟以上)，实验前将试剂轻轻振荡混匀，使用后立即放回 2～8℃环境中。未用完的酶标板条与干燥剂一起用自封袋密封后于 2～8℃条件下保存。过期试剂请勿使用。

8. 加液时必须用加样器，并经常校对加样器的准确性。加入不同样品或不同试剂组分时，应更换加样器吸头和加样槽，以防出现交叉污染。

9. 洗涤时各孔均须加满洗液，防止孔内有游离酶而不能洗净。使用洗板机应设定 30～60 秒的浸泡时间。洗板结束后须立即进行下一步操作，避免酶标板干燥。避免长时间地中断实验步骤，以确保每孔实验条件的一致性。

10. 结果判定必须以酶标仪读数为准。读取结果时，应擦干酶标板底部，且孔内不能有气泡。避免触碰板孔底部的外壁，指印或划痕均可能影响板孔的吸光度读数。

11. 所用样品、废液和废弃物都应按传染物处理。终止液为硫酸，使用时须注意安全。

12. 显色时必须先加显色剂 A 液后加显色剂 B 液，以免显色过低。

13. HBsAb 检测可以用于注射 HBV 疫苗后对机体免疫反应的监测，目前认为 HBsAb 的量在 10IU/L 以上可能有保护性。当患者有低水平的抗体时，应该检测其他的乙型肝炎病毒感染的标志物，以确定患者是否感染及感染状态。

14. HBsAb 检测也可以用于对 HBV 急性感染的恢复过程进行监测。HBsAb 是病毒中和抗体，检测到 HBsAb，提示感染正按病程发展进行，患者出现免疫应答。

15. 结合本实验进一步思考以下问题

（1）乙肝实验室检验项目包括哪些？

（2）导致乙型肝炎表面抗体实验假阳性或假阴性结果的因素有哪些？

（3）乙肝五项标志物的常见模式及其临床意义是什么？

设计实验　TORCH 感染检测实验设计

TORCH 感染是指一组围产期慢性非细菌性感染。TORCH 一词由一组病原体英文名称的第一个字母组合而成：T 指弓形虫（*Toxoplasma*，TOX），O 指其他病原体（other agents），R 指风疹病毒（rubella virus，RUB），C 指巨细胞病毒（cytomegalovirus，CMV），H 指单纯疱疹病毒（herpes simplex virus，HSV）。孕妇感染这些病原体后，这些病原体可以通过胎盘屏障，进入胎儿体内；阴道内的病毒可造成上行感染，尤其是胎膜早破者，可引起宫内感染；吸入带有病毒的阴道分泌物或母血，都可使胎儿或经阴道分娩的新生儿感染，导致流产、死胎、发育异常或畸形等严重后果。

目前临床上 TORCH 感染主要检测包括 TOX、RUB、CMV、HSV 的 IgG、IgM 抗体，其中 IgM 抗体的检测结果可用于这些病原体的早期诊断。而 CMV 是一种疱疹病毒科 DNA 病毒，具有典型的疱疹病毒形态。CMV 对宿主或培养细胞有高度的种特异性，人 CMV 只能感染人及在人纤维细胞中增殖，CMV 也可感染其他动物。CMV 分布广泛，可引起以泌尿生殖系统、中枢神经系统和肝脏疾病为主的感染，从轻微无症状感染直到严重功能缺陷，甚至死亡。将含 CMV 的唾液、尿液、子宫颈分泌液等标本离心沉淀，将脱落细胞用吉姆萨染色镜检，检查巨大细胞及核内、浆内嗜酸性包涵体，可做初步诊断。分离培养时可将标本接种于人胚肺纤维母细胞中，由于 CMV 生长周期长，细胞病变出现慢，为了快速诊断，可将培养 24 小时的感染细胞固定，用 DNA 探针进行原位杂交，检测 CMV DNA。IgM 抗体和 IgG 抗体适用于早期感染的诊断和流行病学调查。IgG 抗体可终身持续存在，IgM 抗体与急性感染有关。不论是初次感染或复发感染，当发生毒血症时，可用葡聚糖液提取外周血单个核细胞，制成涂片，加 CMV 单克隆抗体，采用免疫酶或荧光染色，检测细胞内抗原。应用免疫印迹法和分子杂交技术直接从尿液、各种分泌物中检测 CMV 抗原和 DNA 是既迅速又敏感、准确的方法。

本实验根据 CMV-IgM 为阳性的临床案例，进行病例资料分析、实验设计提示、小组讨论提纲等三部分的阐述，以帮助学生掌握实验原理、观察指标、操作步骤和实验的注意事项。

【问题背景资料】

现病史：患者，女，44岁，发热伴头痛10余天。患者10余天前出现发热，体温最高达40.5℃，伴头痛，至当地诊所就诊，予以对症治疗后上述症状未见明显好转。1周前至某医院就诊，查新冠病毒核酸阴性，给予玛巴洛沙韦、左氧氟沙星抗感染，解热镇痛，氟桂利嗪抗头痛等对症治疗后，患者上述症状稍好转。今为求进一步诊疗，以"发热"收治入院。否认高血压、糖尿病、心脏病等重大疾病史；否认肝炎、结核等传染病病史；否认药物、食物过敏史；10余年前在某医院有子宫肌瘤切除术史；否认输全血及血制品史；否认长期酗酒、吸烟史。

查体：体温36.5℃，血压109/81mmHg，心率126次/min，呼吸20次/min，血氧饱和度99%。意识清楚，精神萎靡。颈软，气管居中，甲状腺无肿大。全身浅表淋巴结未触及。听诊两肺呼吸音清，未闻及啰音。心律齐，各瓣膜区未闻及杂音。腹平软，无压痛，无反跳痛，未触及肿块，肝、脾肋下未触及，胆囊未触及，胆囊区无压痛、Murphy征阴性。肝浊音界在正常范围，肝区、肾区无叩击痛，移动性浊音(-)。听诊肠鸣音正常，4～6次/min，未闻及血管杂音。双下肢无水肿。神经系统无异常。

辅助检查：①CT：胸部CT平扫未见明显异常；②实验室检查：血浆肌酸激酶222U/L(↑)，血浆肌酸激酶MB 0.77ng/ml，血浆丙氨酸氨基转移酶11U/L，葡萄糖6.5mmol/L(↑)，肌酐70μmol/L，血钾3.43mmol/L(↓)，C反应蛋白1.3mg/L，全血白细胞计数5.92×10^9/L，中性粒细胞绝对值3.51×10^9/L，红细胞计数4.27×10^{12}/L，血红蛋白量133g/L，红细胞压积38.3%，血小板计数170×10^9/L，血小板压积19.0%，血液降钙素原0.100ng/ml，CMV-IgG 312U/ml(阳性)，CMV-IgM 88AU/ml(阳性)。

【实验设计提示】

CMV-IgM的检测方法包括：补体结合试验、间接血凝试验、生物素-亲和素酶联免疫吸附试验、ELISA捕获法、直接化学发光法。根据基本原理与实验要求，参考以往所学的免疫学知识或查阅有关文献资料，以实验小组为单位，讨论设计1～2种CMV-IgM的检测方案。

1. **补体结合试验** 是一种有补体参与，并以绵羊红细胞和溶血素是否发生溶血反应作为指示的高敏感性的抗原与抗体结合反应。基本原理：补体可与任何抗原和抗体的复合物相结合；指示系统如遇尚未被抗原和抗体复合物所结合的游离补体，就会出现肉眼易见的溶血反应。试验由两个阶段组成：首先将经过56℃处理30分钟使补体灭活的抗血清，与抗原及补体(通常将豚鼠血清作适当稀释后使用)混合使起反应。之后加入已同抗绵羊红细胞抗体相结合的绵羊红细胞(致敏红细胞)。在最初阶段对消耗补体建立起足够的抗原-抗体反应时，没有发生致敏红细胞的溶血，但补体剩余下来则引起溶血反应。

2. **间接血凝试验** 基本原理为将可溶性抗原(或抗体)先吸附于适当大小的颗粒性载体的表面，然后与相应抗体(或抗原)作用，在适宜的电解质存在的条件下出现特异性凝集现象。

3. **生物素-亲和素酶联免疫吸附试验** 基本原理为生物素或亲和素与抗体分子或标记物结合后，既不影响前者的亲和力，也不改变后者的特性。亲和素分子的4个活性部位并非都和连接在抗体分子上的生物素残基结合，剩下的游离部位尚可作为另一种生物素标记蛋白质的受体。系将特异性抗体生物素化，将酶标记到生物素上，然后以游离亲和素作为桥联物，使被检抗原、生物素化抗体和酶标生物素联成一体。

4. ELISA 捕获法 基本原理为抗原或抗体预先结合到某种固相载体表面，测定时，将受检样品（含待测抗体或抗原）和酶标抗原或抗体按一定程序与结合在固相载体上的抗原或抗体起反应形成抗原或抗体复合物；反应终止时，固相载体上酶标抗原或抗体被结合量（免疫复合物量）即与标本中待检抗体或抗原的量成一定比例；经洗涤去除反应液中其他物质，加入底物进行显色，最后通过定性或定量分析有色产物量即可确定样品中待测物质含量。捕获法是血清中针对某些抗原的特异性 IgM 常与特异性 IgG 同时存在，后者会干扰 IgM 抗体的测定。因此，对 IgM 抗体检测多采用捕获法：先将所有血清 IgM（包括特异性 IgM 和非特异性 IgM）固定在固相上，在去除 IgG 后再测定特异性 IgM。对该检测方法的样本需要进行预稀释，以去除样本中类风湿因子及非特异性 IgM 抗体的干扰。

5. 直接化学发光法 基本原理为用吖啶酯直接标记抗体（抗原），用直接化学发光技术的两步间接免疫测试法进行检测。具体步骤如下：①首次孵育，将预稀释样本加入磁微粒试剂中。样本中的 CMV-IgM 和磁微粒上包被的 CMV 抗原反应，形成抗原 - 抗体复合物。②首次清洗，在磁场作用下，磁微粒被吸附至反应管壁，未结合的物质被清洗液洗去。③再次孵育，加入吖啶酯标记的鼠抗人 IgM 抗体结合物，形成抗原 - 抗体 - 二抗复合物；然后再次清洗。④激发和读数，在反应混合物中加入预激发液和激发液，测试结果以相对发光强度（RLU）表示。⑤结果计算，样本中 CMV-IgM 的量与测定仪光学系统检测到的 RLU 值成正比。测试结果由样本 RLU 值与 cut-off 值的比值确定；cut-off 值由测定仪通过 2 点校准得出。

【小组讨论提纲】

1. 哪些方法可用于 CMV-IgM 的检测？各有何优缺点？
2. 影响直接化学发光检测 CMV-IgM 结果的因素有哪些？
3. 对 ELISA 捕获法检测 CMV-IgM 的样本进行预稀释的目的是什么？

（王瑜敏）

超敏反应性疾病免疫检测

超敏反应（hypersensitivity）又称为变态反应（allergy），是指机体对某些抗原初次应答致敏后，再次接触相同抗原刺激时，出现以生理功能紊乱或组织细胞损伤为主的异常免疫应答。由超敏反应引起的临床表现和病理症状，称为超敏反应性疾病。超敏反应根据其发生机制和临床特点分为四种类型：Ⅰ型为速发型超敏反应；Ⅱ型为细胞溶解型或细胞毒型超敏反应；Ⅲ型为免疫复合物型或血管炎型超敏反应；Ⅳ型为迟发型超敏反应。不同类型超敏反应产生的免疫效应因子各不相同，因此检测不同免疫效应因子可以反映机体的超敏反应类型，为超敏反应性疾病的诊断和治疗提供有效信息。本单元重点介绍血清总免疫球蛋白 E（IgE）抗体检测、血清特异性 IgE 抗体检测及其在超敏反应性疾病中的诊断价值。

验证实验一　血清总 IgE 抗体检测

IgE 抗体被发现于 1964 年，可介导Ⅰ型超敏反应。当变应原首次进入机体，B 淋巴细胞接受刺激，分化成熟为浆细胞，合成并分泌 IgE 抗体，随后 IgE 抗体通过 Fc 段与嗜碱性粒细胞和肥大细胞表面 Fc 受体结合。当相同的变应原再次进入机体，其可直接与 IgE 抗体的 Fab 段结合，引起嗜碱性粒细胞和肥大细胞脱颗粒，释放组胺等生物活性物质，从而导致荨麻疹、过敏性鼻炎等典型的Ⅰ型超敏反应症状。故Ⅰ型超敏反应患者血清 IgE 抗体含量常显著升高，并且其浓度通常与变应原的暴露强度和过敏症状的严重程度相关。血清总 IgE 抗体是指针对各种变应原的特异性 IgE 抗体的总和。检测血清总 IgE 抗体，对诊断Ⅰ型超敏反应性疾病具有重要价值。

【实验目的】

掌握散射免疫比浊法检测血清总 IgE 抗体的原理，熟悉在体外定量检测血清总 IgE 抗体水平的方法和操作步骤。

【实验原理】

将抗人 IgE 单克隆抗体包被于聚苯乙烯颗粒表面，当待测血清中的 IgE 抗体与聚苯乙烯颗粒表面包被的抗人 IgE 单克隆抗体结合，使得聚苯乙烯颗粒靠近并聚集。此种聚集引起液体浊度发生变化，进而导致穿过待测样本的光束发生散射。在抗体量过剩的情况下，散射光的强度与血清样本中 IgE 抗体的浓度成正比（图 10-1）。通过已知浓度的标准品和所测定的散射光强度值拟合形成参考曲线，用该曲线评估待测样本的浊度变化，从而获得相应的 IgE 抗体含量。

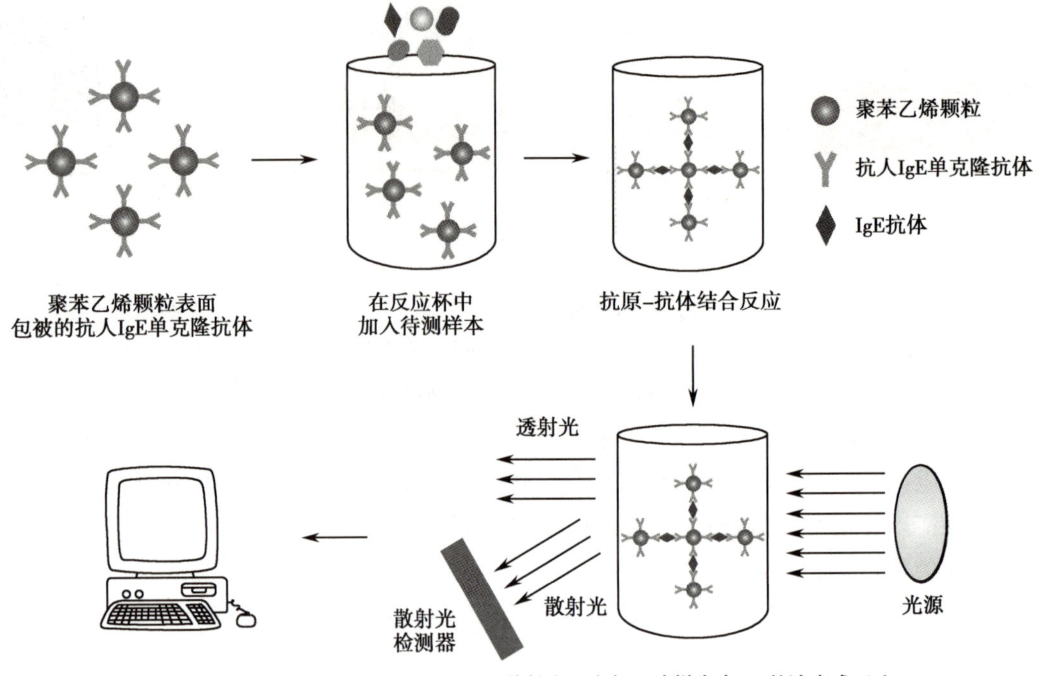

图 10-1　血清总 IgE 抗体检测原理示意图

【试剂与器材】

1. 待测血清　新鲜外周血标本彻底凝固后，迅速离心、分离，获得血清，其不能含有任何颗粒和纤维蛋白。标本在 2～8℃条件下保存不得超过 8 天，若在采集后 24 小时内冷冻保存可达 3 个月，同时应避免反复冻融。脂血标本或冷冻标本如果融化后混浊不清，则必须经高速离心（15 000×g，离心 10 分钟）后再上机检测。

2. 抗人 IgE　单克隆抗体预包被微粒悬浮液将鼠抗人 IgE 单克隆抗体（浓度为 0.03g/L）包被于聚苯乙烯微粒（直径约 130nm）表面。

3. PEG　含分子量 6～8kDa 聚乙二醇（0.3～0.4g/L）和氯化钠（11.6g/L），溶于磷酸盐缓冲液（0.05mmol/L），叠氮化钠 <1g/L。

4. 样本稀释剂　磷酸盐缓冲液（0.05mmol/L），叠氮化钠 <1g/L。

5. 人 IgE 蛋白标准品　浓度为 662IU/ml 的人 IgE 抗体定值样本，用于建立 IgE 抗体检测的参考曲线。

6. 人 IgE 蛋白质控品　液态、稳定的人 IgE 抗体浓度已知的血清样本，包含低水平、中水平和高水平，用于评估检测系统的稳定性。

7. 特定蛋白分析仪　本实验以临床常用的 BN Ⅱ System 特定蛋白分析仪为例进行说明。

【操作步骤】

1. 建立参考曲线　特定蛋白分析仪可使用样本稀释剂自动进行人 IgE 蛋白标准品的一系列稀释，通过多点定标建立参考曲线。如图 10-2 所示，IgE 蛋白标准品浓度为 662IU/ml，分别进行 1∶10（终浓度 66.2IU/ml）、1∶20（终浓度 33.1IU/ml）、1∶40（终浓度 16.55IU/ml）、

1∶80（终浓度 8.275IU/ml）、1∶160（终浓度 4.137 5IU/ml）、1∶320（终浓度 2.068 8IU/ml）和 1∶640（终浓度 1.034 4IU/ml）稀释，仪器测得结果数值为 1 548.80bits/sec、940.60bits/sec、472.29bits/sec、213.59bits/sec、104.41bits/sec、52.09bits/sec、25.51bits/sec，通过以上 7 个点拟合得到参考曲线（图 10-2）。值得注意的是，检测 IgE 蛋白标准品的稀释液必须在 4 小时内完成，所建立的参考曲线在 4 周内有效。若试剂批号更换，则必须重新建立参考曲线。

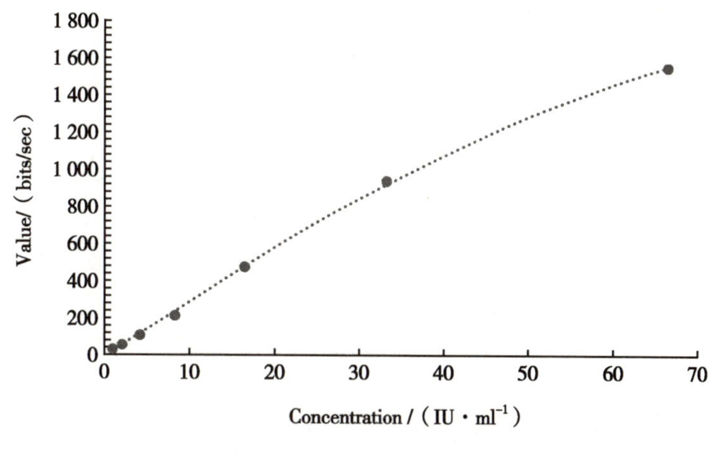

图 10-2 人 IgE 蛋白检测参考曲线

2. 人 IgE 蛋白质控品测定 通过检测低水平、中水平和高水平的人 IgE 蛋白质控品，根据检测结果是否符合 1_{3S}、2_{2S} 等质控规则，判定结果是否在控。结果在控后，方可进行后续样本的检测。

3. 样本测定 待测血清样本首先将自动被特定蛋白分析仪稀释剂按照 1∶20 的稀释度进行稀释，并且必须在 4 小时内完成测定。若仪器测得的读数超出测量范围，可使用更高或更低的样品稀释度重新检测。仪器的具体操作流程及方法参见第二单元临床见习 全自动特定蛋白分析系统。

【结果判断】

待测血清样本的结果由仪器根据参考曲线自动进行计算获得。人血清 IgE 抗体水平范围分布较广，且不遵循正态分布规律，每个实验室应根据患者人群建立自己的参考区间。成人血清 IgE 抗体水平一般低于 100IU/ml，儿童血清 IgE 抗体的浓度随年龄变化，在 7～10 岁达到成人水平（表 10-1）。

表 10-1 血清 IgE 抗体的参考值

年龄	血清 IgE 抗体的参考值 /（$IU \cdot ml^{-1}$）
新生儿	<1.5
婴儿（<1 周岁）	<15
儿童（1～5 周岁）	<60
儿童（>5～9 周岁）	<90
儿童（>9～15 周岁）	<200
青少年及成人	<100

【实验讨论】

1. 临床应用 血清总IgE抗体浓度升高可见于：①超敏反应性疾病，一般情况下，Ⅰ型超敏反应患者血清总IgE抗体水平升高，但并不是所有超敏反应均伴有血清总IgE抗体水平升高，低水平IgE抗体也不能完全排除超敏反应性疾病。故血清总IgE抗体水平不能作为Ⅰ型超敏反应的独立确诊依据，其升高仅提示发生Ⅰ型超敏反应的可能性大。此外，有些超敏反应性疾病患者经过长期的脱敏治疗或远离变应原后，血清总IgE抗体水平可恢复正常。②寄生虫感染，如蛔虫病、钩虫病、血吸虫病等。③其他疾病，如IgE型多发性骨髓瘤、系统性红斑狼疮、药物性间质性肺炎、支气管肺曲霉菌病、遗传性免疫缺陷疾病（尤其是细胞系统疾病和HIV感染晚期）等。

2. 注意事项 包括：①脂血样本的干扰：脂血样本具有强烈的光发散特性，不宜直接用于免疫比浊法测定。故对脂血样本应超速离心去除脂类物质后再上机检测。②类风湿因子（RF）的干扰：高水平的RF会干扰检测，若RF≤2 400IU/ml，可以通过附加试剂L来抑制。③人抗鼠抗体的干扰：若患者使用单克隆抗体进行免疫治疗或诊断，或经常与动物接触，其血清样本中可能含有人抗鼠抗体（HAMA），此抗体可直接桥联单抗致敏微球产生非特异性结合，影响检测结果。

3. 方法评价 目前临床实验室检测血清总IgE抗体水平的方法较多，包括免疫比浊法、酶联免疫吸附试验、化学发光免疫分析、荧光免疫试验及放射免疫试验等。其中，免疫比浊法是常用的检测方法之一，具有简单、快速、成本低等优点，检测敏感性高、特异性强、精密度好，并且可以进行自动化定量检测。

验证实验二 血清特异性IgE抗体检测

引起Ⅰ型超敏反应的变应原极其复杂，常见的主要有：①某些药物或化学物质，如青霉素、普鲁卡因、磺胺、疫苗、昆虫毒液、有机碘化合物等；②吸入性变应原，如尘螨排泄物、花粉颗粒、动物皮屑、真菌及其孢子等；③食物变应原，如鱼虾、蟹贝、奶、蛋等食物蛋白或部分肽类物质；④接触性变应原，如金属、叶、植物提取成分、工业产品和合成物等。明确具体的变应原有助于超敏反应性疾病的临床诊断和治疗，而血清特异性IgE（specific IgE，sIgE）抗体检测是寻找变应原的重要方法。本实验主要以免疫印迹法检测人血清中变应原特异性IgE抗体为例，说明体内变应原的检测方法。

【实验目的】

掌握免疫印迹法检测血清特异性IgE抗体的原理和操作步骤，学会通过在体外定性/半定量检测血清特异性IgE抗体水平，寻找引起患者发生超敏反应的变应原。

【实验原理】

将多种不同的变应原包被于硝酸纤维素膜表面，加入待测血清，在室温下共同孵育。若待测血清中含有变应原特异性IgE抗体，其可与膜条上包被的变应原结合，并连接在检测膜条上。随后依次加入生物素标记的抗人IgE单克隆抗体、碱性磷酸酶标记的链霉亲和素，最后加入5-溴-4-氯-3-吲哚磷酸盐和氯化硝基四氮唑蓝（BCIP和NBT）底物溶液，与碱性磷酸酶发生显色反应，并在试剂条特异性反应部位出现沉淀，颜色深浅与血清中特异性 IgE 抗体含量成正比（见文末彩图 10-3）。

【试剂与器材】

1. 待测血清 采用新鲜血清或血浆标本。未及时检测的标本，离心后放置于 2～8℃的冰箱内，保存时间不超过 7 天。

2. 变应原特异性 IgE 抗体检测（免疫印迹法）试剂盒 有商品供应，主要成分如下：

（1）检测板条：以线性方式包被多种变应原和 1 条阳性质控指示带（抗人 IgE 单克隆抗体的抗抗体）的硝酸纤维素膜，置于塑料反应槽中。

（2）浓缩洗涤液：pH 7.5 的 Tris/NaCl 溶液 20ml，含 0.099% NaN_3。临用前，加蒸馏水稀释成总量为 500ml 的洗涤液。

（3）抗体试剂：生物素标记的抗人 IgE 单克隆抗体，含 0.099% NaN_3。

（4）酶结合物：碱性磷酸酶标记的链霉亲和素，含 0.02% C_4H_5NOS 和 0.02% $C_4H_6BrNO_4$。

（5）底物：BCIP 和 NBT。

3. 检测设备 专用免疫检测仪，包含数字成像系统和配套软件。

【操作步骤】

1. 准备工作 将检测试剂提前 30 分钟从冰箱取出，平衡至室温。

2. 配制清洗液 将洗脱液置于 500ml 量筒内，加满蒸馏水，充分搅拌均匀，并转移至洗瓶中。若洗脱液出现结晶，可将其放入 37℃水浴箱，待结晶溶解后再配制。

3. 初次孵育 将实验所需的检测板条从包装内取出，用配制好的清洗液冲洗湿润检测板条上的硝酸纤维素膜，随后用移液器吸取 250μl 的待测血清样本加入检测板条内，置于混匀仪（30 振 /min）上室温（20～22℃）孵育 45 分钟。

4. 冲洗 倒掉反应槽中的液体，用清洗液冲洗 5 秒，手持反应槽上下翻转，使清洗液充分流过检测板条。轻轻晃动 10 秒可以增强清洗效果。重复至少 4 次。

5. 第二次孵育 在每个反应槽中加入 250μl 检测抗体（生物素标记的抗人 IgE 抗体），置于混匀仪上室温孵育 45 分钟。

6. 冲洗 同步骤 4。

7. 第三次孵育 在每个反应槽中加入 250μl 酶结合物，在混匀仪上室温孵育 20 分钟。

8. 冲洗 同步骤 4。

9. 第四次孵育 在每个反应槽中加入 250μl 底物溶液，置于混匀仪上室温孵育 20 分钟。

10. 流水冲洗 流水冲洗检测板条，终止底物酶反应。

11. 读数 对检测板条进行空气干燥或用电吹风加快干燥，当蓝紫色的背景消失时说明检测板条已完全干燥。当检测板条完全干燥后，插入专用免疫检测仪（包含数字成像系统和配套软件）进行量化分析。

【结果判断】

1. 量化分析 专用免疫检测仪先通过 CCD（电荷耦合器件）相机进行摄影读取结果，再经专用软件评估相应的变应原条带颜色深浅（图 10-4）。通过计算每一条显色条带的面积积分，并将其与软件内已存储的标准曲线对比，对其进行分级（0～6 级），分级值与 IgE 抗体浓度相对应，实现半定量分析。分级值与 IgE 抗体含量的换算关系见表 10-2，1 级及以上认定为阳性。显色条带阳性提示该条带对应的变应原可能为引起患者发生超敏反应的变应原，阳性分级越高，相应变应原与临床的相关性越强。

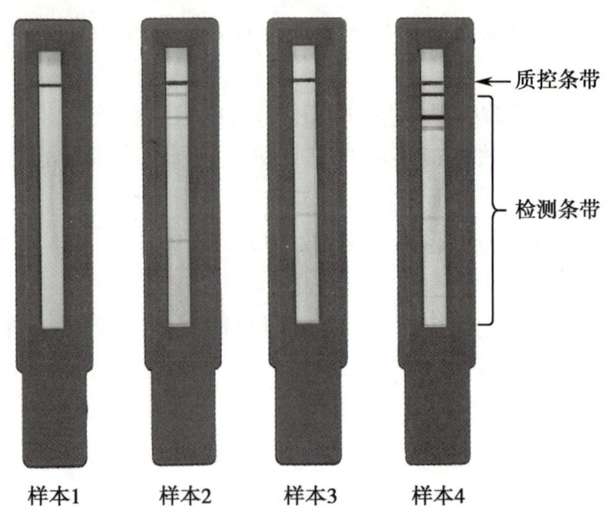

图 10-4 血清特异性 IgE 抗体检测结果

表 10-2 变应原条带颜色深浅分级与 IgE 抗体含量的换算关系

sIgE 抗体浓度/(IU·ml^{-1})	分级	变应原特异性 IgE 抗体含量
<0.35	0	无
0.35～0.69	1	低
0.7～3.4	2	增加
3.5～17.4	3	显著增加
17.5～49.9	4	高
50～100	5	较高
>100	6	极高

2. 质控 每个检测板条都设有阳性对照，用以质控。当阳性对照条带的分级值相对应的 IgE 抗体浓度≥2.1IU/ml 时，质控在控，表明实验方法、条件、操作正确、可靠，才能对实验结果进行判读。若阳性对照质控分级值相对应的浓度 <2.1IU/ml，则实验无效。此时须检查试剂是否过期，实验操作步骤是否正确，试剂盒是否存在污染、变质或泄漏，是否正确使用检测设备等。

3. 参考区间 非致敏状态的人群一般无 sIgE 抗体，故正常人参考值应为 0。但临床上通常把 cut-off 值设定为 0.35IU/ml，即正常人血清 sIgE 抗体的参考区间为 0～0.35IU/ml。

【实验讨论】

1. 临床应用 特定的变应原条带显色结果呈阳性，提示患者血清中存在针对该变应原的 sIgE 抗体，对明确超敏反应性疾病的变应原具有重要价值。然而，sIgE 抗体的分级与疾病严重程度不一定相关，sIgE 抗体阳性也不一定会引起临床症状。该患者也可能只处于致敏状态，尚无相应的临床表现。因此，对超敏反应性疾病的诊断须同时结合患者病史及其他实验检测结果。

2. 注意事项 包括：①由于变应原结构复杂，并且某些变应原之间具有相似的结构，可能出现交叉反应，导致假阳性。②对于富含多糖类的食物性变应原（如牛奶、鸡蛋清等），若患者体内存在抗多糖抗原的抗体，两者直接反应可出现假阳性。③食物性变应原在加工、烹饪或消化过程中可能发生改变，导致其与检测板条包被的变应原不同，可能引起检测结果与患者临床表现不符。

3. 方法评价 血清 sIgE 抗体检测属于体外检测，与皮肤试验相比，其适用于任何年龄的患者，不受皮肤条件的限制，结果可客观分级。免疫印迹法测定血清 sIgE 抗体简便，可一次性检测多种 sIgE 抗体，在临床实验室应用较广泛。然而目前血清 sIgE 抗体检测种类有限，仅可进行数十种常见吸入性（如花粉、灰尘、霉菌等）和食物性（如花生、大豆、小麦等和鱼类、贝类、牛奶及蛋类等）变应原的 IgE 类抗体检测。血清 sIgE 抗体检测还可使用 ELISA、放射免疫试验等方法。

设计实验　变应原筛查实验设计

寻找变应原是征服超敏反应性疾病的重要途径，也是超敏反应性疾病诊断的主要依据。变应原寻找主要采用激发试验，包括：皮肤激发试验、支气管激发试验和食物激发试验等，这些试验都需要用变应原引起机体发生一次轻度的超敏反应，给患者带来痛苦，同时也具有一定的危险性，所以有必要设计出安全、简单、可靠地寻找变应原的方法。

【问题背景资料】

患者，男，36 岁。2 周前受凉后出现咽痛、咳嗽、发热，以干咳为主，最高体温 37.8℃。口服“感冒药”后发热症状明显改善，但咳嗽症状改善不明显。5 天前出现喘息，夜间明显，自觉呼吸时有喘鸣音。经常于夜间憋醒。发病以来，精神、食欲尚可，大小便正常。既往患过敏性鼻炎 7 年，发作时服用“抗过敏药物”，症状可改善。无烟酒嗜好。

查体：T 36.3℃，P 80 次 /min，R 24 次 /min，BP 124/83mmHg，意识清楚，口唇无发绀，颈静脉无充盈。听诊双肺可闻及散在哮鸣音。心界不大，心率 82 次 /min，律齐，听诊未闻及杂音。腹软，肝、脾肋下未触及，双下肢无水肿，未见杵状指。

辅助检查：血常规，WBC（白细胞）8.5×10^9/L，N（中性粒细胞百分比）88%，E（嗜酸性粒细胞百分比）10%（正常参考区间 0.4%～8.0%），Hb（血红蛋白）138g/L，PLT（血小板）264×10^9/L。胸部 X 线未见明显异常。

【实验设计提示】

支气管哮喘是由多种细胞和细胞组分参与的气道慢性炎症性疾病。哮喘易感基因及环境相关不良影响因素是支气管哮喘发病的危险因素，发病时以喘息、咳嗽、咳痰等症状为主，并以双肺听诊哮鸣音为主要体征。该患者有喘息症状，且有过敏性鼻炎病史，结合双肺可闻及散在哮鸣音，血常规中嗜酸性粒细胞百分比升高，初步符合支气管哮喘的临床表现，属于 Ⅰ 型超敏反应。根据患者的病情，如何有效寻找到变应原，对疾病进一步诊断、治疗和预防具有重要意义。变应原筛查实验设计的思路主要有：

1. 寻找变应原 若要明确该患者是否发生超敏反应，可检测血清总 IgE 抗体水平。若要明确具体是哪一种变应原引起的超敏反应，可检测血清特异性 IgE 抗体。目前血清特异性 IgE 抗体检测商品化的试剂盒仅涵盖常见的数十种变应原，若该患者未检测到阳性，此时可针对可疑的变应原设计实验进行筛查。首先，提取并纯化可疑的变应原，将其包被于某种固相载体上，随后利用抗原 - 抗体反应，选择合适的方法（如间接法）检测患者血清中是否含有该可疑变应原的 sIgE 抗体，以此明确该变应原是否为引起患者过敏的元凶。

2. 评估或预警超敏反应的发生 人类 I 型超敏反应可表现为全身性超敏反应和局部性超敏反应两种。全身性超敏反应是一种最严重的 I 型超敏反应性疾病（如青霉素过敏等），机体再次接触变应原后数秒或数分钟内可出现症状，若抢救不及时，可导致死亡。因此，在超敏反应发生之前对超敏反应进行预警十分重要。此外，超敏反应有明显的个体差异和遗传倾向，若能提早对个体过敏倾向进行评估，对超敏反应性疾病的预防具有重要的临床意义。那么，如何设计实验找到评估或预警超敏反应发生的指标？我们可以从基因层面出发，通过收集对某种变应原过敏或不过敏的个体，取外周血进行基因组和转录组测序，分析两组人群在基因多态性、基因表达等层面有哪些差异，筛选得到可用于机体过敏倾向评估的指标。

【小组讨论提纲】

1. 结合患者的临床表现，该患者的初步诊断是支气管哮喘，所涉及的主要超敏反应类型是 I 型超敏反应。简述该类型超敏反应的发生机制是什么？

2. 根据患者病情，可选用哪些检测方法辅助临床诊断及疗效监测？如何有效筛查可能的变应原？

3. 针对某种变应原，为何有些人不过敏，有些人过敏？引起过敏差异的可能原因有哪些？如何有效评估或预警超敏反应的发生？

（黄金兰）

第十一单元 自身免疫病免疫检测

自身免疫病是指机体在自身耐受遭到破坏的情况下，免疫系统对自身成分发生免疫应答，产生自身抗体或自身反应性T淋巴细胞，导致自身组织损害所引起的疾病。机体对外来抗原发生免疫应答的结果通常是抗原的清除，而对自身细胞或组织抗原发生免疫应答时，自身的细胞或组织不易被免疫系统的效应细胞完全清除，而是持续性地受攻击，从而导致自身组织的损害和器官功能障碍引起疾病。大多数自身免疫病在发展过程中都会出现一种或以上的自身抗体，因此，自身抗体的检测对于自身免疫病的辅助诊断、病情判断和疗效观察具有重要意义。

目前临床常用的自身免疫病实验室诊断技术包括胶乳凝集试验、间接免疫荧光试验、酶联免疫吸附试验、免疫印迹试验、化学发光免疫分析和免疫比浊法等。间接免疫荧光试验是抗核抗体（ANA）筛查和抗dsDNA抗体检测常用的实验方法（详见第四单元验证实验一和验证实验二）。本单元以可提取性核抗原的自身抗体谱、抗环瓜氨酸肽抗体的检测为例，介绍常见的自身免疫病特征性抗体的检测方法。

验证实验一　可提取性核抗原抗体谱检测

可提取性核抗原（extractable nuclear antigen，ENA）是一类可用盐水或磷酸盐缓冲液从细胞核中提取的酸性蛋白抗原，是由许多小分子RNA与各自对应的特定蛋白质组成的核糖核蛋白颗粒，分子中不含DNA。ENA主要包括nRNP、Sm、SS-A（天然SS-A和Ro-52）、SS-B、Scl-70、PM-Scl、Jo-1、CENP B、PCNA、dsDNA、核小体、组蛋白、核糖体P蛋白和AMA M2等多种组分，临床上常用免疫印迹试验（IBT）检测ENA抗体谱。

【实验目的】

掌握免疫印迹法检测血清ENA抗体的原理，熟悉操作步骤，学会分析、判断和报告抗ENA抗体谱检测结果。

【实验原理】

首先从小牛或兔胸腺细胞提取ENA，经过SDS-聚丙烯酰胺凝胶电泳（PAGE）分离成各区带，然后通过电转移使凝胶中分离的抗原组分原位转印到固相膜（如NC膜）上。再以固相膜上的ENA为抗原，与待检血清（含ENA抗体）进行抗原与抗体反应，再加入酶标抗人IgG，形成Ag-Ab-酶标抗人IgG复合物，经洗涤后加入酶的底物显色。与标准条带对比判读，可以确定不同的抗ENA抗体。

临床实验室检测通常使用商品化ENA抗体谱检测试剂盒，将多种高度纯化抗原成分（表11-1）以均匀间隔的平行线方式包被在膜条上，用于自身抗体的检测。

【试剂与器材】

1. 商品化ENA抗体谱检测试剂盒（免疫印迹法）主要成分包含包被了15种ENA成分（表11-1）的检测膜条。

表11-1 包被于ENA抗体检测膜条的ENA成分

序号	抗原名称	来源
1	nRNP	小牛和兔胸腺提取物，经亲和层析纯化的天然U1-nRNP
2	Sm	牛脾脏和胸腺提取物，经亲和层析纯化的天然Sm
3	SS-A	牛脾脏和胸腺提取物，经亲和层析纯化的天然SS-A
4	Ro-52	重组的Ro-52（52kDa），相应的人cDNA用杆状病毒系统在昆虫细胞中表达
5	SS-B	小牛和兔胸腺提取物，经亲和层析纯化的天然SS-B
6	Scl-70	小牛和兔胸腺提取物，经亲和层析纯化的天然Scl-70（DNA拓扑异构酶1）
7	PM-Scl	重组抗原，相应的人cDNA用杆状病毒系统在昆虫细胞中表达
8	Jo-1	小牛和兔胸腺提取物，经亲和层析纯化的天然Jo-1（组氨酰tRNA合成酶）
9	CENP B	重组的着丝点蛋白B，相应的人cDNA用杆状病毒系统在昆虫细胞中表达
10	PCNA	重组的PCNA（36kDa），相应的人cDNA用杆状病毒系统在昆虫细胞中表达
11	dsDNA	从鲑鱼睾丸提取物中高度纯化的天然双链DNA
12	核小体	从牛胸腺提取物中纯化的天然核小体
13	组蛋白	从牛胸腺提取物中纯化的各种类型组蛋白的混合物
14	核糖体P蛋白	小牛和兔胸腺提取物，用亲和层析纯化的天然核糖体P蛋白
15	AMA M2	从猪心脏提取物中纯化的天然M2抗原（丙酮酸脱氢酶复合物）

2. 阳性对照　人IgG。

3. 酶结合物　碱性磷酸酶标记的羊抗人IgG。

4. 样本稀释液、清洗缓冲液、底物液NBT/BCIP。

5. 对照　阴性对照血清、阳性对照血清。

6. 标本　待检血清（标本处理及要求：使用干管采血后于室温中静置10～20分钟，待血液凝固。在3 500r/min条件下离心10分钟，分离血清，若仍有沉淀须再次离心）。

7. 其他　微量加样器、吸头、温育槽、离心机、反应杯、试管、试管架、全自动免疫印迹仪、EUROLineScan软件。

【操作步骤】

1. **预处理**　取出所需的检测膜条，放入温育槽内。膜条上有编号的一面朝上。在各温育槽中分别加入1.5ml样本缓冲液，置于摇摆摇床上室温下温育5分钟，吸去温育槽中的液体。

2. **血清温育**　在各温育槽中分别加入1.5ml已稀释的血清样本，置于摇摆摇床上室温下温育30分钟。

3. **清洗**　吸去槽内液体，在摇摆摇床上用1.5ml清洗缓冲液清洗膜条3次，每次5分钟。

4. **酶结合物温育**　在各温育槽中加入1.5ml已稀释的酶结合物（碱性磷酸酶标记的抗人IgG），于摇摆摇床上室温下温育30分钟。

5. **清洗**　同步骤3。

6. **底物温育**　第三次在温育槽中分别加入1.5ml底物液，于摇摆摇床上室温下温育10分钟。

7. **终止** 吸去槽内液体，用蒸馏水清洗膜条3次，每次1分钟。

8. **结果判断** 将检测膜条放置在结果判定模板中，晾干后使用EUROLineScan软件进行分析。

【结果判读】

1. **人工判读结果** 检测膜条上质控带出现强的颜色反应说明实验操作正确。根据抗原带着色的深浅，可将结果分为阴性、可疑、阳性和强阳性(表11-2)。

表11-2 人工判读抗ENA抗体检测结果

抗原带着色的深浅	结果
无色	阴性
着色非常弱	可疑
着色中度到较强	阳性
着色与质控带强度相同	强阳性

2. **仪器判读结果** 对已温育的检测膜条，可以使用EUROLineScan软件评价结果。采用去离子水或者蒸馏水终止反应后，用镊子将检测膜条放在绿色纸的黏性塑料膜上。当膜条还是湿的时候，可以调整位置。当把膜条置于结果判定模板中的塑料膜上，并与标志对齐，用力按压，膜条完全干后黏附于塑料膜上。干透后的检测膜条，可用平板扫描仪扫描，并采用EUROLineScan软件评价结果。

根据EUROLineScan软件判读结果，可将结果分为阴性、弱阳性、阳性和强阳性(表11-3、图11-1、图11-2)。

表11-3 抗ENA抗体与条带着色强度的相关性

等级	EUROLineScan着色强度	结果
0	0～5	阴性
±	6～10	阴性
+	11～25	弱阳性
++	26～50	阳性
+++	>50	强阳性

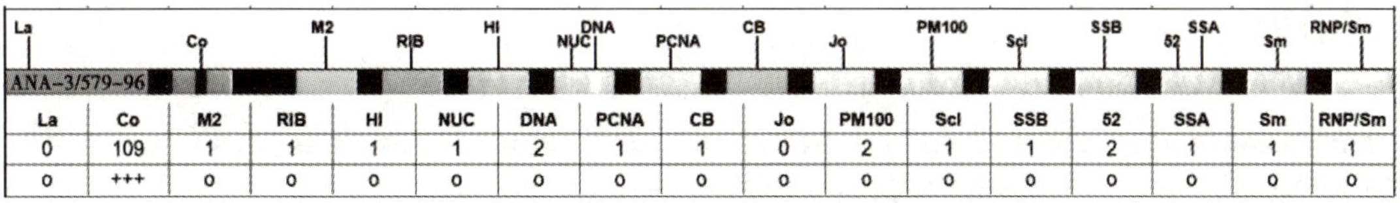
La
Co
M2
RIB
HI
NUC
DNA
PCNA
CB
Jo
PM100
Scl
SSB
52
SSA
Sm
RNP/Sm
ANA-3/579-96
La Co M2 RIB HI NUC DNA PCNA CB Jo PM100 Scl SSB 52 SSA Sm RNP/Sm
0 109 1 1 1 1 2 1 1 0 2 1 1 2 1 1 1
o +++ o o o o o o o o o o o o o o o

图11-1 免疫印迹试验结果判定ENA抗体谱(阴性结果)

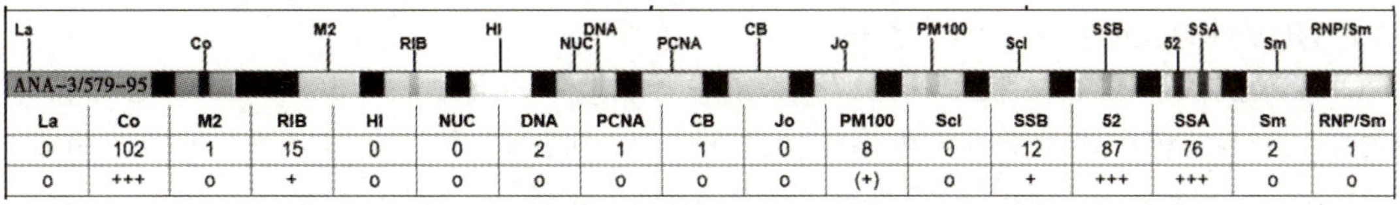
La
Co
M2
RIB
HI
NUC
DNA
PCNA
CB
Jo
PM100
Scl
SSB
52
SSA
Sm
RNP/Sm
ANA-3/579-95
La Co M2 RIB HI NUC DNA PCNA CB Jo PM100 Scl SSB 52 SSA Sm RNP/Sm
0 102 1 15 0 0 2 1 1 0 8 0 12 87 76 2 1
o +++ o + o o o o o o (+) o + +++ +++ o o

图11-2 免疫印迹试验结果判定ENA抗体谱(阳性结果)

【实验讨论】

1. 方法评价 ENA 抗体谱检测方法敏感性高、特异性强、操作简便。将多种 ENA 诊断抗原分别包被于同一 NC 膜条上，可一次实现多种特异性自身抗体检测。每种抗原包被点样时均选择最适合的载体膜，抗原间的位置设计采用最优的物理距离以避免交叉反应，保证最佳检测性能，有利于自身免疫病的实验诊断。且结果以膜条图谱形式可以长期储存。

2. 临床意义

（1）抗 U1-nRNP 抗体：高滴度的抗 U1-nRNP 抗体是混合性结缔组织病的标志，阳性率为 95%～100%，抗体滴度与疾病活动性相关。在 30%～40% 的系统性红斑狼疮患者中也可检出抗 U1-nRNP 抗体，但几乎总伴有抗 Sm 抗体。ENA 抗体谱可更明确检测 nRNP。

（2）抗 Sm 抗体：系统性红斑狼疮的特异性抗体，与抗 dsDNA 抗体一起，是系统性红斑狼疮的诊断指标，但阳性率仅为 30% 左右。

（3）抗 SS-A 抗体：与各类自身免疫病相关，最常见于干燥综合征（40%～95%），也见于系统性红斑狼疮（30%～40%）和原发性胆汁性肝硬化（20%）中，偶见于慢性活动性肝炎。此外，100% 的新生儿红斑狼疮中抗 SS-A 抗体阳性。该抗体可经胎盘传给胎儿引起炎症反应和新生儿先天性心脏传导阻滞。

（4）抗 SS-B 抗体：几乎仅见于干燥综合征（40%～95%）和系统性红斑狼疮（10%～20%）的女性患者中，男女比例为 1∶29。在干燥综合征患者中抗 SS-A 抗体和抗 SS-B 抗体常同时出现。

（5）抗 Scl-70 抗体：见于 20%～60% 的进行性系统性弥散型硬化症患者中，因实验方法和疾病活动性而异，在局限型硬化症患者中未检测出该抗体。

（6）抗 PM-Scl 抗体：常见于肌炎与硬化症的重叠综合征患者中，阳性率达 50%。抗 PM-Scl 抗体也可仅见于多发性肌炎患者中，阳性率为 8%，弥散型硬化症患者中的阳性率为 2%～5%。

（7）抗 Jo-1 抗体：常见于特发性炎性肌病，主要以多发性肌炎及皮肌炎为主，阳性率为 25%～30%，常与合并肺间质纤维化相关。

（8）抗着丝点抗体：与局限型进行性系统性硬化症［CREST 综合征：钙质沉着、雷诺（Raynaud）现象、食管功能障碍、指硬皮病、远端血管扩张］有关，阳性率为 70%～90%。在原发性胆汁性肝硬化患者中也可以检测到该抗体（阳性率为 10%～30%）。还可出现于雷诺综合征中。

（9）抗 PCNA 抗体：PCNA 为增殖细胞核抗原，其表达与细胞周期有关。抗 PCNA 抗体为系统性红斑狼疮的特异性抗体，但阳性率仅为 2%～6%。有文献报道，抗 PCNA 抗体可能与系统性红斑狼疮患者发展为弥散性增殖性肾小球肾炎有关。

（10）抗 dsDNA 抗体：对系统性红斑狼疮具有很高的特异性。除抗 Sm 抗体外，抗 dsDNA 抗体也可作为该病的一个血清学标志，阳性率为 60%～90%，且与疾病的活动度相关，可用于疗效监测。

（11）抗核小体抗体：在系统性红斑狼疮患者血清中的阳性率为 50%～95%，诊断特异性可达 95%。核小体是细胞染色体的功能亚单位，由 DNA 和组蛋白以特殊的方式组成。在系统性红斑狼疮的早期抗核小体抗体比抗 dsDNA 抗体、抗组蛋白抗体更早出现，对系统性红斑狼疮的诱因和致病有重要作用。临床资料显示，有 15%～19% 的抗 dsDNA 抗体阴性的系统性红斑狼疮患者中抗核小体抗体阳性。因此联合检测抗 dsDNA 抗体及抗核小体抗体可提高 SLE 血清学检出率。

(12) 抗组蛋白抗体：抗一种或几种组蛋白抗体或抗 H2A-H2B 复合物抗体在药物（普鲁卡因胺、肼屈嗪以及其他药物）诱导的系统性红斑狼疮中比较常见（阳性率为 95%）。另外，在 30%～70% 的系统性红斑狼疮和 15%～50% 的类风湿关节炎患者中也可检出抗组蛋白抗体。

(13) 抗核糖体 P 蛋白抗体：是系统性红斑狼疮的特异性标志，阳性率为 10%～20%。普遍认为抗核糖体 P 蛋白抗体（ARPA）的滴度与系统性红斑狼疮的活动性相关，还与系统性红斑狼疮的中枢神经系统症状、肾脏或肝脏受累相关。

(14) 抗 M2 抗体：高滴度的抗 M2 抗体是原发性胆汁性肝硬化的标志，阳性率为 85%～95%。另外，在其他慢性肝脏疾病（30%）和进行性系统性硬化症（7%～25%）患者中也可检出抗 M2 抗体，但滴度较低。

验证实验二　抗环瓜氨酸肽抗体检测

抗环瓜氨酸肽抗体（anticyclic citrullinated peptide antibody，抗 CCP 抗体）针对的主要抗原是聚丝蛋白中的瓜氨酸，采用合成的环瓜氨酸肽作为抗原基质进行检测，因此称为抗环瓜氨酸肽抗体。常用的检测方法有 ELISA 法、免疫比浊法和化学发光免疫分析等。

【实验目的】

掌握血清抗环瓜氨酸肽抗体检测常用的实验室方法，学会定量分析和报告检测结果。

一、ELISA 法

【实验原理】

采用 ELISA（间接法）检测人抗环瓜氨酸肽抗体（抗 CCP 抗体）水平。用纯化合成的经修饰的精氨酸残基的环瓜氨酸肽（CCP）作为抗原包被酶标板，制成固相抗原。向酶标板中加入待测血清（含抗 CCP 抗体），再与 HRP 标记的抗抗体结合，形成固相抗原 - 待测抗体 - 酶标记抗抗体复合物，经彻底洗涤后加入底物 TMB 显色。TMB 在 HRP 的催化下形成蓝色产物，并在酸的作用下转化为最终的黄色。颜色的深浅与样品中的人抗 CCP 抗体呈正相关。用酶标仪在 450nm 波长处测定吸光度（A）值或光密度（OD）值，通过绘制标准曲线计算待测样本中抗 CCP 抗体浓度。

【试剂与器材】

1. 抗 CCP 抗体测定试剂盒，有商品出售。主要成分见表 11-4。

表 11-4　抗 CCP 抗体测定试剂盒组成成分

试剂盒组成成分	48 孔板	96 孔板	保存
说明书	1 份	1 份	—
封板膜	2 片	2 片	—
密封袋	1 个	1 个	—
酶标包被板	1×48	1×96	2～8℃

续表

试剂盒组成成分	48孔板	96孔板	保存
标准品	0.3ml×6管	0.3ml×6管	2～8℃
酶标试剂	5ml×1瓶	10ml×1瓶	2～8℃
样品稀释液	3ml×1瓶	6ml×1瓶	2～8℃
显色剂A液	3ml×1瓶	6ml×1瓶	2～8℃
显色剂B液	3ml×1瓶	6ml×1瓶	2～8℃
终止液	3ml×1瓶	6ml×1瓶	2～8℃
20倍浓缩洗涤液	15ml×1瓶	25ml×1瓶	2～8℃

注：标准品浓度依次为120U/ml、60U/ml、30U/ml、15U/ml、7.5U/ml、0U/ml。

2. 标本非定值质控品、待检血清。

3. 其他微量加样器、吸头、试管、一次性乳胶手套、离心机、反应杯、滤纸、酶标仪。

【操作步骤】

1. **标准品加样** 设置标准品孔和样本孔。向标准品孔中依次梯度加入不同浓度的标准品50μl。

2. **加样** 分别设置空白孔(空白对照不加入样品及酶标试剂，其余步骤相同)、待测样品孔。在酶标包被板上待测样品孔中加入样品稀释液40μl，然后加入待测血清10μl(即稀释度为1∶5)。加样时应加入孔板底部，并尽量不触及孔壁，轻轻晃动混匀。

3. **温育** 用封板膜封板后置于37℃环境下温育30分钟。

4. **配液** 将30(48T的20倍)倍浓缩液用蒸馏水30(48T的20倍)倍稀释后备用。

5. **洗板** 小心揭开封板膜，弃去孔内液体，甩干，每孔加满配制好的洗涤液，静置30秒后弃去。此步重复5次，拍干。

6. **加酶** 每孔加入酶标试剂50μl，空白孔除外。

7. **温育** 同步骤3。

8. **洗板** 同步骤5。

9. **显色** 每孔加入显色剂A液50μl，再加入显色剂B液50μl，轻轻振荡混匀，37℃环境下避光显色15分钟。

10. **终止** 每孔加入终止液50μl，终止反应(此时孔内液体由蓝色变为黄色)。

11. **测定** 15分钟后，以空白孔调零，于450nm波长处测量各孔的*OD*值。

【结果判断】

以标准品的浓度为横坐标，*OD*值为纵坐标，在坐标纸上绘制标准曲线，根据样品的*OD*值由标准曲线查出相应的浓度，再乘以稀释倍数；或者计算出标准曲线的直线回归方程式，将样品的*OD*值代入方程式，计算出待测抗CCP抗体的浓度，再乘以稀释倍数，即为样品的实际浓度。

【实验讨论】

1. 注意事项

(1) 试剂盒从冷藏环境取出后须在室温平衡15～30分钟方可使用，若酶标包被板开封后未用完，应将板条装入密封袋中保存。

（2）浓缩洗涤液可能存在结晶析出，可在水浴中加温助溶，不影响结果。

（3）一次加样时间最好控制在5分钟内，若标本量较多建议使用排枪。

（4）每次测定时做标准曲线，最好做复孔。若标本中待测物质含量过高（样本 *OD* 值超出标准品第一孔的 *OD* 值），须先用稀释液稀释 *n* 倍（*n* 视情况而定），计算时乘以总稀释倍数。

（5）封板膜只限使用1次，以避免交叉污染。

（6）底物应避光保存。

2. 方法评价 抗CCP抗体检测使用ELISA法基于抗原-抗体反应，具有较高的特异性。实验操作相对简单，易于标准化和自动化。但ELISA法仍有可能出现假阳性结果，这可能是由于交叉反应或非特异性结合等原因引起的。此外，ELISA法可能会出现交叉反应：某些物质可能会与目标分子产生交叉反应，导致实验结果不准确，这就需要通过仔细验证和质量控制来避免。相对于一些其他免疫分析方法，ELISA法检测的成本较高。这主要是因为ELISA法检测需要使用大量的标准品和高质量的试剂。ELISA法检测的操作步骤复杂，影响反应因素较多，整个实验过程可能需要数小时或数天才能完成。

二、免疫比浊法

【实验原理】

当抗原（含有一定浓度的CCP试剂）与抗体（含抗CCP抗体的血清）比例合适时（一般规定抗体过量），在特殊稀释系统中反应，形成的可溶性免疫复合物在稀释系统中的促聚剂（聚乙二醇等）的作用下，自液相析出，形成大分子免疫复合物微粒，使反应液出现浊度。当抗体浓度固定时，形成的免疫复合物的量随着待检样本中抗原量的增加而增加，反应液的浊度也随之增加，通过测定反应液的浊度并与一系列标准品对照，即可计算出待测样品中抗原的浓度。

【试剂与器材】

1. 人抗CCP抗体检测试剂盒。主要成分：含聚苯乙烯颗粒的混悬液、CCP抗原、辅助试剂（如去垢剂的聚乙二醇）的水溶液。
2. 质控品。
3. 待测血清。
4. 全自动特定蛋白分析仪。

【操作步骤】

1. 全自动特定蛋白分析仪开机，按照操作说明添加所需量的试剂。仪器具体操作流程及方法参见第二单元临床见习 全自动特定蛋白分析系统。
2. 设置质控。
3. 质控上机，等待质控结果。
4. 对质控结果进行分析，在允许范围内方可进入下一步；如失控，查找记录原因（如试剂、仪器等因素），纠正后进入下一步。
5. 待测样品上机检测。
6. 在仪器页面查看样本结果，并进行结果判读。

7. 根据临床疾病分析结果，若无须重新测量，即可进行机器维护保养。

8. 关机。

【结果判断】

结合质控结果和患者临床信息进行报告。

【实验讨论】

1. 注意事项

（1）对人血清应及时上机检测，如因故不能或无须及时检测，可离心后置于冰箱内，2～8℃冷藏保存，2天内完成检测。

（2）待测样品不可有气泡，不可混有纤维蛋白原丝及红细胞。

（3）所有样品及定标液在上机4小时内完成检测。

（4）标本处理时谨防交叉污染。

2. 讨论 采用免疫比浊法或化学发光法检测抗CCP抗体，其操作自动化强、重复性好，对一些规模大、标本检测量多的单位来说，应用全自动化分析仪进行抗CCP抗体测定，有测定速度快、结果准确、重复性好等优点，因而在国内得到了较多的应用。但由于存在基质效应，实验室室间质评标本和质控标本得出的结果可能与通过其他方法获得的结果不同。此外，标本不可有气泡，不能混有纤维蛋白原丝及红细胞，以免影响检测结果。

设计实验　自身抗体筛查实验设计

自身免疫病的基本特征是患者血液中存在高滴度的自身抗体和/或与自身组织成分起反应的致敏淋巴细胞。因此，可以通过检测患者血液中的与自身免疫反应相关的指标，达到对自身免疫病的诊断、活动程度的判断、治疗效果观察、指导临床用药及致病机制研究等目的。

【问题背景资料】

自身免疫病本身存在着高度的异质性，所产生的自身抗体谱复杂，患者血液中可能存在多种自身抗体，同一患者可出现交叉重叠现象。自身抗体检测是诊断自身免疫病的一项重要手段，但实验中应考虑不同自身抗体对疾病诊断的特异性，除检测自身抗体外，还应结合其他相关实验和患者临床症状进行综合分析。

下面以一例类风湿关节炎患者的实验室检测为例进行讨论。

患者，女，62岁，因多关节肿痛10余年，加重3个月入院。患者首发表现为双腕关节肿痛，后逐渐累及双手近端指间关节、双手掌指关节、双膝关节，伴晨僵，大于1小时。1个月来双膝关节肿痛加重。查体：皮肤黏膜未见异常，心、肺、腹部查体未见明显异常，双下肢无水肿。双手掌指关节尺偏畸形，双腕关节活动受限，右腕关节肿胀，左膝关节压痛，双膝关节肿胀，左膝关节浮髌试验阳性。实验室检查血常规及生化：白细胞 6.5×10^9/L，血红蛋白112g/L，血小板 416×10^9/L（↑），红细胞沉降率80mm/h（↑）；丙氨酸氨基转移酶（ALT）40U/L，天冬氨酸氨基转移酶（AST）25U/L，肌酐80.0μmol/L，尿素氮6.3mmol/L；抗角蛋白抗体（AKA）(+)，CRP 4.5mg/L（↑），RF 86IU/ml（↑）。

【实验设计提示】

自身免疫病的实验室检测包括一般检测、非特异性抗体检测和特异性抗体检测等。一般检测包括血常规、红细胞沉降率、炎症指标等；抗体检测包括间接免疫荧光法检测抗核抗体、ENA 抗体谱、抗中性粒细胞胞质抗体、抗 CCP 抗体、抗角蛋白抗体、抗平滑肌抗体等。在进行自身抗体检测时可先进行抗核抗体的筛查，再有针对性地进行特异性抗体检测，并应考虑不同自身抗体之间的敏感性和特异性不同，可进行联合检测。同时应考虑不同检测方法学之间存在差异，在出现结果不一致时，进行解释、分析。

【小组讨论提纲】

1. 基于自身抗体谱分析的实验 通过对一种自身抗体的分析诊断自身免疫病较为困难，因此通过对自身抗体谱分析诊断自身免疫病达成共识，问题是要采用何种抗体组合和采用何种判定模式？建议该患者进一步完善哪些检查项目，为什么？

2. 针对自身免疫病抗原分析的实验 自身免疫病患者存在多种自身抗体，但这些自身抗体的来源是什么？常见的 ANA 抗体谱包括哪些自身抗体？与类风湿关节炎相关的自身抗体有哪些？

3. 自身免疫病易感人群评估 自身免疫病的发生有明显的个体差异，也有性别差异，这种差异可能来源于遗传因素，因此有可能采用基因组学的方法对机体的自身免疫病易感的倾向做出评估。

（林锦骠）

第十二单元 免疫增殖性疾病免疫检测

免疫增殖性疾病通常是指以淋巴细胞异常增生为特征的疾病，往往伴随免疫功能异常及免疫球蛋白质和量的变化。与免疫学检验关系最为密切的是B淋巴细胞异常增殖或其他导致免疫球蛋白异常的单克隆免疫球蛋白病，这类疾病导致免疫球蛋白异常增多且此类免疫球蛋白多数没有正常的生物活性，大量沉积导致相应器官发生功能障碍，产生一系列的临床表现。

验证实验一 尿本周蛋白检测

本周蛋白（Bence-Jones protein，BJP）是一种免疫球蛋白的轻链或其聚合体，最初由Bence Jones在一名多发性骨髓瘤患者尿液中检出而命名。该蛋白分子量小，可自由通过肾小球滤过膜进入原尿。当血浆中本周蛋白大量增加，滤入原尿中的本周蛋白超出肾小管的重吸收阈值，即形成本周蛋白尿。尿本周蛋白是监测单克隆免疫球蛋白增殖性疾病的一个重要指标，其异常增高与多发性骨髓瘤、原发性巨球蛋白血症、重链病密切相关。

尿本周蛋白常用检测方法有热沉淀法、对甲苯磺酸法、免疫电泳分析法以及速率散射比浊法等。热沉淀法或对甲苯磺酸法是利用本周蛋白的物理化学特性进行检测的方法，一般作为初筛试验；免疫电泳分析法和速率散射比浊法是利用抗原－抗体结合特异性对本周蛋白进行检测的方法，常用于对本周蛋白轻链类型及含量进行进一步的确认。

【实验目的】

掌握定性检测尿中的本周蛋白操作方法，学会分析、判断和报告结果，熟悉本周蛋白检测的临床意义。

【实验原理】

根据本周蛋白具有特异的热凝固物理化学特性，在一定的pH条件下，加热至40～60℃时可发生凝固，温度升至90～100℃时沉淀消失，当温度降低恢复至40～60℃时又可重新凝固，这种情况称为凝溶现象，故本周蛋白又称凝溶蛋白。

【试剂与器材】

1. **200g/L磺基水杨酸溶液** 取磺基水杨酸20g，加去离子水至100ml。

2. **2mol/L乙酸盐缓冲液（pH 4.9±0.1）** 取乙酸钠17.5g，加冰乙酸4.1ml，再加去离子水至100ml，调pH至4.9。

3. **器材** 试管、微量加样器、吸头、滴管、恒温水浴锅、移液管、吸耳球、定时器、玻璃漏斗、滤纸、离心机等。

【操作步骤】

1. 尿蛋白定性检查(磺基水杨酸法) 取小试管2支，分别标记为实验管和对照管，各加入待检尿样本4ml；在实验管内滴加磺基水杨酸溶液1～2滴，对照管不滴加试剂(作为空白对照)；观察实验管，如果不混浊，仍清澈透亮，可认为尿样本中本周蛋白阴性。如果实验管出现混浊，即阳性反应，则进行下一步本周蛋白检测。

2. 本周蛋白定性检查 另取上述阳性反应的尿样本4ml置于两试管中(实验管和对照管)，实验管加入乙酸盐缓冲液1ml，对照管不滴加试剂，混匀后，放置于恒温水浴锅中56℃水浴15分钟。如观察到试管出现混浊或沉淀时，将试管置于沸水中煮沸3分钟，再观察试管中的变化。

【结果判断】

观察在加热实验过程中，试管中溶液是否出现混浊或沉淀的改变，从而判断本周蛋白是否为阳性。

1. 水浴出现的混浊或沉淀经煮沸后，混浊变清、减弱或沉淀减少，提示本周蛋白阳性。

2. 水浴出现的混浊或沉淀经煮沸后，混浊增加或沉淀增多，提示尿样本中含有其他蛋白；应将试管从沸水中取出，进行过滤，然后取滤液观察，如温度下降后出现混浊，煮沸后变透明，提示本周蛋白阳性。

【实验讨论】

1. 临床应用 检测本周蛋白对轻链病的诊断是必不可少的，并对多发性骨髓瘤、原发性巨球蛋白血症、重链病等的诊断、鉴别和预后判断均有一定帮助。

2. 注意事项

(1) 尿液应新鲜，否则会因白蛋白、球蛋白分解变性而干扰试验。

(2) 混浊尿不能使用，应经离心、沉淀，取用上清尿液做试验。

(3) 如尿样本中含过多的本周蛋白，在90℃以上不易完全溶解，故须与对照管比较，也可将尿液稀释后再测。

(4) 煮沸、过滤除去尿中白蛋白、球蛋白时，动作要迅速，并须保持高温，否则本周蛋白也会滤去。

3. 方法评价 热沉淀法实验操作简单，实验条件容易满足，是临床中对本周蛋白经典的初筛实验方法，尤其适合不具备免疫法设备的基层医疗机构，但其特异性及敏感性较差，结果容易受诸多因素影响，故对于初筛阳性结果的尿样本，建议采用免疫电泳试验进行确认。

设计实验　M蛋白检测实验设计

M蛋白(M protein)是指浆细胞或B淋巴细胞单克隆大量增殖所产生的一种异常免疫球蛋白，其氨基酸组成及排列顺序高度均一，空间构象及电泳特征也完全相同，其本质为Ig或其片段(轻链、重链等)。检测M蛋白，目的是早期发现免疫增殖性疾病、监控病情和判断预后，对M蛋白的检测已经成为临床免疫学检验室的重要工作内容。

【问题背景资料】

患者，男，48岁，主诉乏力，脸色苍白，骨骼疼痛、背痛6个月。体检发现：皮肤黏膜苍白，局限性骨骼压痛，伴肝、脾大。辅助检查：①血象，Hb 82g/L，红细胞、白细胞和血小板镜检形态学正常，分类可见幼粒、幼红细胞，红细胞呈缗钱状排列。②骨髓象，增生活跃，浆细胞占20%，并发现形态异常的骨髓瘤细胞。其余各系细胞大致正常。③骨X线片、CT，可发现多部位穿凿样溶骨性病变或广泛性骨质疏松。

【实验设计提示】

该患者初步可以诊断为免疫球蛋白增多病。异常免疫球蛋白——M蛋白的检测可以为免疫增殖性疾病的诊断提供重要依据。目前检测M蛋白的方法较多、特点各异，应视具体情况合理选用。

1. **血清蛋白区带电泳** 是检测蛋白质的经典分析方法，血清标本中不同性质的蛋白质在一定条件下电泳，形成不同的蛋白区带，与正常的电泳图谱进行比较分析，很容易发现异常的蛋白区带。将这些区带电泳图谱扫描，可计算出各种蛋白的总量和百分比。该法应用方便、费时短，是筛查M蛋白的最基本方法，目前自动化电泳分析仪可自动完成标本点样、电泳、染色、定量扫描等过程，具有较高的稳定性。

2. **免疫电泳** 是将琼脂糖凝胶电泳和免疫双向扩散相结合的一项技术。对血清标本先行区带电泳分成区带，继而用特定的抗血清进行免疫扩散，阳性标本的M蛋白将在与相应抗体比例适当的部位形成肉眼可见的异常沉淀弧，根据抗血清的种类、电泳位置及沉淀弧的形状可对M蛋白作出判断。

3. **免疫固定电泳** 原理类似于免疫电泳，不同之处是将抗血清直接加于电泳后蛋白质区带表面，或将浸有抗血清的滤纸贴于其上，抗原与对应抗体直接发生沉淀反应，形成的复合物嵌于固相支持物中，将未结合的游离抗原或抗体洗去。免疫固定电泳包括琼脂糖凝胶电泳和免疫沉淀两个过程，此法实质上是常规免疫电泳的一种衍生方法。免疫固定电泳后的区带为单一免疫复合物沉淀带，与仅电泳而未经免疫固定的标本比较，其可判明蛋白为何种成分，以对标本成分及其性质进行分析、鉴定。与免疫电泳比较，免疫固定电泳具有更高的敏感性，M蛋白在免疫固定电泳中显示狭窄而界限明确的区带。

4. **血清免疫球蛋白及血、尿免疫球蛋白轻链定量测定** 免疫球蛋白的定量分析对诊断免疫增殖性疾病具有重要价值。目前，免疫球蛋白的定量检测以免疫比浊法为主，有专门的测定设备，使得检测结果更加准确、可靠，检测成本也大为降低；同时也可以对血、尿免疫球蛋白轻链进行定量检测，成为诊断疾病、判断病情和观察疗效的重要手段。若某一类型免疫球蛋白明显高出正常值，应考虑M蛋白的存在，宜进一步做亚型（κ型、λ型）分析及轻链检测，对轻链比例分析往往可以较准确地判断出相关疾病，正常血清中κ型/λ型比例约为2∶1，当κ型/λ型比例>4∶1或<1∶1时应考虑κ型或λ型M蛋白血症。血清、尿液中免疫球蛋白轻链的数量通常是对浆细胞在骨髓内单克隆增殖程度的一种反应，κ型/λ型比值差异越大，表明病情越重，κ型/λ型比值的失衡是区分多发性骨髓瘤（multiple myeloma，MM）与其他疾病的重要指标。一般κ型/λ型相比参考值升高10倍以上或降低为原1/10以下，应高度怀疑存在单克隆免疫球蛋白轻链。此外，κ型/λ型比值的测定在MM阳性检出率及鉴别诊断MM及肾损伤中是一个重要指标。

5. **尿本周蛋白检测** 尿本周蛋白即尿中游离的免疫球蛋白轻链，定性检测方法详见本单元验证实验一。

异常免疫球蛋白检测的应用原则：一般应采用两种以上的方法互相验证。对有可疑临床表现者，一般先进行血清蛋白电泳分析、免疫球蛋白定量检测或尿本周蛋白定性作为初筛试验。对于阳性者宜进行免疫固定电泳、免疫球蛋白亚型和轻链定量等检测作为确证试验。另外，还要结合临床资料和影像学及病理学检查，对疾病作出正确的诊断。

【小组讨论提纲】

1. 多发性骨髓瘤是否可以通过临床表现作出诊断和鉴别诊断？单从临床表现作出的诊断还有哪些不足？

2. 设计实验鉴别该患者是单克隆B淋巴细胞增生还是多克隆B淋巴细胞增生。

3. 该患者在有明显症状后有可能检出高水平的免疫球蛋白，如何证明高水平的免疫球蛋白在出现明显临床症状之前就可以检出，以用于该病的早期诊断？

临床见习　自动免疫固定电泳系统

1937年Tiselius建立了最早的移动界面电泳法，用于蛋白质的分离和鉴定，开启了现代电泳技术的新纪元。随着电泳技术与免疫学等其他生物技术的融合以及各种先进电泳仪的出现，目前已经发展出了许多不同用途的电泳新技术。免疫电泳技术（immunoelectrophoresis technique）是基于抗原的电泳迁移以及抗体特异性的免疫沉淀反应，利用直流电场加速抗原和/或抗体的扩散并规定其运动方向，加快沉淀反应的速度，将抗原-抗体反应的高度特异性与电泳技术的高分辨率及快速、微量等特性相结合的一种免疫化学分析技术。该技术具有下列优点：①利用直流电场驱动，加快了免疫沉淀反应速度，缩短了检测时间；②抗原、抗体的扩散方向固定集中，提高了检测敏感性；③可将不同电荷和质量的蛋白组分分离，再与抗体反应，提高了检测的特异性。随着免疫检测技术的不断发展，出现了对流免疫电泳、火箭免疫电泳、免疫电泳、免疫固定电泳等多种免疫分析技术，并在生物医学研究和临床免疫诊断中广泛应用。本实验以临床常用的自动免疫固定电泳（HYDRASYS系列全自动电泳仪）为例进行说明。

【见习要点】

掌握免疫固定电泳的实验原理，熟悉免疫固定电泳分析技术的操作流程，了解免疫固定电泳分析技术的临床适用范围。

【基本原理】

免疫固定电泳（immunofixation electrophoresis，IFE）是Alper和Johnson于1969年建立的一种区带电泳和沉淀反应相结合的免疫化学分析技术。该方法原理为先将待检样品在琼脂糖凝胶介质上进行区带电泳，把蛋白质分离成不同区带，再将固定剂和各种待测蛋白的抗血清覆盖在凝胶表面的泳道上，固定剂和抗血清在凝胶内部渗透、扩散，与某区带中的靶蛋白结合，形成抗原-抗体复合物而保留在凝胶的特定位置。最后通过漂洗和染色，与蛋白质参考泳道对照分析，根据电泳移动距离鉴定单克隆组分，可对各类免疫球蛋白及其轻链进行分型。

近年来，随着自动化免疫电泳仪的推出，解决了传统电泳技术手工操作不易标准化和耗时的问题，自动化免疫电泳仪具有分辨率高、重复性好等特点，使免疫电泳技术在临床免疫诊断中得到了广泛应用。

【见习内容】

（一）自动化电泳系统的结构与性能

1. 系统组成 近年来，电泳仪的发展较快，为了满足不同的实验目的和用途，出现了多种类型的自动化电泳分析系统。电泳载体逐渐用琼脂糖凝胶取代纤维薄膜。目前，能够满足免疫固定电泳分析的电泳系统一般由电泳模块、染色模块、CPU 控制模块及触摸屏、扫描仪及其扫描控制的外联计算机（安装 Phoresis 软件）组成，可自动实现标本点样、电泳、孵育、染色、脱色和烘干等电泳过程，但标本和抗血清的加注以及凝胶的扫描处理须手工完成。该仪器用于免疫固定电泳测定时，检测速度约每小时 18 个样本，所需样本量为 10μl。

2. 临床适用范围 免疫固定电泳最大的优势在于分辨率高、敏感性强、操作周期短、结果易分析。目前，该技术主要应用于鉴定迁移率相近的血清蛋白以及 M 蛋白、免疫球蛋白轻链，尿液、脑脊液中的微量蛋白质，游离免疫球蛋白轻链、补体裂解产物等的检测与鉴定。

（二）标本处理及要求

免疫固定电泳临床检测的标本包括血液、尿液或脑脊液等，以前两种标本类型较多。

1. 血清标本准备 常规静脉采集血液 2～3ml，不抗凝，置于普通洁净试管中，血清分离最好不用分离胶或促凝剂，室温条件下血液自然凝集分离血清。

2. 尿液标本准备 采用清洁中段晨尿。留尿前，避免大量饮水从而稀释尿液，影响检测结果。采样后应及时送检。

3. 标本保存 血清或尿液标本可在 2～8℃条件下保存 72 小时，对免疫球蛋白影响不大。若短期内不进行测定，可在 -20℃条件下保存 1 个月。

（三）操作流程

血清免疫固定电泳的操作技术流程如下：

1. 程序选择 开机，启动电泳仪。点击【Select Migration】，系统显示多个电泳程序供选择，根据检测样品数目和实验目的，按数字或名称选择相应的“IFE”电泳程序。

2. 上样 将 1 支（用于 1、2 IFE）、2 支（用于 4 IFE）或 3 支（用于 9 IFE）点样梳（数字端向上）置于平整物面，每孔加 10μl 稀释样品，加样在 2 分钟内完成，点样梳齿梳向上置于湿盒内保存 5 分钟。

3. 凝胶片准备 从包装袋内取出缓冲条，固定在电极支架背侧位置，确保塑料凸点挂住缓冲条，缓冲条表面必须接触到电极；随后取出琼脂糖凝胶片，用薄滤纸快速吸去凝胶表面多余的液体，在温控板表面下 1/3 处加 200μl 蒸馏水或去离子水，将凝胶片底边紧靠框架底边，边缘对齐边线，略弯曲凝胶片慢慢放平，注意切勿出现气泡。

4. 电泳 从湿盒中取出加样梳并去除齿梳的保护支架，1、2 IFE 的点样梳置于支架 6 号位，4 IFE 的 2 支点样梳分别置于 3 号和 9 号位，9 IFE 的 3 支点样梳分别置于 2、6 和 10 号位，放下支架，准备点样，注意点样梳的数字面对操作者。关上电泳舱盖，双击屏幕的绿色箭头【Start】键，开始运行电泳程序。

5. 抗原 - 抗体结合反应 电泳结束时，电泳仪自动发出蜂鸣声提示。打开电泳盖，将加样梳和缓冲条丢弃，移除支架。将抗体加样条装入抗体加样架上，按如下要求将血清抗体加入抗体加样条。

（1）1 IFE 用 6 孔抗体加样条：每孔加 8μl 抗体。

（2）2、4 IFE 用 15 孔抗体加样条：2 人份每孔加 8μl 抗体，4 人份每孔加 12μl 抗体。

（3）9 IFE 用 18 孔抗体加样条：每孔加 8μl 抗体。

（4）固定抗体加样架，将抗体加到凝胶片上，关上电泳舱盖，按绿色箭头【Start】键开始孵育，仪器自动倒计时 10 分钟。

6. 蛋白染色

（1）移除多余抗体：电泳仪自动发出蜂鸣声，提示“Paper Blotting”，打开电泳舱盖，移走抗体加样架。将厚滤纸光面向下覆盖于凝胶表面，左手固定滤纸，右手手指用力摩擦滤纸表面，注意勿将滤纸移动。关闭电泳舱盖，按绿色箭头【Start】键开始吸收凝胶表面多余抗体，计时 3 分钟。

（2）胶片烘干：电泳仪自动发出蜂鸣声，打开电泳舱盖，移去滤纸，关闭舱盖，按绿色箭头【Start】键开始干燥凝胶片，烘干温度为 65℃，计时 6 分钟。

（3）着色：电泳仪自动发出蜂鸣声，打开电泳舱盖，取出凝胶片，将凝胶片固定于凝胶支架上，放入染色舱，点击【Select Staining】，根据实验试剂和目的，选择【IFE 染色】指令，按绿色箭头【Start】键依次开始洗涤循环和染色循环。程序运行完成，电泳仪自动发出蜂鸣声，取出凝胶支架，将烘干的凝胶片手工转移至扫描舱。

7. 凝胶片扫描

（1）启动扫描仪的控制计算机，打开扫描仪电源，将凝胶片反置于扫描框的右上方，凝胶片顶线位于扫描仪上方。

（2）点击【Phoresis】，输入用户密码启动软件，在状态栏点击【Scanner】，选择蛋白扫描程序，在含免疫固定胶片窗口【Hydra gel IF/Bence Jones】设置扫描参数，输入患者信息，创建工作单后，点击【Start Scanning】开始扫描。

（3）扫描结束，“IFE Sample Selection”窗口自动打开，进行 IFE 图像与蛋白曲线匹配和校验，自动计算不同条带的相关百分比或浓度，保存检测数据。

8. 结果分析

（1）在【Edit curve】下拉菜单中选择【Curve preview】指令，可在状态栏提示的日期下，多画面显示当前分析的各个标本的曲线图。蓝色曲线代表蛋白条带数可确定，紫色曲线代表蛋白条带数不可确定，红色曲线代表病理性标本。

（2）对蛋白条带数不可确定的曲线图，点击【Modify curves】可对曲线进行修改。

1）插入一个最小部分，将光标移至曲线需要处，点击鼠标左键完成插入。

2）移除一个很小的部分，将光标放在需要移除的位置，光标覆盖最小的垂直线，待十字叉变成标有字母“MIN”的黄色标记后，点击鼠标左键即可完成移除。

3）移动一个很小的部分，把光标放在需要移动的位置，压住鼠标右键并把光标拖到需要的位置即可。

（3）通过人工修改，确定标本的蛋白条带数。确认条带的百分比由软件自动计算，并以百分比、浓度或曲线积分的方式显示。

（4）定性检测结果可以用标准品蛋白分子量作为参考，观察样品泳道有无对应的特异性单克隆免疫球蛋白条带（见文末彩图 12-1）。

9. 结果查询

（1）在【Search】下拉菜单中选择【Search for patient History】，出现结果查询界面。

（2）输入项目名称、样品类型、时限等查询条件后，点击【Start search】开始查询。查询成功后列出符合条件的查询结果，点击【View】查看检测结果（图 12-1）。

10. 结果报告

（1）结果传输：按【Result transmission】选项按钮，点击【Next】键选择自动或手动传输模式，点击【Next】并在下拉菜单中选择须传输的分析项目或在手动模式输入须传输的样品编号，点击【Next】选择结果接收的实验室代码，点击【Send】完成结果传输。

（2）报告审核：所有检测结果必须结合临床资料认真审核后发出，必要时与临床医师沟通。

（四）质量控制

仪器无须校准，每个检测项目均有相应的质控品。扫描仪的【Phoresis】控制软件设有专门的质控程序，可定期进行质控结果分析。

1. 处理质控品检测数据时，点击质控重览窗口的【QC】按钮，选择【Save sample as QC】并选择监控类型，按【Start】保存数据和图形。

2. 在功能菜单进入质控界面。

3. 在【Setup control values】功能界面，输入质控品名称、批号、条带数，总蛋白浓度、测量单位以及质控的参考值和标准差。

4. 从质控统计界面，选择质控项目，输入数据统计的时间间隔、条带数和项目名称，点击【OK】键，显示质控的统计分析结果，包括每个条带的百分比绝对值、中间值、最大值、标准差和变异系数等。可与质控品提供的靶值进行比对，判断质控结果。

（五）影响因素

免疫固定电泳分析技术是对各类 Ig 及其轻链分型的最常用方法，实验过程涉及标本处理、区带电泳、抗原 - 抗体反应和蛋白染色等多个关键步骤，应注意标本采集与处理，抗原过剩引起的后带现象，以及电泳仪的正确使用和维护。其主要检测影响因素包括：

1. 用新鲜血清标本进行测定，避免血清冻存所致的蛋白质或脂蛋白变性，导致电泳点样处出现明显的痕迹。某些标本（尤其含有冷球蛋白）冷藏或冰冻后，可能变得黏稠或混浊。这种标本可能由于扩散问题而干扰点样，可加入合适的液化剂进行处理。另外，勿使用放置过久的标本，如放置过久的尿液会有降解的蛋白，影响电泳结果。

2. 为避免抗原过剩引起的后带现象，对血清样品应适当稀释。蛋白电泳血清与稀释剂的体积比为 1∶2，IgG 免疫固定电泳为 1∶5，其他免疫固定电泳为 1∶2。

3. 总免疫球蛋白水平>20g/L，稀释剂量加倍。但蛋白电泳（ELP）泳道除外。

4. 某些单克隆蛋白质可能因多聚体而导致所有的免疫固定电泳泳道均出现单克隆片段。电泳前，可向标本中加入 1% 的 β- 巯基乙醇处理（加 25μl 还原剂于 75μl 血清中），混匀处理至少 15 分钟（最多 3 小时）。

5. 电泳时，凝胶与电泳槽黏合面须紧密贴合，确保两者之间无气泡。抗体加入加样条的加样孔时，确保抗血清与凝胶之间无气泡。

6. 用滤纸去除凝胶表面多余液体时，接触时间不能过长，应快速移去，以免凝胶脱水。

（六）设备维护

1. 常规保养

（1）每次电泳结束后，用湿润的脱脂棉或湿纸巾清洁电极和电泳盘。

（2）废液罐每次排水操作后，加入 15ml 的 50%（*w/v*）氢氧化钠溶液。

2. 周保养

（1）清洁电极 / 点样架：为防止含盐物沉积于电极表面，使用后应将电极 / 点样架水平浸于蒸馏水中（电极朝下），水位浸过电极 5mm 左右即可。使用时再用干纸巾擦干。

（2）仪器外部清洁：用低浓度次氯酸钠溶液浸泡的棉布清洁仪器外部零件和表面，但不能使用乙醇擦拭。

3. 月保养

（1）清洁染色槽：更换容器中的洗液（5L），将容器接于管道 6（洗液），点击【Select Staining】，选中【Tank Cleaning】，将胶片固定架插入染色舱，按【Start】键开始清洗程序：①清洗液进行内部循环清洗 5 分钟；②通过内部循环用脱色液清洗染色箱 2 分钟；③染色槽烘干 10 分钟。

（2）溶液罐清洗：断开溶液罐浓度传感器和所有外接管路，清空后再用蒸馏水冲洗，干燥后安装复位。

【见习报告】

1. 电泳技术在生物医学领域的应用较多，目前有哪些主要的电泳分析技术？

2. 结合见习实验室的免疫固定电泳分析仪器，简述其工作原理。

3. 结合见习实验室的免疫固定电泳分析仪器，简述其操作技术流程及其检测影响因素。

4. 浅谈免疫固定电泳分析技术在临床免疫学检测分析方面具有哪些优势？

（许 方）

第十三单元　免疫缺陷病免疫检测

免疫缺陷病是指由于遗传或其他因素造成的免疫系统先天发育障碍或后天损伤所引起的各种临床综合征。按其发病原因可分为原发性免疫缺陷病和继发性免疫缺陷病两大类。免疫缺陷病免疫检测涉及免疫系统的多方面、综合性的检测，主要涉及体液免疫、细胞免疫和补体等。本单元将以艾滋病，即获得性免疫缺陷综合征（acquired immunodeficiency syndrome，AIDS）为例，重点介绍人类免疫缺陷病毒（human immunodeficiency virus，HIV）抗体筛查和确证试验的临床常用方法，以及细胞免疫缺陷检测的实验设计。

HIV 感染可引起 AIDS。HIV 分为 HIV-1 和 HIV-2 两型，临床以 HIV-1 最常见。HIV 感染后，外周血中首先出现病毒 RNA 和 p24 抗原，1～3 个月出现抗 HIV 抗体。HIV 感染的实验室检查主要包括病原学检测、免疫学检测等。检测是艾滋病防治的第一步，扩大检测也是我国长期实施的艾滋病防治策略，只有及时诊断和发现 HIV 感染者，才能启动抗病毒治疗，减少 HIV 传播并改善患者的预后。因此，做好检测工作对我国艾滋病防治具有非常重要的意义。

HIV 感染的实验室检查项目主要包括 HIV 抗体和抗原检测、HIV 核酸定性和定量检测、$CD4^{+}T$ 淋巴细胞计数、HIV 耐药性检测等。其中 HIV-1/2 抗体检测是 HIV 感染诊断的“金标准”。HIV 抗体检测包括筛查试验和补充试验，对临床 HIV 感染诊断具有重要意义。

验证实验一　人类免疫缺陷病毒抗体筛查试验

HIV 抗体筛查试验是初步了解机体血液或体液中有无 HIV 抗体的检测方法，也包括同时检测 HIV 抗体和抗原的方法。常用的检测方法有酶联免疫吸附试验（ELISA）、化学发光免疫分析、荧光免疫试验、免疫凝集试验、免疫层析试验、抗原抗体联合检测试验等。

【实验目的】

掌握人血清或血浆中的 HIV-1、HIV-2 抗体定性检测的方法原理，熟悉操作步骤，了解其在诊断、血液筛查、艾滋病监测等方面的应用。

【实验原理】

本实验采用 ELISA 双抗原夹心法原理检测人血清或血浆中的 HIV-1、HIV-2 抗体。酶标板上包被有高纯度基因重组的 HIV-1 和 HIV-2 抗原，阳性对照品或待测血清，或血浆中的抗 HIV-1/2 抗体能够与其结合，形成抗原 - 抗体复合物，通过充分洗涤去除未结合物后，加入酶标记 HIV-1 和 HIV-2 抗原进行结合反应，形成固相抗原 - 抗体 - 酶标抗原复合物，再次充分洗涤去除未结合的酶标抗原后，加入底物显色，通过在酶标仪上测定各孔的吸光度（*A*）值或光密度（*OD*）值，判定有无 HIV-1/2 抗体的存在。

【试剂与器材】

商品化 HIV 抗体检测试剂盒（ELISA 法），主要试剂成分如下：

1. **酶标板** 包被有高纯度基因重组的 HIV-1 和 HIV-2 抗原的酶标板。
2. **对照品** HIV-1 抗体阳性对照血清、HIV-2 抗体阳性对照血清、HIV 阴性对照血清。
3. **酶标抗原** 辣根过氧化物酶标记的 HIV-1 和 HIV-2 抗原。
4. **显色底物** 显色剂 A 液、显色剂 B 液。
5. **终止液**
6. **浓缩洗涤液**
7. **封板膜**
8. **器材** 酶标仪、恒温箱、洗板机。
9. **其他** 微量加样器、吸头、试剂说明书及标准操作规程（SOP）。

【操作步骤】

1. **准备** 实验前将酶标板、待测标本、所需试剂放置于室温（18～25℃）下平衡 30 分钟；将浓缩洗液用蒸馏水或去离子水按说明书要求进行配制。

2. **编号设定** 将待测样本对应酶标板微孔按序排列，设定加样顺序号，通常每板设定阴性对照 3 孔，阳性对照 HIV-1/2 各 2 孔，空白对照 1 孔（如为双波长检测，可不设空白对照孔）。注意：有效试验的阴性和阳性对照必须符合试剂盒说明书规定。

3. **加样** 将所需数量的板条固定于板架，做好编号标记，除空白对照孔外，在相应孔中加入阳性对照血清、阴性对照血清、待测样本各 100μl。

4. **温育（第一次）** 用封板膜封板后，在 37℃条件下温育 60 分钟。

5. **洗板** 小心揭掉封板膜。

（1）手工洗板操作：弃去各孔中液体，拍干，每孔注入足够的洗液，静置 5～10 秒后弃尽，洗涤 5 次，将孔中液体拍干。

（2）洗板机操作：提前根据板条数量设定清洗程序，准备好洗液，倾倒干净废液，每孔加洗涤液 350μl，每次洗涤间隔 5～10 秒，洗涤 5 次，拍干。

6. **加酶** 除空白孔外，每孔加入酶标抗原 100μl。

7. **温育（第二次）** 用封板膜封板后，在 37℃条件下温育 30 分钟。

8. **洗板** 操作同步骤 5。

9. **显色** 每孔加入显色剂 A 液与显色剂 B 液各 50μl，轻轻振荡摇匀，37℃条件下避光显色 10 分钟。

10. **检测** 显色完毕后，每孔加入终止液 50μl，轻轻振荡摇匀，立即在酶标仪单波长（450nm）以空白对照孔调零，或双波长（检测波长 450nm，参考波长 630nm）下测定各孔吸光度（A）值或光密度（OD）值。

【结果判断】

本实验为 HIV 抗体定性实验，须根据阴性对照孔的 A 值计算临界值。

正常情况下，阴性对照孔 A 值≤0.10，阳性对照孔的 A 值≥0.80（不同试剂盒略有差别，以所使用试剂盒说明书为准），否则实验无效。

临界值（cut-off 值）= 2.1× 阴性对照平均 A 值（通常如此，以所用试剂盒说明书为准）。

若有 1 孔阴性对照 *A* 值 >0.10，应舍弃；若 2 孔或 2 孔以上阴性对照 *A* 值 >0.10，应重复实验。

阴性判定：样品 *A* 值 <临界值者为 HIV 抗体阴性。

阳性判定：样品 *A* 值≥临界值者为 HIV 抗体阳性。

HIV 抗体筛查试验无反应，由实施检测的实验室出具“HIV 抗体阴性”报告。筛查试验有反应，不能向受检者出具 HIV 抗体阳性报告，应进入 HIV 抗体复检试验。复检两次试验抗体均无反应，出具“HIV 抗体阴性”报告；复检试验有反应（均有反应或一个有反应一个无反应），报告为“HIV 感染待确定”，不能出具阳性报告，须进一步做补充试验。

【实验讨论】

1. 注意事项

（1）检测必须符合 HIV 实验室管理规范和生物安全守则的规定，严格防止交叉污染。操作时要戴口罩，穿工作服，严格执行消毒隔离制度。

（2）封板膜不能重复使用，不同批号酶标板、试剂等不能混用。

（3）实验前应对室温平衡后的试剂轻轻振荡混匀，使用过的试剂及时放回冰箱，未用完的酶标板条与干燥剂一起用自封袋密封放于 2～8℃环境中保存。

（4）加液时应使用定期校准的加样器，加不同样本或试剂组分时要更换加样头和加样槽。

（5）洗涤时各孔须按要求加满洗液，确保孔内游离酶洗净。洗板结束后须立即进行下一步操作，不可使酶标板干燥，保证每步操作的连续性。

（6）读取结果时，应擦干酶标板底部，且孔内不能有气泡。不能触碰孔底部的外壁，指印或划痕可能会影响板孔的读值。

（7）所用样品、废液和废弃物都应按传染性废物处理。

（8）为保证实验质量，不建议实验中采用单孔阴性对照的模式。

2. 结合本实验进一步思考以下问题

（1）本实验为定性实验，应如何计算临界值？

（2）若结果为阴性，能否排除 HIV 感染的可能？

（3）假阳性出现的可能原因及应对措施是什么？

验证实验二　人类免疫缺陷病毒抗体确证试验（免疫印迹法）

在获得筛查试验结果后，为了准确判断，应进行 HIV 补充试验和核酸试验，前者即 HIV 抗体确证试验，常用检测方法有免疫印迹法、条带 / 线性免疫试验等。

【实验目的】

掌握 HIV 抗体确证试验的方法与原理，熟悉操作步骤与结果判断方法，了解其在诊断、血液筛查、监测等方面的应用。

【实验原理】

硝酸纤维素试剂膜条上结合了天然灭活 HIV-1 病毒蛋白的分离颗粒和特异性的 HIV-2

合成多肽。在硝酸纤维素试剂膜条上分别加入稀释的血清或血浆样本或对照，孵育。如果样本中含有 HIV-1 和 HIV-2 的特异性抗体，则待测抗体会与试剂膜上的 HIV-1 蛋白和 HIV-2 多肽结合，通过清洗去除试剂膜上的未结合物，与 HIV 蛋白特异性结合的抗体再通过与带有碱性磷酸酶的羊抗人 IgG 抗体结合，加入 BCIP 和 NBT 底物等，经一系列反应即可显色。

【试剂与器材】

商品化 HIV 抗体检测试剂盒（免疫印迹法），主要试剂成分如下：

1. **硝酸纤维素试剂膜**　含有 HIV-1 病毒提取物和特异性 HIV-2 多肽。

2. **实验对照**

（1）阴性对照：灭活的正常人血清，HBsAg、HIV-1、HIV-2、HCV 抗体阴性。

（2）阳性对照：灭活人血清，含 HIV-1 和 HIV-2 抗体，HBsAg 和 HCV 抗体阴性。

（3）强阳性对照：灭活人血清，含高滴度的 HIV-1 和 HIV-2 抗体，HBsAg 和 HCV 抗体阴性。

（4）弱阳性对照：灭活人血清，含低滴度的 HIV-1 抗体，HBsAg 阴性、HIV-2 和 HCV 抗体阴性。

3. **浓缩样品稀释缓冲液**　含灭活的正常羊血清及 Tris 缓冲液。

4. **浓缩洗膜缓冲液（20X）**　使用时 1:20 稀释至工作浓度。

5. **封闭缓冲液**　用封闭粉末按说明书要求配制。

6. **酶结合物**　与碱性磷酸酶结合的羊抗人 IgG 抗体，使用时用封闭缓冲液按 1:1 000 稀释至工作浓度。

7. **底物液**　BCIP 和 NBT 溶液。

8. **摇床**

9. **微量加样器和吸头**　与说明书要求规格相符合的加样器。

10. **判读仪器**

11. **试剂说明书及 SOP**

以上试剂均现用现配。

【操作步骤】

1. **准备**　实验前将待测标本、所需试剂放置于室温（18～25℃）下平衡 30 分钟。每个孵育板槽内加入 2ml 稀释好的洗膜缓冲液。

2. **预处理**　用镊子取出试剂膜条，有号码的一端向上，分别放入孵育板槽内，包括一条强阳性对照、一条弱阳性对照、一条阴性对照和样品所需膜条。在室温下将孵育板置于摇床（每分钟摇摆 12～16 次）上振荡孵育 1～2 分钟，以吸液器吸出缓冲液。

3. **加样**　向每槽内加入 2ml 封闭缓冲液，随后分别加入 20μl 待测血清或强阳性、弱阳性、阴性对照。

4. **孵育**　盖好孵育板，室温下振荡孵育 1 小时后，吸出反应液。

5. **洗涤**　向槽内加入 2ml 稀释好的洗膜缓冲液，振荡 5 分钟，弃洗液，重复两次。

6. **加酶结合物**　向槽内加入 2ml 酶结合物工作液，盖好孵育板，置于室温下振荡孵育 1 小时后，吸出酶结合物工作液，重复步骤 5。

7. **显色**　向槽内加入 2ml 底物液，盖好孵育板，置于室温下振荡孵育 15 分钟后，吸出底物液，用蒸馏水洗涤数次以终止反应。

8. **结果判读** 取出试剂膜条，于滤纸上吸干水分，记录观察结果。

【结果判断】

1. HIV-1 抗体阳性（+），须符合以下标准之一

（1）至少有 2 条 env 带（gp41 和 gp160/gp120）出现，或至少 1 条 env 带和至少 1 条 gag 或 pol 带同时出现。

（2）符合国家药品监督管理局医疗器械批准的 HIV 抗体确证试剂盒提供的阳性判定标准。

2. HIV-2 抗体阳性（+），须符合以下标准之一

（1）至少有 2 条 env 带（gp36 和 gp140/gp105）出现。

（2）符合国家药品监督管理局医疗器械批准的 HIV 抗体确证试剂盒提供的阳性判定标准。

3. **HIV 抗体阴性（-）** 无 HIV 抗体特异条带出现。

4. **HIV 抗体不确定（±）** 出现 HIV 抗体特异条带，但不足以判定阳性。

确证试验结果阳性，报告 HIV 抗体阳性；确证试验结果阴性，报告 HIV 抗体阴性；确证试验结果不确定，报告 HIV 抗体不确定，并建议 2～4 周后随访或尽快做 HIV 核酸检测。

【实验讨论】

1. **注意事项** 每次试验结果阳性对照、弱阳性对照和阴性对照必须符合试剂说明书的判定标准，方可进行结果判断，否则检测无效。

（1）不要将样本直接加到试剂膜条上。加样时倾斜板槽，将样品加入缓冲液汇集的低处，避免由样品引起的斑点。

（2）封闭孵育时间过短、温度过低、洗膜不充分等可能会导致背景值过高，操作时要严格按照 SOP 进行。

（3）必须等到膜条风干后再进行结果分析。

2. HIV 抗体确证试验结果的处理

（1）符合 HIV-1 抗体阳性判断标准，报告"HIV-1 抗体阳性"，并按规定做好检测后咨询和疫情报告。符合 HIV-2 抗体阳性判断标准，报告"HIV-2 抗体阳性"，并按规定做好检测后咨询和疫情报告。

（2）符合 HIV 抗体阴性判断标准，报告"HIV 抗体阴性"。如疑似窗口期感染，建议进一步做 HIV 核酸检测，或 2～4 周后随访，尽早明确诊断。

（3）符合 HIV 抗体不确定判断标准，报告"HIV 抗体不确定"，在备注中应建议尽早做核酸检测或"2～4 周后复检"。

3. **HIV 感染诊断** 成人、青少年及 18 个月以上儿童符合下列一项者即可诊断。

（1）HIV 抗体筛查试验有反应和 HIV 抗体确证试验阳性。

（2）HIV 抗体筛查试验有反应和核酸定性实验阳性。

（3）HIV 抗体筛查试验有反应和核酸定量实验 >5 000CPs/ml。

（4）有流行病学史或艾滋病相关临床表现，两次 HIV 核酸检测均为阳性。

（5）HIV 分离试验阳性。

4. 结合本实验进一步思考以下问题

（1）HIV 抗体筛查试验相比 HIV 抗体确证试验有何优势？

（2）HIV 抗体确证试验取得成功的关键是什么？

设计实验　细胞免疫缺陷检测实验设计

获得性免疫缺陷综合征（AIDS）又称艾滋病，是由 HIV 感染引起的继发性免疫缺陷病。进入机体的 HIV 主要侵犯 $CD4^{+}$T 细胞。此外，表达 CD4 分子的单核巨噬细胞、树突状细胞、神经胶质细胞等也是其侵犯的主要细胞。HIV 通过其包膜上 gp120 与靶细胞表面 CD4 分子高亲和性结合，同时也与表达在靶细胞表面的趋化因子受体 CXCR4 和 CCR5 结合，再由 gp41 插入细胞膜，介导病毒包膜与靶细胞膜融合，使病毒的核衣壳进入靶细胞。HIV 感染靶细胞后形成潜伏感染，潜伏期可达数月甚至数年。当宿主受到微生物感染、细胞因子等刺激时，受感染的靶细胞转录因子 NF-κB 和 SP1 被激活，启动病毒复制，最终导致靶细胞死亡。加上抗 HIV 抗体和特异性细胞毒性 T 淋巴细胞（CTL 细胞）对靶细胞的攻击，使 $CD4^{+}$T 细胞进行性减少，从而导致患者系统性、渐进性细胞免疫功能下降。

【问题背景资料】

患者，男，34 岁。因持续发热 5 个多月，腹泻 3 个多月，胸部 X 线检查双肺中上野浸润性结核，于 20×× 年 ×× 月 ×× 日以肺结核收住入某院传染科。

查体：体温 38～39℃，恶病质，双侧颈部淋巴结肿大，双侧腹股沟淋巴结肿大，面部、颈部皮肤出现黑色结节、斑块隆起。

CT：双肺中上野浸润性结核，纵隔淋巴结肿大，肝、脾大。

实验室检查：白细胞（WBC）、树突状细胞（DC）正常，痰抗酸杆菌（−），该市疾病预防控制中心 HIV 初筛试验（+），之后，经省艾滋病监测中心做 HIV 抗体确证试验（免疫印迹法）HIV-1（+）。

患者系农民工，外出打工近 15 年。自诉在打工期间有性乱史，有时未使用安全套，否认吸毒、供血、受血、手术史。

患者已婚，其爱人为同村农民，在家务农，育有一男孩，11 岁，小学生。

【实验设计提示】

实验设计就是证明假设或提出解决问题的方案，是科学研究的核心步骤。实验设计应该有明确的实验观察指标，用指标阐述事实。下面简要介绍一下关于 HIV 不同检测手段的主要目的及方法。

1. 血清学检测　血清学主要检测患者体内有无 HIV 抗体，包括筛查试验和确证试验。

2. 病原学检测　病原学主要检测患者体内有无 HIV 病毒，由于病毒分离培养和鉴定所需时间较长，对实验条件要求较高，目前多采用核酸检测（定性检测或定量检测）病毒 RNA。

3. 免疫学检测　免疫学检测是进行 HIV 感染和 AIDS 分期及判断疗效的主要检测指标，主要采用 $CD4^{+}$T 淋巴细胞检测，包括 $CD4^{+}$T 淋巴细胞计数和 $CD4^{+}$T 淋巴细胞百分率检测。

4. 其他检测　其他检测即不直接针对病原体 HIV 的检测，主要包括与 HIV 感染及病情进展相关的检测项目，如其他相关微生物检测、免疫球蛋白检测、T 淋巴细胞增殖反应、皮肤迟发型超敏反应等。

应结合流行病学史、患者临床表现及实验室检查结果综合分析，有理有据地作出判断。

【小组讨论提纲】

1. 本病例中HIV的传染源和传播途径可能是什么？

2. HIV感染的全过程可分三期，即急性期、无症状期和艾滋病期，其诊断须结合流行病学史、患者临床表现和实验室检查等进行综合分析，该患者是否符合艾滋病期的诊断标准？

3. 如何根据$CD4^{+}$T淋巴细胞计数判断该患者目前的免疫状态？

4. HIV感染会导致人体细胞免疫功能缺陷，引起各种机会性感染，该患者的实验室检查结果提示可能存在结核分枝杆菌感染。在HIV感染的全程管理中，应如何进行机会性感染的诊治和预防？

（董作亮）

第十四单元　肿瘤免疫检测

肿瘤免疫检测是指通过免疫学方法进行肿瘤的免疫诊断以及对患者免疫功能状态的评估。其中肿瘤标志物检测在肿瘤的辅助诊断、疗效观察、复发监测、预后判断及治疗指导方面发挥重要作用。肿瘤标志物是指在肿瘤发生、发展过程中，由肿瘤细胞自身产生或者机体针对肿瘤细胞反应而产生的一类特定物质，包括胚胎抗原类、糖蛋白抗原类、激素类、酶和同工酶类、特殊蛋白类、癌基因产物类等。通过生物素 - 亲合素系统与免疫标记技术相结合的方法，进行肿瘤标志物的定量检测，可以提高免疫学检测的敏感性。本单元重点介绍甲胎蛋白（α-fetoprotein，AFP）以及 EB 病毒衣壳抗原 IgA 抗体的检测，并引导学生学习如何进行肿瘤标志物诊断性能的评价。

验证实验一　甲胎蛋白定量检测

AFP 是最初在胎儿血清中发现的一种单链糖蛋白，主要由胎儿肝细胞及卵黄囊合成。胎儿体内 AFP 含量很高，出生至周岁时浓度降低至接近成人水平。AFP 与原发性肝癌及多种肿瘤的发生、发展密切相关，主要用于原发性肝癌及其他恶性肿瘤（如生殖系统和胚胎性肿瘤等）的辅助诊断及治疗监测。产妇羊水或母体血浆中的 AFP 则可用于胎儿神经管缺陷、脊柱裂等先天性出生缺陷性疾病的产前筛查。此外，甲胎蛋白也可在某些良性肝细胞疾病中升高，如活动性肝炎、肝硬化等。

【实验目的】

掌握 LAB-ELISA 法定量检测样品中 AFP 的实验原理，熟悉实验步骤和结果分析方法。

【实验原理】

本实验是将标记亲合素 - 生物素技术（labeled avidin-biotin technique，LAB）应用于 ELISA 法（双抗体夹心法）中。测定时，标准品或待测样品中的 AFP 在酶标板中与预包被的 AFP 单克隆抗体结合，温育和洗涤后再与生物素化的抗人 AFP 抗体结合，再次温育和洗涤后加入辣根过氧化物酶（HRP）标记的链霉亲和素，生物素与亲和素会发生高亲合力的非共价结合，在酶标板表面形成固相抗体 -AFP- 生物素化抗体 - 酶标链霉亲和素双抗体夹心复合物。加入酶底物后，产生显色反应，颜色的深浅与样品中 AFP 的含量呈正相关。在酶标仪上测定标准品和样品的光密度（*OD*）值，通过绘制标准曲线可计算出样品中 AFP 含量。

【试剂与器材】

使用商品化 AFP 检测试剂盒（LAB-ELISA 法），或自备以下材料。

1. **酶标板**　包被有抗 AFP 抗体。

2. **标准品** 将AFP标准品（100μg/L）用样本稀释液进行1∶（2～64）倍比稀释。

3. **质控品** 使用商品化质控血清。

4. **生物素化抗AFP抗体**

5. **酶结合物** HRP标记的链霉亲和素，用酶结合物稀释液稀释到工作浓度。

6. **样本稀释液** 使用商品化试剂盒样本稀释液，或自配pH 7.2的0.01mol/L PBS（含5% BSA）溶液。

7. **显色底物** 显色液A（含H_2O_2）和显色液B（含TMB）。

8. **洗涤液** 使用商品化试剂盒浓缩洗涤液。预先按说明书稀释备用。

9. **终止液** 使用商品化试剂盒终止液，或自配2.0mol/L硫酸溶液。

10. **器材** 酶标仪、37℃恒温箱或水浴箱。

11. **其他** 微量加样器、吸头、量筒、一次性试管、自封袋、封板膜、吸水纸。

【操作步骤】

1. **实验准备** 将酶标板、所需试剂、待测样品平衡至室温。稀释标准品、洗液，备用。

2. **加样** 取出所需酶标板条，剩余板条用自封袋密封放回4℃冰箱。标记标准品孔、样品孔、空白孔，分别加入不同浓度的标准品、待测样品或质控血清、样本稀释液各100μl，盖上封板膜，37℃环境下反应90分钟。

3. **配制生物素化抗体工作液** 按实验所需用量，提前20分钟用生物素化抗体稀释液将浓缩生物素化抗体稀释成1×工作液（即可直接使用的工作液浓度）。

4. **洗涤** 揭开封板膜，弃去孔中液体，每孔加入洗涤液350μl，静置30秒，甩尽洗涤液，在吸水纸上拍干；如此重复洗涤至少5次。

5. **加生物素化抗体工作液** 每孔加入稀释好的生物素化抗AFP抗体工作液100μl，盖上封板膜，37℃环境下反应60分钟。

6. **配制酶结合物工作液** 按实验所需用量，提前20分钟用酶结合物稀释液将浓缩酶结合物稀释成1×工作液（即可直接使用的工作液浓度）。

7. **洗涤** 重复步骤4。

8. **加酶结合物工作液** 每孔加入稀释好的酶结合物工作液100μl（空白孔除外），盖上封板膜，37℃反应30分钟。

9. **洗涤** 重复步骤4。

10. **显色** 每孔加入显色液A和B各50μl，盖上封板膜，室温下反应15分钟。

11. **终止** 揭开封板膜，每孔加入终止液100μl，终止反应。

12. **比色** 终止后3分钟内，以空白孔调零，使用酶标仪测定各反应孔在波长450nm处的*OD*值。

【结果判断】

1. 以标准品浓度为*X*轴，*OD*值为*Y*轴绘制标准曲线，待测样品中AFP含量可通过对应检测孔的*OD*值由标准曲线获得。标准曲线可手工绘制或软件绘制，一般采用四参数logistic数据拟合方式。

2. 每个标准品和待测样品的*OD*值应减去空白孔的*OD*值后再进行浓度换算。若待测样品的*OD*值高于标准曲线上限，应在适当稀释后重新检测，计算浓度时应乘以相应的稀释倍数。

3. 质控血清 AFP 含量在说明书给定的浓度范围内，认为质控在控，结果可靠。

【实验讨论】

1. 注意事项

(1) 本实验可使用血清或血浆（推荐使用 EDTA 抗凝血浆）样品进行检测，样品应清澈、透明，应离心去除悬浮物。样品收集后如果不能及时检测，应保存于 -20℃冰箱内，并避免反复冻融。避免使用溶血、脂血样品。

(2) 实验前注意检查试剂盒应在有效期内；各液体组分应无沉淀或者无絮状物；酶标板铝箔袋应真空包装，无破损及漏气；底物液应无色、透明，如变为蓝色，表明已失效。试剂盒所有组分均须充分恢复至室温后方可进行实验。

(3) 除洗涤液和反应终止液之外，不同批号的试剂盒组分不能混用。所有液体组分在使用前应充分混匀，但应避免产生大量泡沫而影响加样准确性。如为分次使用，须根据使用量配制各试剂组分，避免配制过多造成浪费而影响后续实验。

(4) 应严格按照试剂盒说明书标明的加样量、加样步骤及温育时间进行实验操作，以确保实验结果准确、可靠。加样时，加各浓度标准品和待测样品都要更换移液枪头，公共组分应悬臂加样，避免交叉污染导致实验失败。各步骤的加样顺序，尤其是终止液与底物液的加样顺序，应保持一致。

(5) 充分的洗涤是保障 ELISA 检测结果准确性的关键因素之一，因此，实验中应保证合适的洗涤时间和洗涤次数。若使用自动洗板机，应按洗板机操作程序进行洗板，并添加浸泡 30 秒的程序。洗板结束后，须在干净、不掉屑的卫生纸上，充分拍干酶标板，并及时进行下一步加样操作。

(6) 复溶后的标准品如未使用完，应废弃。剩余的酶标板条应在 2 个月内使用完。

(7) 试剂盒液体组分中含有的防腐剂可能引起皮肤出现过敏反应，实验中应戴好手套，实验完成后应充分洗手。

(8) 所有样品、洗涤弃液和各种废弃物都应按照传染物或潜在传染物进行处理。

2. 结合本实验进一步思考以下问题

(1) 患者血清 AFP 升高时，如需合理、充分地解释检测结果，在排除分析方面的问题后，应考虑的生理或病理因素有哪些？

(2) 除了 ELISA 法，AFP 定量检测还有哪些方法？各自的优缺点是什么？

验证实验二　EB 病毒衣壳抗原 IgA 抗体检测

EB 病毒（Epstein-Barr virus，EBV）编码多种结构抗原，包括病毒衣壳抗原（viral capsid antigen，VCA）、早期抗原（early antigen，EA）、膜抗原（membrane antigen，MA）和核抗原（nuclear antigen，NA）等。机体感染 EBV 后，会针对不同的抗原产生相应的抗体。其中，抗病毒衣壳抗原 IgA（VCA IgA）抗体和抗早期抗原 IgA（EA-IgA）抗体阳性提示持续性 EBV 抗原刺激，常用于慢性活动性 EB 病毒感染或 EB 病毒相关肿瘤（如鼻咽癌等）的诊断和监测。

【实验目的】

掌握 ELISA 法（间接法）检测样品中 EBV-VCA IgA 的实验原理，熟悉实验操作步骤和结果判断方法。

【实验原理】

本实验采用ELISA法(间接法)进行检测。在预包被EB病毒衣壳抗原的酶标板中,加入待测人EBV-VCA IgA样品,温育、洗涤后再加入酶标记的抗人IgA抗体,温育后在酶标板表面形成固相抗原-抗体-酶标抗体复合物,经过充分洗涤去除未结合组分后,加入酶底物,产生显色反应,颜色的深浅与样品中EBV-VCA IgA的含量呈正相关。采用酶标仪检测对照品和样品的光密度(*OD*)值,通过计算公式判断样品中EBV-VCA IgA的检测结果。

【试剂与器材】

采用商品化试剂盒可进行检测。

1. **酶标板(包被EB病毒衣壳抗原)**
2. **阴性、阳性对照品** 使用商品化试剂盒阴性、阳性对照品。
3. **质控品** 使用商品化质控品。
4. **酶标记抗人IgA抗体** 使用商品化试剂盒辣根过氧化物酶(HRP)标记抗人IgA抗体。
5. **样本稀释液** 使用商品化试剂盒样本稀释液,或自配pH 7.2的0.01mol/L PBS(含5% BSA)溶液。
6. **显色底物** 使用商品化试剂盒显色底物液,包含底物液A和底物液B。
7. **终止液** 使用商品化试剂盒终止液,或自配2.0mol/L硫酸溶液。
8. **浓缩洗涤液** 使用商品化试剂盒浓缩洗涤液,预先稀释备用。
9. **器材** 酶标仪、37℃恒温箱或水浴箱。
10. **其他** 微量加样器、吸头、量筒、一次性试管、自封袋、封板膜、吸水纸。
11. **蒸馏水**

【操作步骤】

1. **实验准备** 将酶标板、所需试剂、待测样品平衡至室温。按照试剂盒说明书将稀释浓缩洗涤液用蒸馏水进行1∶20稀释,混匀备用。
2. **加样** 取出所需酶标板条,剩余板条用自封袋密封放回4℃冰箱内。标记好空白孔、阴性/阳性对照品孔、样品孔,分别加入样品稀释液、阴性/阳性对照品、待测样品各50μl,盖上封板膜,37℃环境下反应60分钟。
3. **洗涤** 揭开封板膜,弃去孔中液体,每孔加入洗涤液350μl,静置20秒,甩尽洗涤液,在吸水纸上拍干,如此重复洗涤至少5次。
4. **加酶标记抗人IgA抗体** 每孔加入HRP标记的抗人IgA抗体100μl(空白孔除外),盖上封板膜,37℃环境下反应30分钟。
5. **洗涤** 重复步骤3。
6. **显色** 将底物液A和B按1∶1的体积充分混匀,每孔加入混合底物液100μl,盖上封板膜,室温下反应15分钟。
7. **终止** 揭开封板膜,每孔加入终止液50μl,终止反应。
8. **比色** 终止反应后15分钟内,以空白孔调零,使用酶标仪测定各反应孔在波长450nm处的光密度(*OD*)值。

【结果判断】

1. 按以下方式进行临界值（cut-off 值）的计算及样品结果的判断

$$\text{cut-off 值}=2.1\times \text{阴性对照平均 }OD\text{ 值}$$

阴性：样品 *OD* 值<cut-off 值，判断为 EBV-VCA IgA 阴性。

阳性：样品 *OD* 值≥cut-off 值，判断为 EBV-VCA IgA 阳性。

2. 阴性对照品的 *OD* 值≤0.2、阳性对照品的 *OD* 值≥0.8，表明质控在控，结果可靠。

【实验讨论】

1. 注意事项 本实验可使用血清或血浆样品进行检测，样品应在 4 000r/min 条件下离心 20 分钟以分离血清或血浆。其余注意事项参见本单元验证实验一。

2. 结合本实验进一步思考以下问题

（1）EBV-VCA IgA 抗体检测阳性一定是 EB 病毒相关肿瘤吗？为什么？

（2）如果采用 ELISA 法进行 EBV-VCA IgA 抗体的定量检测，应如何设计实验步骤？实验结果应如何判断？

设计实验 肿瘤标志物诊断性能评价

癌胚抗原（carcinoembryonic antigen，CEA）、细胞角蛋白 19 片段抗原 21-1（cyto-keratin 19 fragment antigen21-1，CYFRA21-1）、神经元特异性烯醇化酶（neuronspecific enolase，NSE）是原发性肺癌的推荐血清学标志物。本实验将对其单独或联合应用于原发性肺癌诊断的性能进行评价。

【问题背景资料】

患者，男，52 岁。无明显诱因出现咳嗽、咳痰，痰中带血，进行胸部 CT 检查显示右肺下叶占位病变，血清肿瘤标志物检查显示 CEA 为 22.40μg/L、CYFRA21-1 为 10.84μg/L、NSE 为 23.10μg/L，痰脱落细胞学检查发现肿瘤细胞，遂入院行全麻下右肺中下叶切除术，术后病理检查提示浸润性腺癌。术后进行 4 个周期化疗，其间规律复查。

三年后 CT 检查显示右侧胸膜下结节增大，并出现右侧腰背部疼痛，再次入院检查。入院后血清肿瘤标志物检查显示 CEA 为 10.05μg/L、CYFRA21-1 为 5.87μg/L、NSE 为 212.08μg/L，PET-CT 提示肿瘤广泛转移至右肺上叶、右侧胸膜、肝脏、右侧肾上腺，颈、胸、腹部淋巴结及多处骨骼。进一步行肝脏穿刺活检，结果提示小细胞癌。因病理类型改变，更换治疗方案后继续治疗。

以上病例提示，肺癌血清学常用肿瘤标志物的联合检测在肺癌的辅助诊断及组织病理学类型的鉴别诊断中具有重要价值。结合此病例，设计病例 - 对照试验，评价血清 CEA 和 CYFRA21-1 用于原发性肺癌诊断的性能。

【实验设计提示】

1. 研究对象 收集某医院 ×××× 年 ×× 月至 ×××× 年 ×× 月期间经病理活检确诊为原发性肺癌的患者 ××× 例作为病例组；收集该院同期的健康体检者 ××× 例作为健康对照组。收集研究对象的空腹静脉血，分离血清用于检测。

2. 检测方法 采用化学发光免疫分析法检测血清 CEA 和 CYFRA21-1 的水平。

3. 诊断性能评价指标的计算 在肿瘤的实验室诊断中，对血清肿瘤标志物的临床诊断性能评价，根据评价需要可分为两个层面。

（1）单个肿瘤标志物检测在原发性肺癌实验室诊断中的性能评价：对研究对象的资料进行整理后（表 14-1），可采用以下指标进行单个肿瘤标志物检测在原发性肺癌诊断中的性能评价：

表 14-1 单个肿瘤标志物检测在原发性肺癌诊断中的性能评价资料表

单个肿瘤标志物检测（CEA 或 CYFRA21-1）	原发性肺癌例数（n）	健康对照例数（n）	合计
阳性	A（真阳性）	B（假阳性）	A+B
阴性	C（假阴性）	D（真阴性）	C+D
总数	A+C	B+D	

1）敏感性（sensitivity，*Sen*）：即真阳性率，在此实验中指单个肿瘤标志物检测为阳性的肺癌患者（真阳性）人数占病理活检确诊的肺癌患者总数的比例。用下列公式进行计算：

$$\text{敏感性（真阳性率）}=\frac{A}{A+C}\times100\% \qquad \text{式（14-1）}$$

2）特异性（specificity，*Sep*）：即真阴性率，在此实验中指单个肿瘤标志物检测为阴性的健康对照者（真阴性）人数占健康对照者总数的比例。用下列公式进行计算：

$$\text{特异性（真阴性率）}=\frac{D}{B+D}\times100\% \qquad \text{式（14-2）}$$

3）漏诊率（rate of missed diagnosis）：即假阴性率，在此实验中指单个肿瘤标志物检测为阴性的肺癌患者（假阴性）人数占病理活检确诊的肺癌患者总数的比例，用下列公式计算：

$$\text{漏诊率（假阴性率）}=\frac{C}{A+C}\times100\% \qquad \text{式（14-3）}$$

4）误诊率（mistake diagnostic rate）：即假阳性率，在此实验中指单个肿瘤标志物检测为阳性的健康对照者（假阳性）人数占健康对照者总数的比例。用下列公式计算：

$$\text{误诊率（假阳性率）}=\frac{B}{B+D}\times100\% \qquad \text{式（14-4）}$$

5）阳性预测值（positive predictive value，*PPV*）：即单个肿瘤标志物检测为阳性的肺癌患者（真阳性）人数占单个肿瘤标志物检测为阳性者总数的比例。用下列公式计算：

$$\text{阳性预测值}=\frac{A}{A+B}\times100\% \qquad \text{式（14-5）}$$

6）阴性预测值（negative predictive value，*NPV*）：即单个肿瘤标志物检测为阴性的健康对照者（真阴性）人数占单个肿瘤标志物检测为阴性者总数的比例。用下列公式计算：

$$\text{阴性预测值}=\frac{D}{C+D}\times100\% \qquad \text{式（14-6）}$$

7）约登指数（Youden index，*YI*）：是评价诊断试验真实性的指标，反映诊断试验发现真正的患者和非患者的总能力，其值越大，表示该诊断试验的效能越高。用下列公式计算：

$$约登指数 = 敏感性 + 特异性 - 1 \tag{14-7}$$

8）受试者工作特征曲线（receiver operating characteristic curve，ROC 曲线）：即以连续变量中不同截断点对应的敏感性为纵坐标，1- 特异性为横坐标，绘制得出的真阳性率与假阳性率的曲线，用于评价诊断试验（此研究中为单个肿瘤标志物）对两类受试者（如患者与健康对照者）的分类及诊断效能。通过计算 ROC 曲线的曲线下面积（area under the curve，*AUC*），可判断该试验的诊断性能。*AUC* 的理论值介于 0.5～1.0，其值越大，诊断性能越高。

（2）两个或多个肿瘤标志物联合检测在原发性肺癌实验室诊断中的诊断性能评价：由于同一肿瘤可以有多种肿瘤标志物水平的异常，而同一肿瘤标志物也可在不同的肿瘤当中出现，单个肿瘤标志物的敏感性和特异性均有限，难以满足临床需求，因此，常需要采用多个肿瘤标志物的联合检测以提高肿瘤标志物的诊断效能。与单个诊断指标的性能评价相比，多个指标的诊断性能评价过程较为复杂。本实验中，两个肿瘤标志物联合检测的目的是对原发性肺癌患者作出诊断，为一系列诊断试验。因此，只有当所有标志物检测皆为阳性时，该受试者才能被确定为肺癌患者，反之只要其中一个标志物检测为阴性，该受试者就被定义为健康对照者。本实验应对以下指标进行计算和评价：

A 联合敏感性 = CEA 的敏感性 × CYFRA21-1 的敏感性

B 联合特异性 = CEA 的特异性 +（1 − CEA 的特异性）× CYFRA21-1 的特异性

在此基础上，再进行约登指数的计算和 ROC 曲线的绘制，以对两个肿瘤标志物联合检测的诊断性能进行评价。

当需要对三个或三个以上肿瘤标志物诊断肿瘤的性能进行评价时，由于应变量 *Y*（肿瘤）是一个二分类变量（阴性：无肿瘤；阳性：肿瘤发生），而影响 *Y* 取值的自变量 *X* 是多个肿瘤标志物的检测值，因此可采用 logistic 回归分析法进行评价。通过样本数据统计分析，得到 logistic 回归方程后，再对其进行假设检验，以确定联合检测的多个肿瘤标志物（自变量 *X*）对肿瘤（应变量 *Y*）的影响是否有统计学意义（相关内容参见统计学教材）。

在实际应用中，对于诊断试验性能评价指标的计算，均可采用相关统计软件进行数据分析。

【小组讨论提纲】

1. 根据研究目标和研究类型，讨论确定研究对象的纳入和排除标准及每组研究对象的最小样本量。

2. 本研究是否需要设置疾病对照组？如果需要，试讨论应该纳入的疾病类型。

3. 敏感性、特异性、漏诊率、误诊率四个评价指标之间的关系是什么？

4. 如需评估 CEA、CYFRA21-1 和 NSE 在肺癌组织学类型鉴别诊断中的价值，应如何进行实验设计？尝试设计实验方案。

（牛　倩）

第十五单元　移植免疫检测

移植免疫学是研究与排斥反应相关的抗原及其诱导的免疫应答机制的学科。移植排斥反应是机体针对移植抗原产生的免疫应答，发生导致移植物功能丧失或受者机体损害的反应。根据排斥反应发生的时间、免疫损伤机制和组织病理改变，排斥反应可分为超急性排斥反应（hyperacute rejection，HAR）、急性排斥反应（acute rejection，AR）和慢性排斥反应（chronic rejection，CR）3 种类型。

移植能否成功，很大程度上取决于是否发生移植排斥反应及其反应强度。HAR 是临床表现最为剧烈且后果最为严重的排斥反应。HAR 是由于受者体内预先存在着抗供者组织细胞抗原的抗体，即由供者特异性抗体（donorspecific antibody，DSA）介导的体液免疫排斥反应引起。AR 的发生率极高，可由抗原刺激的 T 淋巴细胞活化增殖和 DSA 介导。其严重程度取决于供、受者之间的组织相容度、移植术后的免疫抑制方案以及诱发因素（如感染）等。CR 往往是 AR 反复发作的结果，且与供、受者之间的组织不相容有关，是影响移植肾长期存活的主要障碍。排斥反应的发生与供、受者的人类白细胞抗原（HLA）匹配程度密切相关，因此供、受者 HLA 分型，受者 HLA 抗体的检测和特异性分析对于判别 DSA、评估排斥风险以及指导预防、治疗抗体介导的排斥反应（antibody-mediated rejection，AMR）具有基础性的重要作用。

HLA 配型是指通过血清学或分子生物学技术对供者和受者的 HLA 的相容性进行检测。HLA 血清学配型方法主要包括微量淋巴细胞毒试验（microlymphocytotoxicity test），又称补体依赖的细胞毒试验（complement dependent cytotoxicity test，CDC 试验）；加入抗球蛋白抗体作为辅助试剂的 AHG-CDC 试验、ELISA 法和流式细胞术等。HLA 细胞学配型则采用混合淋巴细胞培养（mixed lymphocyte culture，MLC）。

检测 DSA 时，可通过将供者来源的或代表潜在供者人群的抗原载体与受者的血清孵育，利用抗原 - 抗体反应来判断受者血液中相应的 DSA。根据所用抗原种类，DSA 检测法可分为细胞学检测法和纯化抗原检测法。其中，以细胞为基础的 DSA 检测法的结果判读主要包括 CDC 试验和流式细胞术（flow cytometer，FCM）检测法。

移植前常规进行交叉配型和 DSA 检测，可有效地降低 HAR 的发生风险。CDC 试验可检测出受者体内预存的 DSA，包括 HLA 特异性 DSA、ABO 血型抗原 DSA 和其他多态性非 HLA 抗原特异性 DSA。不使用 CDC 试验 >10% 的供体，可使绝大多数受者避免发生 HAR。

验证实验一　微量淋巴细胞毒试验

微量淋巴细胞毒试验是从补体依赖的细胞毒试验（CDC 试验）基础上发展而来的。目前统一使用改良一步法微量淋巴细胞毒试验，该方法仅需用 1μl 抗血清、1μl 淋巴细胞和 1μl

补体。微量淋巴细胞毒试验被广泛应用于 HLA 的血清学分型和复发性流产的封闭抗体检测等领域。

微量淋巴细胞毒试验主要采用供者的淋巴细胞作为靶细胞，与受者的血清进行 CDC 试验，出现阳性反应说明受者体内含有抗供者的特异性抗体。若要明确受者的抗体是抗 HLA-Ⅰ类抗原还是抗 HLA-Ⅱ类抗原，可将供者的淋巴细胞经免疫磁珠法等进一步分离为较纯的 T 淋巴细胞和 B 淋巴细胞再分别进行检测。若要排除患者自身抗体的影响，可用患者的淋巴细胞与患者自己的血清进行试验作为对照。

【实验目的】

掌握 CDC 试验原理，熟悉 CDC 试验操作步骤和结果判断方法。

【实验原理】

在补体存在的情况下，HLA 分型血清中的抗淋巴细胞 HLA 抗体（IgG 和 IgM）与淋巴细胞膜表面相应的 HLA 分子特异性结合，形成抗原 - 抗体复合物并通过补体经典途径激活补体，生成膜攻击复合物（membrane attack complex，MAC），将细胞膜破坏，导致细胞溶解。死亡的靶细胞膜通透性增加，导致环境中染料透入细胞内使之着色。无相应 HLA 分子的细胞不受损伤，因而不着色。通过计数死亡细胞数可判断受检者是否具有相应的 HLA 分子（见文末彩图 15-1）。根据试验结果可分析供、受者间 HLA 型别的一致性，或确定各自携带的 HLA 型别。

【试剂与器材】

1. 72 孔微量反应板（Terasaki 反应板）。
2. 兔血清或冻干补体。
3. 人淋巴细胞分离液。
4. 含 10% FBS（fetal bovine serum，胎牛血清）的 RPMI 1640 培养基（以下简称培养基）。
5. 阴性对照血清、阳性对照血清[抗淋巴细胞抗体（IgG 和 IgM 型抗体）]。
6. pH 7.2～7.4 的 0.01mol/L PBS，配制方法见附录 1。
7. 无钙离子 D-Hanks 液、矿物油。
8. 染料　5% 伊红或荧光染料如吖啶橙（AO）/ 碘化丙啶（PI）等。
9. 细胞固定液，如 0.8% 戊二醛或 12% 甲醛等。
10. 其他　微量加样器、吸头、离心管、肝素采血管、孵箱、湿盒、光学显微镜或荧光显微镜等。

【操作步骤】

1. 抗血清准备　使用已知特异性的标准分型血清，或从受者外周血制备抗血清（无抗凝剂的 5ml 外周血采用 1 500r/min 离心 10 分钟后收集血清）。

2. 淋巴细胞准备　受检者（供者）肝素抗凝血用人淋巴细胞分离液进行密度梯度离心后得到 PBMC，计数后用培养基调整细胞浓度至 2×10^6/ml。

3. 补体准备　将 20 只以上的兔血清混合均匀后，按照每管 10μl 分装，−20℃环境下储存备用，要求补体溶血活性（CH_{50}）≥20U/ml。用 4℃预冷的无菌水充分溶解后，按照每管 10μl 分装，−20℃环境下储存备用。

4. 细胞接种　准备 72 孔微量反应板，每孔加入 5μl 矿物油，按照微量反应板加样布局表（表 15-1）在对应孔依次加入 1μl 补体、1μl 抗血清、1μl 淋巴细胞悬液，并向未添加上述试剂的孔添加培养基补充至每孔 8μl 的总体积。每个检测标本设立三孔重复孔，并设立阴性对照、阳性对照、细胞对照和补体对照各一孔。

表 15-1 微量反应板加样布局表

剂量单位：μl

试剂	组别						
	阴性对照	细胞对照	补体对照	样品孔 1	样品孔 2	样品孔 3	阳性对照
淋巴细胞	1	1	1	1	1	1	1
抗血清	—	—	—	1	1	1	—
阳性血清	—	—	—	—	—	—	1
阴性血清	1	—	—	—	—	—	—
兔血清补体	1	—	1	1	1	1	1
培养基	—	2	1	—	—	—	—
矿物油	5	5	5	5	5	5	5

5. 细胞培养 72 孔板经水平振荡混匀 5 秒后，放湿盒内于 37℃孵育 60 分钟。

6. 染色 按每孔 2μl 的体积加入 5% 伊红（或其他染料），室温下孵育 10 分钟（如使用荧光染料应避光孵育）。

7. 固定 按每孔 8μl 的体积加入细胞固定液，室温下静置 15 分钟待细胞全部沉降至板底。

8. 计数 光学显微镜（伊红染色）下计数培养板底部着色的细胞百分比，或荧光显微镜（荧光染料染色）下计数死亡细胞百分比。

【结果判断】

采用伊红作为染色液时，光学显微镜下，每孔观察死亡细胞呈暗红色，无折光性，体积变大；活细胞不着色，折光性强，体积大小正常。阴性对照孔、细胞对照孔和补体对照孔中活细胞率应在 90% 以上，且阳性对照孔死细胞率应大于 80%。

采用荧光染料染色时，使用荧光显微镜根据染料特性选择合适的滤光片进行观察。以 AO/PI 为例，死亡细胞呈红色荧光，活细胞呈绿色荧光。

每孔计数 200 个淋巴细胞，计算死亡细胞占全部细胞的百分率，并按照 CDC 试验结果分级和评分表计分（表 15-2）。

$$死细胞率 = \frac{重复孔平均死亡细胞数}{200} \times 100\% \quad 式（15-1）$$

表 15-2 CDC 试验结果分级及评分表

死细胞 /%	分级	计分
<10	−	1
11～20	±	2
21～30	+	3
31～50	++	4
51～80	+++	6
>80	++++	8

【实验讨论】

1. 方法学评价 CDC 试验特异性好，操作无须特殊仪器，适合二级以下医院推广使用，可以预测并可根据结果避免 HAR 的发生。但由于该法使用供体的新鲜细胞为标本，试验条件难以控制及 HLA 高度多态性等因素，其检测敏感性较低，阳性结果可能是由非 HLA 抗体造成。同时 PBMC 中 B 淋巴细胞较少，因此，采用 PBMC 进行 CDC 试验时对 HLA-Ⅰ类抗体阴性和 HLA-Ⅱ类抗体阳性的患者易产生漏检。此外，CDC 试验检测标准化较为困难，不便于获知患者抗体宽度，且不能对有复杂抗体谱的高度致敏者区分抗体的特异性。

2. 临床应用 微量淋巴细胞毒试验主要用于 HLA 血清学分型试验。根据试验结果分析供、受者间 HLA 型别的一致性，或确定各自携带的 HLA 型别。HLA 型别的一致性基本决定了受者移植器官存活的可能性。

3. 注意事项 血清、补体以及分离淋巴细胞的质量，操作方法等会影响结果的准确性。①宜使用新鲜的兔血清补体，高活性且对淋巴细胞无天然毒性，使用之前须做补体的天然毒性试验，将毒性大的兔血清补体弃去。②分离的淋巴细胞宜新鲜，放置时间不应超过 12 小时，避免活力降低或自然死亡。③抗凝剂禁用肝素锂，不推荐使用 EDTA。如果在获得血液的同一天就分离淋巴细胞，使用肝素钠和抗凝柠檬酸葡萄糖溶液均可，若第二天分离淋巴细胞则抗凝柠檬酸葡萄糖溶液会更优。④只有当阴性对照孔和阳性对照孔结果均准确时，该试验的阳性或阴性结果才成立。

验证实验二 混合淋巴细胞培养试验

两个无关个体的淋巴细胞在体外混合培养时，由于抗原提呈细胞对同种异型抗原的提呈作用导致淋巴细胞相互刺激，使淋巴细胞发生活化、增殖和分化等，同时形态上向淋巴母细胞转化，即混合淋巴细胞培养（mixed lymphocyte culture，MLC）试验，又称混合淋巴细胞反应（mixed lymphocyte reaction，MLR）。研究发现，MLC 的刺激反应主要是由于 HLA-Ⅱ类抗原中的 HLA-D 和 HLA-DP 抗原不同引起的，若淋巴细胞不发生增殖，则说明两者淋巴细胞同型。因此该试验广泛用于移植免疫中 HLA-Ⅱ类抗原的分型和器官移植前的组织配型等。同时由于淋巴细胞活化产生种类众多的细胞因子并促进自然杀伤细胞（NK 细胞）、淋巴因子激活的杀伤细胞（LAK 细胞）和细胞毒性 T 淋巴细胞（CTL 细胞）等杀伤细胞的分化，因此 MLC 也是免疫调节研究中良好的体外研究模型。

按照试验中淋巴细胞反应的模式，MLC 可分为单向 MLC 和双向 MLC。单向 MLC 中只有一方的淋巴细胞产生反应，双向 MLC 中双方的淋巴细胞均可产生反应。

【实验目的】

掌握单向 MLC 和双向 MLC 的原理，熟悉 MLC 操作方法及结果判读。

【实验原理】

1. 单向 MLC 将供者或受者其中一方的淋巴细胞用丝裂霉素 C（mitomycin C）或 X 线照射处理破坏 DNA 的复制能力，使之成为不能增殖但保留抗原的刺激细胞。将刺激细胞与未经过这种处理的待测淋巴细胞混合培养，若两者 HLA-Ⅱ类抗原型别不同，则刺激待测淋巴细胞反应。可通过细胞数量、形态检查、细胞因子表达或 ^{3}H-TdR 掺入率等检测待测细胞的反应程度。单向 MLC 中刺激细胞采用只含一种 HLA-LD 抗原的纯合子分型细胞（homozygous typing cell，HTC），可判定 HLA 抗原特异性，此为纯合细胞分型法或阴性分型法。若将已知 HLA 型别的刺激细胞与待测细胞进行初次 MLC，培养 5～7 天后获得致敏淋巴细胞（primed lymphocyte），再将致敏淋巴细胞和刺激细胞进行二次 MLC，若待测细胞型别与刺激细胞型别相同，则可获得很强的记忆性免疫应答反应，此为致敏淋巴细胞分型（primed lymphocyte typing，PLT）法或阳性分型法。EB 病毒转化的 B 淋巴细胞表达高水平的 HLA-Ⅱ类抗原，常作为单向 MLC 的刺激细胞（见文末彩图 15-2）。

2. 双向 MLC 供者和受者淋巴细胞在体外混合培养时，由于 HLA-Ⅱ类抗原不同，可由双方的抗原提呈细胞（DC、B 淋巴细胞等）互相提呈对方 HLA-Ⅱ类抗原，刺激淋巴细胞发生转化、增殖等（见文末彩图 15-3）。双向 MLC 只判断 HLA 匹配程度，常用于器官移植前配型。

【试剂与器材】

1. 单向 MLC EB 病毒转化的 B 淋巴细胞（如 N23 细胞）或肝素抗凝血经淋巴细胞分离后获得的 PBMC、含 10% FBS 的 RPMI 1640 培养基、25g/L 的丝裂霉素 C、PBS、细胞培养板、离心管、移液器及对应的吸头、CO_2 细胞培养箱、超净工作台、液闪计数仪等。

2. 双向 MLC 肝素抗凝血经淋巴细胞分离获得的 PBMC，含 10% FBS、青霉素（100kU/L）与链霉素（100mg /L）的 RPMI 1640 培养基，PBS，细胞培养板，离心管，移液器及对应的吸头，CO_2 细胞培养箱，超净工作台，离心机，试管，血球计数板，玻片，吉姆萨染液或瑞氏染色液等。

【操作步骤】

1. 单向 MLC

（1）准备刺激细胞：PBMC 或对数生长期的 N23 细胞重悬于培养基中，调整密度至 1×10^{6}/ml，移置 50ml 离心管中，加入丝裂霉素 C 至终浓度 25mg/L，离心管置于含 5% CO_2 的 37℃细胞培养箱孵育 30 分钟，或采用 20Gy（1Gy=1J/kg）的 X 射线照射处理。

（2）准备待测细胞：分离、纯化待测个体的 PBMC，以培养基重悬细胞至 2×10^{7}/ml。

（3）淋巴细胞混合培养

1）将刺激细胞离心（1 500r/min，5 分钟）并采用完全培养基洗涤 3 次去除残余丝裂霉素 C 后，用新鲜培养基调整浓度至 1×10^{6}/ml，按每孔 100μl 加入 96 孔培养板，设立 3 个重复孔。

2）将待测细胞充分重悬，按每孔 100μl 的体积加入含刺激细胞的孔中。

3）设立刺激细胞对照组（每孔 100μl 刺激细胞 + 每孔 100μl 培养基）和待测细胞对照组（每孔 100μl 待测细胞 + 每孔 100μl 培养基）。

4）将培养板置于含 5% CO_2 的 37℃细胞培养箱，培养 5 天后，检测待测细胞的反应水平。

（4）检测

1）^{3}H-TdR 掺入率法检测细胞增殖，每孔加 ^{3}H-TdR 0.5μl，再培养 12～16 小时后，采用液体闪烁计数仪测定每分钟脉冲数（cpm）并计算刺激指数（*SI*）。

$$SI=\frac{\text{混合反应细胞孔cpm}-\text{刺激细胞孔cpm}}{\text{待测细胞孔cpm}}$$ 式（15-2）

2）采用吉姆萨染液或瑞氏染色液染色后，在显微镜下计数转化的淋巴细胞比例（T 淋巴细胞转化观察指标参见表 7-1）。

$$\text{转化率}=\frac{\text{转化细胞数}}{\text{计数淋巴细胞总数}}\times 100\%$$ 式（15-3）

3）MTT 比色法检测待测 T 淋巴细胞增殖（参见第七单元验证实验二）。

4）ELISA 法检测待测 T 淋巴细胞 IL-2、IFN-γ、TNF-α 等细胞因子的表达。

2. 双向 MLC

（1）淋巴细胞分离：受者和供者的肝素抗凝血 10ml，用淋巴细胞分离液获得 PBMC，重悬于培养基中，调整密度至 1×10^6/ml。

（2）细胞接种与培养：取 48 孔细胞培养板，设置自身对照孔和反应对照孔并设立 2 个（×2）重复孔，在反应管中各加供、受者双方淋巴细胞 0.2ml（总量 0.4ml，0.4×10^6 个细胞）。自身对照管中加同种细胞 0.4ml（细胞总数相同），培养板布局见表 15-3，轻柔吹打、混匀后，置于含 5% CO_2 的 37℃细胞培养箱培养 6 天。

表 15-3 双向 MLC 细胞接种微量反应板加样布局表

剂量单位：μl

试剂	组别			
	反应对照孔（×2）	自身对照孔（×2）	MLC（×2）	基础增殖对照孔（×2）
供者 PBMC	400	—	200	—
受者 PBMC	—	400	200	—
健康人 PBMC	—	—	—	400

（3）培养结束后轻轻取出培养板，用移液器小心弃去上清液，将细胞沉淀物摇匀后，吸出、推片、瑞氏染色后镜检，计算细胞转化率，方法参见第七单元验证实验二。

【结果判断】

1. 单向 MLC 混合培养孔淋巴细胞发生转化、活化和增殖等，表明 HLA 抗原型别不相容。

2. 双向 MLC 自身对照管的转化率应 <5%，反应管的转化率小于 5% 即为阴性，反应管的转化率≥5% 为阳性，表明供、受者 HLA 不相容。

【实验讨论】

1. 方法学评价 MLC 作为 T 淋巴细胞反应性的一般检测方法，具有简单、廉价等优点。但是 MLC 不易判断真正的抗原特异性，且不能区分直接与间接、幼稚与记忆细胞反应。MLC 结果判定常需要进行细胞因子、增殖和标志物表达等的分析，分析通量较低，所需样品量大且费时费力。

2. 临床应用 MLC 常用于器官移植前的组织配型，以测定受者和供体 HLA 抗原相容的程度，不仅用于 HLA-D 分型，也广泛用于器官移植前的组织配型和移植后监测受者的免疫状态。供、受者的淋巴细胞间 HLA 抗原相同程度高时，淋巴细胞转化的程度低，受者可以接受供者的组织或器官。相反，供、受者 HLA 相容程度低时，淋巴细胞转化程度高，一般移植物不能存活。MLC 还可以将免疫排斥与其他形式的功能障碍（如感染或原发性移植物功能障碍）区分开。此外，MLC 有助于评估患者对抗排斥疗法的反应，从而防止过度的免疫抑制。

3. 注意事项

（1）全程应无菌操作，所有试剂、器材等均经灭菌或除菌处理。

（2）若采用辐射照射制备刺激细胞，辐射照射剂量应准确，确保细胞暂时存活，但失去增殖能力。

（3）丝裂霉素 C 应避光保存，用时新鲜配制。

（4）可用 Raji 或 Daudi 细胞作为刺激细胞，也可将不同的细胞混合作为刺激细胞。

（5）形态学结果判定方法受主观因素影响较大，不提倡使用。

（6）放射性核素检查法在操作时应注意废液处理和个人防护。

设计实验　移植排斥反应监测实验设计

移植排斥反应的监测与防治对于器官移植的成败是至关重要的。移植排斥反应可引发受者体内的免疫应答发生一系列的变化，加强移植术后的免疫检测有助于及时发现排斥反应的发生，达到早期诊断和早期干预。目前已建立多维度的免疫指标监测，但单项指标仍缺乏特异性，须多项指标结合临床综合判断。通过自主设计肾移植前后免疫检测流程和实验项目，学会分析并探讨移植排斥反应产生的原因及其检测方法。

【问题背景资料】

患者，女，39 岁。主诉：尿检肾功能异常 6 年，加重半年。2001 年 5 月无明显诱因出现头晕，腰酸痛，在当地医院就诊，尿常规检查提示尿蛋白（++），肾功能异常（肌酐 130μmol/L 左右），给予对症治疗（具体不详），症状缓解。此后病情平稳。监测肾功能，肌酐逐步上升，2006 年 9 月为 200μmol/L，11 月再次出现头晕，伴恶心、呕吐，测肌酐达 700μmol/L，来院就诊，诊断“慢性肾功能不全 - 尿毒症期”，行左前臂内瘘术，术后内瘘栓塞。拟行肾移植术，但因无合适供体，回当地医院继续治疗。2007 年 5 月 15 日复查肌酐 1 400μmol/L，为行肾移植术，就诊某院，门诊以“慢性肾功能不全 - 尿毒症期”收入院。病程中精神、饮食一般。24 小时尿量 1 400ml 左右，大便正常，体重无明显变化。婚育史：患者 23 岁结婚，育有 2 子 3 女，流产 1 次。

查体：体温 36.6℃，脉搏 80 次 /min，呼吸 18 次 /min，血压 150/100mmHg。发育正常，营养中等，意识清楚，精神欠佳，慢性病容，贫血貌，其他未见异常。

实验室检查：血常规，WBC 4.42×10^9/L，NEU%（中性粒细胞百分比）68.5%，RBC（红细胞）2.37×10^{12}/L，Hb 60g/L，HCT（红细胞压积）19.3%，PLT 132×10^9/L；血型，B 型；血生化，BUN（血尿素氮）25.4mmol/L，Cr（肌酐）975μmol/L，GLU（葡萄糖）4.7mmol/L，K^+ 3.51mmol/L，Ca^{2+} 2.13mmol/L，TG（甘油三酯）1.35mmol/L，TCO_2（二氧化碳总含量）221.1mmol/L；肝功能，转氨酶、胆红素结果正常；ALB（白蛋白）39.8g/L；自身抗体阴性；凝血四项基本正常；乙肝、丙肝、梅毒、艾滋病及结核相关检查均阴性；肿瘤标志物检查未见异常；尿常规，尿蛋白（++），尿白细胞（+），尿隐血（++）。群体反应性抗体（panel reactive antibody，PRA）40%。

HLA 分型：A2，24（9）；B46，62（15）；DR4，12（5）。

【实验设计提示】

首先根据病例，讨论患者诊断及手术情况（行肾移植术）。在行器官移植术前须进行免疫学评估，如对受者进行基础免疫状态检测，检测指标包括血常规中性粒细胞、淋巴细胞、单核细胞绝对值和比例，淋巴细胞亚群（T 淋巴细胞、B 淋巴细胞和 NK 细胞等）数量及比例，须重视感染症状。

肾移植受者术前及术后均可能产生抗 HLA 抗体，这些抗体主要包括预存抗供者 HLA 抗体、预致敏受者移植后早期新生抗体和移植后新生 DSA。尿毒症患者可因反复妊娠、输血和既往移植等因素导致对 HLA 抗原预先致敏。对于术前 PRA 阳性的预致敏尿毒症患者须谨慎选择供者和进行 HLA 单抗体检测。对于 PRA 阳性的患者，移植前常进行脱敏治疗，常用的脱敏方案包括血浆置换或免疫吸附以降低血液循环中 HLA 抗体及通过直接或间接调节 B 淋巴细胞 / 浆细胞免疫，以及其他固有 / 获得性免疫功能，防止新生抗 HLA 抗体产生。对于采取了脱敏治疗的患者，应考虑临床需要进行的检测项目。

肾移植后免疫检测指标可侧面反映受者的免疫状态是否相对适度，有无免疫抑制过度或免疫抑制不足，并可指导临床医师对免疫抑制方案进行合理调整。结合我国现有可行的免疫检测手段，肾移植免疫检测指标可包括：针对 HLA 的 DSA、非 HLA 抗体、供者来源细胞游离脱氧核糖核酸（donor-derived cell-free deoxy-ribonucleic acid，dd-cf DNA）、淋巴细胞亚群及细环病毒（Torque-Teno virus，TTV）。对于 PRA 阳性的预致敏受者的肾移植，术后早期监测抗 HLA 抗体十分必要。

【小组讨论提纲】

1. 肾移植患者移植前应补充哪些免疫功能检测，临床意义如何？
2. 对于 PRA>10% 的肾移植患者，应在肾移植哪些阶段进行何种项目的检查？
3. 肾移植后，应对患者进行哪些方面的免疫学检测？具体检测方法及临床意义如何？

（周 骁）

第十六单元 免疫试剂盒说明书阅读及性能评价

免疫试剂盒是指基于抗原-抗体反应的免疫检测试剂包。依据试剂是否依赖于检测仪器，免疫试剂可分为专用型试剂和开放型试剂。专用型试剂只能用于专门的检测系统，如化学发光试剂；而开放型试剂可使用不同的自动化仪器进行检测，也可采用手工方法进行检测，如ELISA试剂。此外，按照检测结果是否为具体的浓度，可将试剂分为定量检测试剂和定性检测试剂，通常情况下，定量检测试剂的性能评价要求较高，而定性检测试剂要求相对较低。

为了满足临床的需求，临床实验室常需要结合自身实验室的条件开展某项免疫检测。目前，大部分的免疫检测项目均采用商品化的免疫试剂盒。因此，在开展实验之前，实验技术人员应认真阅读试剂说明书，以保证实验顺利开展。由于免疫试剂盒属于体外诊断试剂，按照我国《体外诊断试剂注册与备案管理办法》的要求，所有试剂盒必须提供说明书，说明书内容应包括与检测试剂相关的必要信息（免疫试剂盒说明书基本要求见本单元附录）。操作人员在阅读试剂盒说明书时，需要了解以下几个方面的信息。

1. 试剂盒使用前 需了解：①试剂盒是否在国家药品监督管理局注册登记；②试剂是否仅用于科研或可以用于临床检测；③试剂保存条件；④试剂盒是否在有效期范围之内；⑤试剂是否具有人体毒性或潜在的危险性；⑥试剂盒性能评价指标是否适合于本实验室。

2. 试剂盒使用中 需了解：①检测原理；②试剂及样品的准备；③结果判断及检测结果临床意义解释；④实验注意事项。

3. 试剂盒使用后 需了解：①开启后的剩余试剂的保存；②废物、废液的处理。

通过阅读试剂盒说明书，技术操作人员应结合自身实验室的条件，制订出该免疫检测项目的标准操作规程（standard operating procedure，SOP），使所有参与该实验的技术人员操作规范化、标准化，最大限度地减少实验误差，为临床或科研提供准确、可靠的检测结果。

对所有用于临床检测的试剂盒，试剂生产商均须提供试剂的性能评价指标，该指标是试剂生产商根据自身实验条件所获得的参数，该参数不仅代表了试剂盒的性能指标，而且反映了试剂生产商整套检测系统的性能参数。在临床实践过程中，免疫试剂盒的应用是在各自实验室特定的条件下进行的，其实验条件（包括仪器配置、环境温度及操作人员等）及检测标本来源均不同，因此，试剂生产商所提供的性能参数不一定适用于本实验室。从保证检测质量的角度考虑，实验室在使用这种试剂进行标本检测之前，必须在自身实验室的条件下，对说明书中所提供的性能评价指标（通常称为产品性能指标）进行验证，只有确认试剂检测性能符合临床要求后，才能将该试剂用于临床。

试剂盒性能评价指标通常包括分析敏感性（analytical sensitivity）、线性范围（linearity range）、可报告范围（reportable range）、准确度（accuracy）、精密度（precision）、特异性（specificity）、稳定性（stability）、参考区间（reference interval）等项目。

分析敏感性可以用检测限（limit of detection，LOD）、定量限（limit of quantitation，LOQ）

和空白限(limit of blank,LOB)表示,是指检测方法可检测出待测物的最低浓度。该指标反映一个试剂盒或检测系统的敏感程度,当被测物浓度低于检出限时,该试剂盒或检测设备无法检测到,但并不代表样本中无待测物。

线性范围:即分析测量范围(analytical measuring range,AMR),指样本没有经过任何预处理(浓缩或稀释),检测方法能够直接测定出待测物的浓度范围,即检测系统相应信号值与待测物的活性或浓度呈线性比例的范围,在这个范围内测定结果是可靠的。

可报告范围:是能够可靠报告的最低和最高检测结果。通常指临床可报告范围(clinical reportable range,CRR),即指实验室可以出具对临床诊断、治疗有意义的待测物浓度的范围,若此范围超出了分析测量范围而无法检测时,则应将样本通过稀释或浓缩等预处理,使待测物浓度处于分析测量范围内,最后乘以稀释倍数(或除以浓缩的倍数)。

准确度:指分析物测定值与真值之间的一致性,即检测结果的准确程度,通过正确度和精密度这两个指标来体现。准确度常采用"不准确度"来表示,即由系统误差(systematic error)(正确度)和随机误差(random error)(精密度)组成。

精密度:是指在一定条件下,同一标本经过多次重复测定所得到的一系列单次测定值之间的接近程度,反映测定结果中随机误差大小的指标。精密度的大小可采用标准差(standard deviation,*SD* 或 *s*)或变异系数(coefficient of variation,*CV*)表示,是评价检测方法重复性的指标。

特异性:是指检测系统中只与目标待测物发生特异性反应的特性。目标待测物之外的物质对检测结果的影响将形成干扰,相应的物质为干扰物。临床上常采用干扰实验评价检测系统的特异性。该特异性不同于临床特异性,临床特异性是指诊断实验检查确定未患病者的阴性百分率,即真阴性率。

稳定性:是指对于规定储存条件下有效期范围内的检测试剂,在有效期初和有效期末试剂检测结果的差异,差异越小表明试剂稳定性越好。

参考区间:指检测系统对一定数量参考个体检测所获得参考低限至参考高限的检测结果范围,有时只有参考高限有意义,其参考区间为0至参考高限的检测结果范围。

通常情况下,一些可以进行定性检测的免疫试剂盒,在试剂生产商提供可溯源性校准品的情况下,即可进行定量检测,反之,定量试剂盒在确定了临界值的情况下,也可以进行定性检测。定量检测系统可以给出具体的实验结果,而定性检测仅给出阳性或阴性(是与非;有与无)的实验结果。严格意义上讲,半定量实验也属于定性实验,其不能提供具体的检测结果,而只能依据信号的强弱(如ELISA显色程度)或样本稀释度的大小(如抗核抗体滴度大小)间接评估目标待测物含量的多少。在临床实践中,对定性和定量检测试剂盒都需要进行方法性能验证,以确认该试剂能否满足临床需要。

免疫试剂盒作为一种特殊的生物试剂,与生化试剂具有显著的不同,如:免疫试剂同一检测项目试剂种类较多,自动化程度较低,检测周期较长,定性检测实验所占比例较大,定量检测标准曲线多为S形等,使得免疫检测易造成检测结果差异显著。因此,更需要对检测系统进行验证。目前,美国病理学家学会(College of American Pathologists,CAP)及国际标准化组织(International Organization for Standardization,ISO)的15189:2022《医学实验室质量和能力的专用要求》对定性实验的方法性能评价要求都较低。通常情况下,对于定性检测试剂,须进行检测限、精密度、正确度、稳定性及特异性评价;而对于定量检测试剂,除上述性能评价指标外,还应增加线性范围、可报告范围、参考区间的验证。本单元主要介绍一些常规免疫试剂盒（或检测系统）的检测限、精密度、可报告范围、特异性和参考区间的性能验证实验。

本单元要求学生能够独立验证一份试剂盒说明书所给出的方法性能检测指标，并独立撰写一份试剂盒说明书。

实验一　检测限验证实验

乙型肝炎病毒标志物是目前国内医院开展最为普遍的免疫学实验，其中乙型肝炎表面抗原（HBsAg）是乙型肝炎早期诊断的最重要指标，也是患者乙型肝炎病毒感染后转归的重要观察指标之一。HBsAg 定性或定量实验是检测 HBsAg 水平的有效方法。定性检测法主要有胶体金免疫层析法和 ELISA 法，前者在血液中心筛选献血人员使用较多，后者在医院检验科或体检中心使用较多。定量检测法主要有化学发光法和提供了校准品的 ELISA 法，主要用于乙型肝炎病毒定性结果阳性患者的定量检测，从而评价乙型肝炎的治疗效果。由于不同方法或同一方法不同试剂检测同一物质的检测限的差异，可能会导致同一个 HBsAg 低浓度标本出现不同的检验结果，因此有必要对检测方法的检测限进行评价，以选择合适的检测方法，满足临床对检测项目的要求，并在临床结果解释时具有更充分的依据。

HBsAg 定性检测通常会给出阳性或阴性的结果，有时还会提供标本测定值与临界值之间的比值，从而进一步反映患者体内 HBsAg 的含量，但并不代表真正的 HBsAg 含量，也并非定量实验，而是半定量实验，即也是广义的定性实验。若试剂盒提供了 HBsAg 校准品，ELISA 法也可对 HBsAg 进行定量检测。临床上以定性检测较为普遍。以下将以 ELISA 法定性检测 HBsAg 为例，验证 HBsAg 检测系统的检测限。

【实验原理】

1. 实验原理　将已知的 HBsAb 纯化吸附于固相载体上，加入待检标本（含 HBsAg）与之结合。洗涤后，加入酶标抗体形成双抗体夹心复合物，再洗涤，加酶底物溶液显色进行测定。

2. 数据分析原理　对已知浓度的 HBsAg 阳性血清（国家卫生健康委临床检验中心提供的国家标准物质）做一系列稀释，采用 ELISA 法多次重复测定不同浓度的 HBsAg 标准品溶液，将能够获得 50% 阳性和 50% 阴性结果的分析物浓度作为临界值浓度（C_{50}），以 C_{50} 为基准制备 C_{50}（100±20）% 浓度的样本，同样多次重复检测，若 C_{50}（100+20）% 浓度样本 ELISA 检测结果阳性率达 95% 以上，C_{50}（100−20）% 浓度样本检测结果阴性率达 95% 以上，则规定以 C_{50}（100+20）% 浓度为该方法的检测限。

【试剂与器材】

1. 试剂　HBsAg 国家标准物质（浓度为 5μg/L）、阴性对照、阳性对照、弱阳性对照血清、ELISA 试剂盒。

2. 器材　酶标仪、洗板机、恒温水浴箱、吸水纸、微量加样器及加样吸头等。

【操作步骤】

1. 使用同一批号有效期内的试剂，且室内质控在控及仪器处于良好状态，以便分析实验室 HBsAg 检测系统（包括实验环境、仪器及试剂盒）的检测能力。

2. 确定 HBsAg 临界值浓度 将阳性样本（如浓度为 5μg/L 的 HBsAg 国家标准物质）进行一系列稀释（表 16-1），然后对其重复检测，以确定能够获得 50% 阳性和 50% 阴性结果的稀释度，处于这一稀释度的待测物浓度即为 C_{50}。

表 16-1 不同浓度的 HBsAg 标准物质配制

试管号	HBsAg(5μg/L)/μl	阴性血清/μl	终体积/μl	终浓度/(μg·L^{-1})
1	100	0	100	5.00
2	80	20	100	4.00
3	60	40	100	3.00
4	50	50	100	2.50
5	40	60	100	2.00
6	20	80	100	1.00
7	10	90	100	0.50
8	5	95	100	0.25
9	2	98	100	0.10
10	1	99	100	0.05
11	0.2	99.8	100	0.01

3. ELISA 法检测示例（具体按试剂盒说明书操作）

（1）加样：不同稀释度的阳性血清及阴性对照、阳性对照、弱阳性对照血清（均做双孔测定）分别加入对应的反应孔，同时设置 1 孔空白对照，置于 37℃水浴 30 分钟。

（2）洗涤：采用洗板机进行洗涤，或采用手工法去除各孔内液体，拍干，用洗涤液洗孔 6 次，每次均拍干。

（3）加酶：每孔加入酶标抗体 50μl，空白对照孔不加，置于 37℃水浴 30 分钟。

（4）洗涤：重复步骤（2）。

（5）加酶底物 / 色原溶液：加显色剂 A 液、B 液每孔各 50μl，37℃水浴 15 分钟显色。

（6）加终止液：每孔 50μl。

（7）读数：在酶标仪上于 450nm 波长处读取吸光度（A）值，以空白孔校零点，分别测定阴性对照、阳性对照、弱阳性对照血清及样本孔的 A_{450} 值。

4. 制备评价用样本 制备 3 份样本。一份浓度为 C_{50}（步骤 2 中已确认），一份为 C_{50}(100+20)%，一份为 C_{50}(100−20)%。配制方法参见表 16-1，每份样本的体积须保证 40 次以上重复检测的量。

5. 再次检测 每份样本检测 40 次及以上（如检测次数达不到 40 次，结果的统计学意义有限），确定每份样本结果为阳性和阴性的百分比。

【结果判断】

1. C_{50} 是否准确 根据浓度为 C_{50} 的样本在 40 次检测中得到阳性结果的次数判断 C_{50} 是否准确（表 16-2）。

表 16-2 判断 C_{50} 是否准确

检测次数	阳性结果次数	所占百分比	C_{50} 准确性判定
40	≤13 次或≥27 次	≤32.5% 或≥67.5%	不可信（统计学的错误率>5%）
40	14～26 次	35%～65%	可信（统计学的错误率≤5%）

如果临界浓度准确、可信，处于临界浓度的样本重复检测将获得 50% 的阳性和 50% 的阴性结果。然而，对于实验室来说，准确估计 C_{50} 比较困难。可根据检测次数和阳性结果次数的双侧 95% 可信区间提示阳性结果的真正百分比，从而得知样本的实际浓度，见表 16-3。

表 16-3 重复性检测总次数与样本的实际浓度

重复检测总次数	阳性结果			样本的实际浓度范围
	阳性次数	百分比	真正百分比	
20	10	50%	30%～70%	C_{30}～C_{70}
40	20	50%	35%～65%	C_{35}～C_{65}
100	50	50%	40%～60%	C_{40}～C_{60}

注意：如果 C_{50} 估计不准，那么 −20%～+20% 浓度范围也会变化，这将导致浓度范围的一侧落在 C_{5}～C_{95} 区间之外。

2. 判断检测限 +20% 浓度的样本阳性结果次数和 −20% 浓度的样本阴性结果次数均符合规则（+20% 浓度样本检测结果阳性率达 95% 以上，−20% 浓度样本检测结果阴性率达 95% 以上），说明临界值可信，则 +20% 浓度即为最低检出限（对于标准的临床实验室验证实验，以上步骤应每日 1 次，至少 40 次；而对于教学实验，重要的是掌握基本的实验原理，因此可适当减少检测次数及间隔时间，每隔 1 小时测定 1 次，共测定 20 次）。

【实验讨论】

C_{50} 是将阳性标本做一系列稀释后，能够获得 50% 阳性和 50% 阴性结果的测试物的浓度，要保证 C_{50} 的重复性较好，应保证该临界浓度 ±20% 处于 95% 的区间内。

讨论定性实验性能指标验证实验包括哪些内容，并与定量实验性能指标验证实验进行比较。

实验二 精密度验证实验

精密度（precision）是指在规定条件下，对同一或相似被测对象重复测量所获得的独立测定结果之间的一致性程度，是表示测定结果中随机误差程度的指标。实验精密度可分批内、批间、日内、日间和总精密度，而对于有些免疫学检测项目（如荧光法检测抗核抗体等）还存在人间精密度。主要由于抗核抗体荧光模型及滴度由检测人员判读，最终检测结果受相同检测人员不同时间，以及不同检测人员之间对荧光强度的分级标准主观判断差异的影响，而对于不依赖操作者的全自动系统则不受人员的影响。在临床实践中，精密度常以检测结果的变异（即不精密度）来表示，变异越小，表示精密度越好。重复性实验是评价检测系统精密度的常用方法。

批内精密度或批内重复性：指在严格的相似实验条件下，尽可能短的时间内用同一批号试剂平行测定20次，以计算其标准差和变异系数来表示。

批间精密度或批间重复性：指在同一实验室，由同一（组）操作员在同一仪器上，使用同一方法和不同批号试剂，在一段时间内（一般为一个月或20个工作日）对同一样本进行检测，以计算其标准差和变异系数来表示。

日内精密度或日内重复性：指在一天内对一个或数个标本做数批重复测定，以计算其标准差和变异系数来表示。因在一天内重复测定标本间隔时间较批内长，且试剂批号不同，日内重复性实验所受影响因素比批内大，所得标准差和变异系数可能比批内大。

日间精密度或日间重复性：指将同一标本每天一次随机插入常规标本中测定，连续测定20个工作日，以计算其标准差和变异系数来表示。这种变异比批内和日内都大，该精密度适用于实际工作中患者标本测定的精密度评价。

室内精密度或总精密度：包括批内、批间、日内和日间的精密度，即临床日常实践工作中总的结果变异程度，其权衡了日间、批间及批内的误差因素，较为真实地反映了日常工作中检测系统的精密性，临床上更关心的是室内精密度或总精密度。

同一样本不同时间检测得到相同或非常接近的结果，对于疾病诊治至关重要。免疫定性检测实验和定量检测实验均应进行精密度验证。以下以ELISA法检测HBsAg验证定性实验精密度，以速率散射比浊法检测血清IgG验证定量实验精密度。

一、ELISA法检测HBsAg验证定性实验精密度

定性实验的批内精密度，是指在相同条件下，在尽可能短的时间内，采用ELISA法定性检测HBsAg临界值浓度附近检测结果的重复性。

【实验原理】

实验原理：参见实验一血清HBsAg定性检测的检测限验证实验。

数据分析原理：按照血清HBsAg定性检测的检测限验证实验确立HBsAg检测方法的临界值浓度C_{50}，检测系统C_{50}（100−20）%的阴性率及C_{50}（100+20）%的阳性率是否大于90%，若符合要求，表明该定性实验的精密度较好，否则该检测系统精密度较差。

【试剂与器材】

参见实验一血清HBsAg定性检测的检测限验证实验。

【操作步骤】

1. 确定ELISA法检测HBsAg的C_{50}、C_{50}（100−20）%及C_{50}（100+20）%浓度，参见血清HBsAg定性检测的检测限验证实验。
2. 重复检测C_{50}（100−20）%及C_{50}（100+20）%浓度标本各40次。

【结果判断】

检测系统C_{50}（100−20）%的阴性率≥90%（36/40），且C_{50}（100+20）%的阳性率≥90%（36/40），表明该定性实验的精密度较好，否则该检测系统精密度较差。

【实验讨论】

临床实践中，上述定性实验精密度验证实验适用于肉眼判断结果或酶标仪直接给出定性结果的精密度验证。由于ELISA法检测显色结果可以通过光密度来表示，这种精密度验

证须转化为定量检测方法进行验证。

二、速率散射比浊法检测血清 IgG 验证定量实验精密度

定量实验精密度常用标准差或变异系数来描述不精密度，以表示精密度的大小。标准差或变异系数越小表明精密度越好，反之则差。变异系数是样本标准差与样本均数的百分比，即 $CV\,(\%)=\frac{s}{\bar{x}}\times 100\%$，$CV$ 值用于比较各组数据间的变异情况。本实验通过速率散射比浊法定量检测血清 IgG 来验证试剂说明书提供的精密度。

【实验原理】

实验原理：速率散射比浊法是一种动力学测定方法，在一定条件下，抗原和相应的抗体快速结合成抗原 - 抗体复合物，所谓速率是抗原 - 抗体结合反应过程中，在单位时间内两者结合的速度。在抗体过量的情况下，抗原 - 抗体反应达最高峰时，峰值的高低与抗原的量成正比，不同抗原含量其速率峰值不同，通过电脑处理，即可得出抗原含量。

数据分析原理：选取基质与临床样本相似或相同、待测物浓度在医学决定水平附近的校准品、质控物或者保存的临床样本（通常取 2 个），每天进行一批测定，每个样本重复测定 4 次，重复测定 5 天。通过对数据进行统计分析以判定精密度是否符合相关质量标准。若结果验证通过，表明检测系统符合要求，若不能通过，则分别增加测定次数或增加测定样本数量，再次进行分析，如果验证结果依然无法通过，则需要联系检测系统的技术工程师进行解决。

【试剂与器材】

1. 试剂 与检测仪器相配套的试剂、校准品及其他辅助试剂，选择 1 个血清 IgG 低医学决定水平浓度标本（7g/L）和 1 个高医学决定水平浓度标本（16g/L）。

2. 器材 速率散射比浊仪等。

【操作步骤】

1. 阅读速率散射比浊法检测血清 IgG 的试剂说明书，确认试剂生产商提供的批内精密度（$\sigma_{批内}$）和总精密度（$\sigma_{总}$），如：本实验 $\sigma_{批内}=1.0$，$\sigma_{总}=2.0$。

2. 在实施评价实验前，操作者必须熟悉仪器设备及操作程序，确保检测系统保持稳定并处于良好状态。

3. 精密度估计　根据美国临床和实验室标准协会（Clinical and Laboratory Standards Institute，CLSI）的 EP15-A 文件，每天室内质控在控后，对两个标本测定 IgG 各 4 次，共测定 5 天。本实验首先对低医学决定水平浓度的（7g/L）标本进行精密度验证，分析步骤及结果见表 16-4。

表 16-4　精密度验证分析步骤及结果

统计分析指标	第一天	第二天	第三天	第四天	第五天
重复 1（x_1）	7.0	6.5	6.9	6.6	7.1
重复 2（x_2）	7.1	7.2	7.1	6.9	7.2
重复 3（x_3）	7.2	7.1	7.2	6.9	6.8
重复 4（x_4）	8.0	6.8	7.0	7.1	6.5

续表

统计分析指标	第一天	第二天	第三天	第四天	第五天
$\sum_{i=1}^{n} x_i$	29.3	27.6	28.2	27.5	27.6
$\bar{x}_d = \dfrac{\sum_{i=1}^{4} x_i}{4}$	7.325	6.9	7.05	6.875	6.9
$x_1 - \bar{x}_d$	−0.325	−0.4	−0.15	−0.275	0.2
$(x_1 - \bar{x}_d)^2$	0.105 625	0.16	0.022 5	0.075 625	0.04
$x_2 - \bar{x}_d$	−0.225	0.3	0.05	0.025	0.3
$(x_2 - \bar{x}_d)^2$	0.050 625	0.09	0.002 5	0.000 625	0.09
$x_3 - \bar{x}_d$	−0.125	0.2	0.15	0.025	−0.1
$(x_3 - \bar{x}_d)^2$	0.015 625	0.04	0.022 5	0.000 625	0.01
$x_4 - \bar{x}_d$	0.675	−0.1	−0.05	0.225	−0.4
$(x_4 - \bar{x}_d)^2$	0.455 625	0.01	0.002 5	0.050 625	0.16
$\sum_{i=1}^{4}(x_i - \bar{x}_d)^2$	0.627 5	0.3	0.05	0.127 5	0.3
$S_d{}^2 = \dfrac{\sum_{i=1}^{4}(x_i - \bar{x}_d)^2}{n-1}$	0.209 167	0.1	0.016 667	0.042 5	0.1
$\bar{\bar{x}} = \dfrac{\bar{x}_1 + \bar{x}_2 + \bar{x}_3 + \bar{x}_4 + \bar{x}_5}{D}$			7.01		
$\bar{x}_d - \bar{\bar{x}}$	0.315	−0.11	0.04	−0.135	−0.11
$\sum_{d=1}^{D}(\bar{x}_d - \bar{\bar{x}})^2$			0.143 25		
$S_b{}^2 = \dfrac{\sum_{d=1}^{D}(\bar{x}_d - \bar{\bar{x}})^2}{D-1}$			0.035 812 5		
$s^2 = \dfrac{s_{d1}^2 + s_{d2}^2 + s_{d3}^2 + s_{d4}^2 + s_{d5}^2}{D}$			0.093 667		
$s_{批内} = \sqrt{\dfrac{s_{d1}^2 + s_{d2}^2 + s_{d3}^2 + s_{d4}^2 + s_{d5}^2}{D}}$			0.306 051		
$s_{总} = \sqrt{\dfrac{n-1}{n} \times s_{批内}^2 + s_b^2}$			0.325 67		

注：D为测定的天数，n为每天测定的次数，x_{di}为第d天第i个测定值，$\bar{x}_d$为第d天的均值，$\bar{\bar{x}}$为全部测定均值。

4. 比较实验精密度与厂家声明的精密度 如果实验室获得的批内标准差（$s_{批内}$）及总标准差（$s_{总}$）小于厂家声明的批内标准差（$\sigma_{批内}$）及总标准差（$\sigma_{总}$），则该方法可以在临床应用。本实验 $s_{批内}<\sigma_{批内}$且 $s_{总}<\sigma_{总}$，因此，表明低浓度 IgG 检测精密度验证通过。此外还需要采用相同方法进行高浓度验证。

如果实验室获得的标准差大于厂家声明的标准差，则须进一步统计学检验，判断差异是否具有统计学意义。

5. 进一步统计学检验，比较标准差与验证值 比较标准差与验证值将采用前述结果，具体统计分析过程见表 16-5。

表 16-5 验证值统计分析过程及结果

统计分析指标	结果
$v=D\times(n-1)$	15
$C_{批内}$	25
$验证值_{批内}=\dfrac{\sigma_{批内}\times\sqrt{C_{批内}}}{\sqrt{v}}$	1.29
$T=\dfrac{[(n-1)s^2_{批内}+(ns^2_b)]^2}{(\dfrac{n-1}{D})s^4_{批内}+(\dfrac{n^2(s^2_b)^2}{D-1})}$	17.316
$C_{总}$	27.59
$验证值_{总}=\dfrac{\sigma_{总}\times\sqrt{C_{总}}}{\sqrt{T}}$	2.52

注：v 为批内检测自由度，D 为测定天数，n 为重复测定次数，$C_{批内}$为 α=0.05，自由度为 15 时卡方分布临界值，T 为计算总精密度的所得自由度。

若 $s_{批内}<验证值_{批内}$或 $s_{总}<验证值_{总}$，表明检测系统的精密度与厂家声明的精密度一致，可以进行临床使用。若 $s_{批内}>验证值_{批内}$或 $s_{总}>验证值_{总}$，表明检测系统变异较大，增加测定次数或者增加测定样本数量重新验证，若还未通过，应寻求生产商提供技术支持。

【结果判断】

参见操作步骤 4 和 5。

【实验讨论】

1. 在常规测定中每个标本测定结果都会有误差，这个误差包括了各种类型的随机误差和系统误差，因此测定结果与真值的差异是随机误差和系统误差的总和，即总误差（total error，TE）。所选用的检测方法的总误差必须在临床可接受的水平范围内，任何一项检测项目的总误差大于允许总误差（total error allowance，TEa）都不能被接受，美国临床医学检验部门修正法规（CLIA'88）规定了很多常规检测项目的 TEa。

2. 由于医学决定水平浓度对临床疾病诊断最为重要，这一区域检测结果的变异可能导致错误的诊断和治疗。因此，通常验证低医学决定水平浓度和高医学决定水平浓度的精密度。低浓度精密度验证通过只能代表检测系统低浓度检测重复性较好，还须对高浓度标本进行验证，以评估在高浓度水平检测结果的重复性。理论上，对于医学决定水平每个浓度均应进行验证，以保证其检测结果的重复性。

3．精密度验证时，选取的 2 例标本本身就是抽样，不同抽样标本可能造成不同的标准差，由于抽样本身就有误差，因此可能会造成不同抽样验证时得到不同的结论，只有按精密度要求做重复性实验得出的精密度结论才比较客观可靠。

4．试分析精密度与重复性实验的关系，精密度与不精密度的关系。

实验三　可报告范围验证实验

可报告范围（reportable range）通常指临床可报告范围，即临床实验室可向临床提供某项检测指标的可报告低限值与可报告高限值的范围，这项性能评价指标只适用于定量检测方法。临床可报告范围验证包括两部分内容，即检测系统分析测量范围的确定及稀释 / 浓缩倍数确定。分析测量范围是指样本没有经过任何预处理（浓缩或稀释），检测方法能够直接测定出待测物的活性或浓度呈线性比例的范围，故又称线性范围，它反映了检测系统的特性。而临床可报告范围是指对临床诊断、疾病治疗有指导意义的待测物浓度范围，是在分析测量范围的基础上，通过稀释、浓缩等预处理使待测物浓度处于分析测量范围内，最后结果乘以稀释倍数或除以浓缩倍数即为临床可报告范围，故临床可报告范围大于分析测量范围。在临床实践中，几乎不做浓缩标本来验证临床可报告范围，因此，临床可报告范围应包括确定分析测量范围和确定稀释倍数。

理论上，所有的定量检测实验均须进行临床可报告范围验证。以下为通过速率散射比浊法定量检测血清 IgG 实验进行临床可报告范围验证。

【实验原理】

1．实验原理　参见实验二“二、速率散射比浊法检测血清 IgG 验证定量实验精密度”。

2．数据分析原理

（1）确定分析测量范围：由于抗原 - 抗体反应的特殊性，免疫学检测项目应使用多点定标绘制标准曲线，在绘制的标准曲线上查阅结果。由于计算机技术的发展，仪器可对不同反应的相应结果做适当的处理，直接以最终计量单位方式报告检验结果。在此情况下，评价患者分析测量范围时，可不必再去评价相应结果的真实曲线状态，只要将样品做不同程度的稀释或配制后，将预期值和实际检测值作比较，将结果绘制在坐标纸上，成一条通过原点、斜率为 1 的直线，直线所达的低限和高限值之间的范围即为该方法的分析测量范围。

（2）确定稀释倍数：按上述方法将不同稀释倍数标本的预期值和实际检测值作比较，以 CLIA’88 规定的 1/2TEa 为判断限，符合该条件的最大稀释度为该项目的最大稀释倍数。

（3）确定临床可报告范围：即分析测量范围低限至最大稀释倍数乘以分析测量范围高限之间的范围。

【试剂与器材】

1．参见“速率散射比浊法检测血清 IgG 验证定量实验精密度”。

2．补充实验试剂　选择两个临床标本：IgG 低浓度标本（L）0.1g/L，高浓度标本（H）100.0g/L。

【操作步骤】

1. 确定分析测量范围

（1）设备准备：按标本操作规程做好项目校准、常规质控，保证检测系统处于良好状态。

（2）查询试剂说明书，检测系统血清 IgG 分析测量范围为 0.1～100.0g/L。

（3）按要求进行实验标本配制：H 通常为试剂说明书高限浓度，L 为低限浓度。将血清 IgG 的高限和低限浓度样品按：5L、4L+1H、3L+2H、2L+3H、1L+4H、5H 关系（*v/v*）各自配制混合，形成系列评价的实验标本，并计算各样品的理论值，结果见表 16-6。

（4）检测：将系列评价的实验标本上机检测，每个标本重复检测 4 次，将这些标本对 IgG 实测值与理论值结果记录于表 16-6。

表 16-6 血清 IgG 分析测量范围评价结果记录表

样本（*v/v*）	实测值（X）/（$g \cdot L^{-1}$）					理论值（Y）/（$g \cdot L^{-1}$）
	X_1	X_2	X_3	X_4	$\overline{X}$	
5L	0.1	0.08	0.12	0.09	0.097 5	0.10
4L+1H	21.0	20.20	20.80	20.40	20.600 0	20.08
3L+2H	40.0	39.70	41.90	49.40	42.750 0	40.06
2L+3H	61.0	60.50	61.30	59.50	60.575 0	60.04
1L+4H	80.1	80.20	80.40	79.40	80.025 0	80.02
5H	97.6	98.90	102.30	105.30	101.025 0	100.00

（5）数据分析

1）观察结果有无明显的数据差异，可采用 Q 检验法确定离群点。将每个浓度 4 次检测结果按从小到大排列（$X_{i\text{-}1}$ 到 $X_{i\text{-}4}$），若其中离群可疑值为 $X_{i\text{-}1}$，计算极差 $R=X_{i\text{-}1}-X_{i\text{-}4}$，计算统计量 Q 值，$Q=(X_{i\text{-}1}-X_{i\text{-}2})/R$，$Q$ 值越大，说明离群越远，根据测定次数和所要求的置信度查表，若 Q 值大于所查数值，则相对于 Q 的 $X_{i\text{-}1}$ 为异常值，应予弃去；否则，应予保留。

2）在坐标纸上，以 $\overline{X}$ 表示各样品的实测值，以 Y 表示各样品的理论值，将实验结果点在图上，见图 16-1。

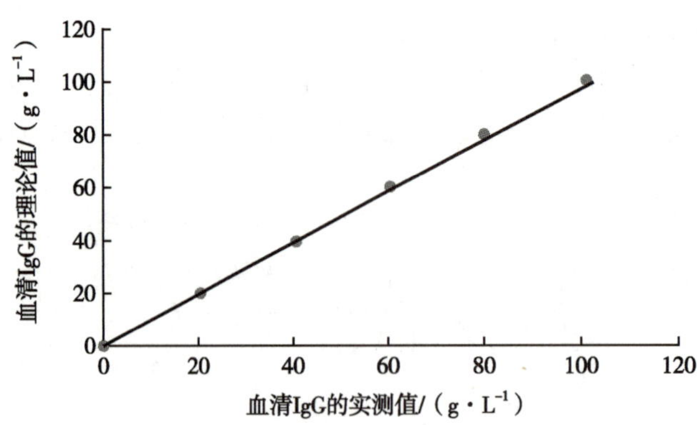

图 16-1 分析测量范围验证散点回归图

3）若所有实验点在坐标纸上呈明显直线趋势，进行直线回归对数据进行统计，得直线回归方程 $Y=bX+a$，若 b 在 0.97～1.03 范围内，a 接近于 0（依据检验项目和实验条件不同，a 值要求不同，本实验可规定：$-1.0<a<1.0$），则可直接判断分析测量范围在实验已涉及浓度；若 b 不在 0.97～1.03 范围内，a 较大，应舍去某组数据，另做回归统计。若缩小分析范围后，回归式有明显改善，且 b 和 a 在规定范围内，此时，缩小的分析范围可作为真实的分析测量范围。本实验回归方程 $Y=0.997X-0.654$，其中 $b=0.997$，处于 0.97～1.03 范围内；$a=-0.654$，处于实验室规定的范围，表明检测系统血清 IgG 分析测量范围包括在 0.1～100.0g/L 区间内。

2. 确定最大稀释倍数

（1）确定稀释液：由于基质效应，稀释液将决定最大稀释倍数，采用试剂说明书推荐稀释液种类。本实验推荐使用生理盐水，即要求以后该项目临床标本稀释均使用生理盐水。

（2）选取高浓度待测成分标本：分析材料尽可能和临床标本相似，即最好选用患者标本。本实验采用血清浓度为 100g/L 的患者标本。

（3）确定稀释方案：将高浓度样品按两种方法进行稀释，一种方法为对倍稀释法，即先稀释成 2 倍，再将稀释后的样品进行对倍稀释。另一种方法为对比稀释法，直接将样品稀释成所需的不同倍数。将两种方法相同稀释倍数测定值和预期值比较，接近预期值的稀释方案为最佳。

（4）确定最高稀释倍数：按 2、4、6、8…50 倍等差关系进行稀释，依照实验样品稀释关系，计算出各实验样品内含待测物的浓度，作为这些样品的预期理论值，将这些样品经检测所得结果作为检测值。标本稀释方案及结果见表 16-7。

表 16-7 标本稀释方案及结果

标本稀释度	理论值	第一次检测	第二次检测	第三次检测	偏差
1∶2	50	50.6	50.8	51.0	1.6%
1∶4	25	24.5	24.6	24.7	−1.6%
1∶6	16.67	17.7	17.6	17.8	6.17%
…	…	…	…	…	…
1∶50	2	2.2	2.1	2.0	5.0%
1∶52	1.92	2.18	2.17	2.16	13.02%

注：偏差 =（检测均值 − 理论值）/ 理论值 ×100%。

（5）以 CLIA'88 规定的 1/2 TEa 为判断限，将偏差与其进行比较，符合该条件的最大稀释度为该项目的最大稀释倍数。本实验 CLIA'88 血清 IgG 的 TEa 为 ±25%。1/2 TEa 为 ±12.5%，当 1∶52 稀释时，偏差 13.02% 超过判断限，因此，最高稀释倍数确定为 1∶50（即原液 1 份加稀释液 49 份）。

【结果判断】

1. 可报告范围（临床可报告范围）下限通常指分析测量范围低限，上限指最大稀释倍数乘以分析测量范围高限。因此，本实验的可报告范围扩展为：0.1～5 000g/L。

2. 判断验证的可报告范围与试剂说明书的扩展报告范围是否一致。若在稀释液相同的情况下，差别较大，需联系生产商予以技术支持。

【实验讨论】

1. 进行分析测量范围评价时，应注意稀释后各个标本的测定结果重复性（$CV\%$）是否符合 CLIA’88 能力比对实验的质量要求规定，否则就不能采用该浓度标本的实测值均值（$\bar{X}$）进行分析。

2. 若收集不到低浓度值样品，可收集高浓度值样品，推荐采用无被测物的血清进行稀释，形成系列评价样品。

3. 将标本准确稀释至少 5 个稀释度，且浓度宜采用等差关系，而不是等比关系，以缩小稀释倍数之间的跨度。浓度范围应覆盖整个预期可报告范围，最高浓度的样品应达到可报告范围的上限。

4. 不同的稀释液造成基质效应不同，在验证结果通过的情况下，应选取验证实验所采用的稀释液进行临床标本稀释；也可以选不含待测物的患者样本作为稀释液，以尽量避免基质效应，但必须重新进行最高稀释倍数的验证。

5. 分析测量范围本身很宽，没有临床样本会超过分析测量范围，因此没必要进行最大稀释倍数的确认。此时，分析测量范围等于临床可报告范围。当临床可报告范围大于分析测量范围时，才做最大稀释度验证。有些项目即使一直稀释都可满足质量要求，最好征求临床医生的意见，以确定最大的可报告范围，避免无限稀释。

实验四　特异性验证实验

特异性是指检测系统检测特定待测物的特性，临床上通常利用干扰实验对特异性进行验证，即干扰物质对测定结果的影响反映了检测系统特异性的大小，干扰物质种类越少，干扰效果越小，则该检测系统的特异性越好。干扰物质种类繁多，有内源物质（如溶血、黄疸及脂血相关干扰物质）和外源物质（药物、实验用品等），也有明确物（如已报道的物质）或非明确物（尚未进行研究的物质）。如此之多的干扰物质，要分析每样干扰物质对检测结果的影响，必须对相关干扰物质逐个进行分析。因此，利用干扰实验进行特异性验证是检测系统性能评价中较为复杂的过程。临床上最常见的是溶血、黄疸及脂血对实验结果的影响。干扰物质对定性检测和定量检测均有影响。对于定性检测，干扰物质影响致使检测系统 C_{50}（100−20）% 的阴性率小于 90%，或 C_{50}（100+20）% 的阳性率小于 90%，此时浓度为干扰物质的干扰浓度（浓度配制参见血清 HBsAg 定性检测的检测限验证实验）。在临床实践中，以定量检测的干扰实验较为重要。目前，速率散射比浊法是检测血清 IgG 的主要方法，而该方法是以测定抗原 - 抗体复合物形成浊度的速率为基础进行目标物的检测，而溶血、黄疸及脂血均可形成浊度，对标本检测可能会产生一定的影响。以下主要以脂血为例对速率散射比浊法检测血清 IgG 的干扰实验来验证其特异性。

【实验原理】

1. 实验原理　参见“速率散射比浊法检测血清 IgG 验证定量实验精密度”。

2. 数据分析原理　将干扰物质加入临床标本中，与不加干扰物质的同一样本比较有无偏倚，称“配对差异”实验。当两者差异超过 CLIA’88 能力比对实验的质量要求规定，则此时的干扰物质浓度为干扰浓度。

【试剂与器材】

1. 参见“速率散射比浊法检测血清 IgG 验证定量实验精密度”。

2. 补充实验试剂　三酰甘油纯品、血清 IgG 浓度 10g/L 的人血清标本、生理盐水。

【操作步骤】

1. 阅读速率散射比浊法检测血清 IgG 的试剂说明书。确认脂血（主要为三酰甘油）是否对检测结果造成干扰，三酰甘油多大浓度会引起干扰。本实验试剂说明书标明三酰甘油大于 10g/L 将对检测结果有影响。

2. 在实施评价实验前，必须确定临床可接受的标准，通常将干扰引起系统误差的大小与 CLIA'88 规定的 TEa 进行比较，若小于 1/4 TEa 即可接受，血清 IgG 的 TEa 为 ±25%。

3. 准备实验标本，如血清 IgG 浓度为 10g/L 的人血清标本。

4. 在实施评价实验前，操作者必须熟悉仪器设备，确保检测系统保持稳定并处于良好状态，避免其他因素影响分析结果，从而证明检测误差只由干扰物质所引起，进而分析干扰物质真正的干扰效果。

5. 采用生理盐水配制三酰甘油干扰物原液，通常以说明书干扰浓度的 20 倍为佳，以尽量减少对基础样本基质的稀释，然后制备干扰实验样本，详见表 16-8。

表 16-8　干扰实验样本制备

加入物	基础管	干扰管			
		Ⅰ	Ⅱ	Ⅲ	Ⅳ
血清（IgG 10g/L）/ml	0.9	0.9	0.9	0.9	0.9
干扰物原液（三酰甘油 200g/L）/ml	—	0.1	0.07	0.05	0.04
生理盐水 /ml	0.1	—	0.03	0.05	0.06
IgG 浓度	9g/L	9g/L	9g/L	9g/L	9g/L
三酰甘油浓度	0g/L	20g/L	14g/L	10g/L	8g/L

6. 速率散射比浊法定量测定基础管及干扰管的 IgG 浓度，每管做双份检测，结果取平均值，见表 16-9。

表 16-9　基础管及干扰管的 IgG 浓度结果及分析指标计算

	基础管		干扰管							
			Ⅰ		Ⅱ		Ⅲ		Ⅳ	
IgG 测定 /($g·L^{-1}$)	①	②	①	②	①	②	①	②	①	②
	8.9	9.1	10.6	10.8	10.3	10.4	9.57	9.55	9.3	9.3
均值 /($g·L^{-1}$)	9.0		10.7		10.35		9.56		9.3	
干扰值	N/A*		1.7		1.35		0.56		0.3	
干扰率	N/A*		1.7/9（18.89%）		1.35/9（15.00%）		0.56/9（6.22%）		0.3/9（3.33%）	

注：①表示第一次测定结果；②表示第二次测定结果。*表示不适用。

干扰物加入浓度计算：

$$干扰物加入浓度=\frac{干扰物溶液浓度\times 干扰物溶液量}{血清量+干扰物溶液量+生理盐水量}$$

干扰值计算：

$$干扰值(g/L)=干扰管测定值-基础管测定值$$

干扰率计算：

$$干扰率(\%)=干扰值/基础值\times 100\%$$

【结果判断】

1. 验证干扰效果　按照 CLIA'88 能力比对实验的质量要求规定，当干扰物质引起的偏差小于 1/4 TEa 则认为不会影响测定结果，即不会对 IgG 测定产生影响。经计算 CLIA'88 血清 IgG 的 1/4 TEa 为 ±6.25%，因此，干扰管Ⅲ三酰甘油干扰率最接近，当三酰甘油浓度小于 10g/L 时，认为该浓度对 IgG 测定不会产生影响，该结果与试剂说明书干扰浓度结果一致。

2. 当验证实验证明干扰物质在小于厂商声明的浓度时即对检测结果产生明显干扰，则需生产商予以技术支持。

【实验讨论】

1. 干扰实验最有效的方法是在较高浓度下对一系列可能的干扰物质做初步筛选。如果不具有显著临床意义，则该物质不是干扰物，没有必要进一步做验证实验。反之，应进一步通过验证实验确定干扰物质浓度与干扰程度间的关系。

2. 加入可疑干扰物质浓度应明显高于通常所见浓度的上限，最好达到病理标本的高值，以了解干扰物质对临床标本的可能影响，以便更好地向临床医生进行结果解释。

3. 在实际应用中，对某一分析方法产生影响的干扰物质可能不止一种，因此，在进行方法学评价时，应对造成影响的干扰物质逐个进行干扰试验的评价。

4. 干扰物质对测定的影响与被测物的浓度无关，而与干扰物质本身的浓度有关，所以产生的误差属恒定系统误差。

5. 试分析溶血对速率散射比浊法检测血清 IgG 的影响。

实验五　参考区间评价实验

参考区间又称参考范围，是定量检测指标的一项重要的性能评价指标。大多数的实验室通常把试剂说明书或其他资料提供的参考区间作为本实验室的参考区间，但在应用之前，须对选用的参考区间进行验证，若验证无法通过，则需要重新建立自身实验室的参考区间，而由于建立参考区间需要的标本量大，对纳入人群的标准要求严格，临床应用并不广泛。

参考区间的验证：指临床实验室对试剂说明书中的参考区间进行的验证。按照我国体外诊断试剂注册的要求，试剂生产商须对参考人群进行检测并提供参考区间，但由于选择人群、检测条件等的不同，该参数不一定适用于本实验室。因此，临床实验室需要对其提供的参考区间进行验证，以确定该性能指标是否适用于本实验室。

参考区间的建立：确定纳入参考人群标准，选择一定数量的参考个体，按要求采集标本，在系统处于良好状态下检测待测物浓度，根据数据分布情况确定待测物的参考区间。

本实验将分别以血清 IgG 检测的参考区间验证及血清 IgG 检测的参考区间建立为例进行实验性能评价。

一、血清 IgG 检测的参考区间验证

【实验原理】

1. 实验原理　参见“速率散射比浊法检测血清 IgG 验证定量实验精密度”。

2. 数据分析原理 收集20例符合建立参考区间的标本，对试剂说明书提供的参考区间进行验证。分析结果有90%以上的数据在所验证的参考区间内，则说明该参考区间有效，否则须建立本实验室的参考区间。

【试剂与器材】

参见“速率散射比浊法检测血清IgG验证定量实验精密度”。

【操作步骤】

1. 确定试剂说明书中的参考区间 注意确认参考区间是否有性别、年龄及特殊人群（如孕妇）等要求。

2. 制定参考人群的纳入和排除标准

（1）选择健康个体：健康是一个缺乏统一定义的概念，因此，确定排除非健康的标准是选择参考个体的第一步。每一项研究均有不同的健康标准。参考个体的健康状态须经过一系列检查才能确定，这些检查包括身体检查、临床实验室检查和问卷调查。

（2）制定排除标准：排除标准应详细规定参考个体的非健康状态，用于排除非健康参考样本。表16-10列出了基本的排除标准，此表并没有囊括所有的排除标准，每个项目应根据实际情况细化排除标准。

表16-10 排除标准

饮酒	疾病（最近）
献血	哺乳期
血压（异常）	肥胖
药物滥用	职业
处方药	口服避孕药
自服药	妊娠
环境因素	手术（最近）
空腹或不空腹	吸烟
遗传因素	输血（最近）
住院（最近或正在）	维生素滥用

（3）分组标准：最常用的分组标准是年龄和性别，常用的分组标准见表16-11，各个项目可根据实际情况进行调整。

表16-11 分组标准

年龄	采样时的体位
血型	种族
生理变异	性别
食物	月经周期
运动	孕期
禁食与非禁食	采样时间
地理位置	吸烟

3. 选择参考个体 根据纳入和排除标准选择参考个体，剔除不符合要求的候选对象。选取的20例人员的年龄相对均匀地分布在各年龄段，若无性别要求应男女各一半。

4. 标本的收集 详细告诉参考个体标本采集的相关要求，使其做好准备，予以配合。

5. 设备准备 标本测定之前应确认检测使用同一批号有效期内的试剂，测定过程应有完整的质量控制措施，按照标准化操作流程检测参考个体的血清IgG的浓度。

【结果判断】

如果20个检验个体中有2个或2个以下的值落在试剂说明书提供的参考区间之外，则此参考区间可被采用。如果有3个及3个以上检验个体的值落在参考区间之外，则用户应重新检查分析程序，检查厂商的参考人群和验证时所选择的参考人群是否具有同质性，是否需要建立适合自己实验室的参考区间。

【实验讨论】

1. 通过参考区间的验证建立本实验室的参考区间，这种方法简单、有效。但对于国外进口试剂提供的参考区间，可能由于参考人群不同无法采用说明书中的参考区间。

2. 定性实验无参考区间，但有参考值，超过即为阳性，对临床具有重要的提示价值。

二、血清IgG检测的参考区间建立

当实验室开展血清IgG含量检测时，参考区间验证无法通过，实验室应当建立适用于本实验室的参考区间，才能使临床医生对检验结果作出正确的判断。以下以血清IgG检测的参考区间建立为例进行实验。

【实验原理】

1. 实验原理 参见“速率散射比浊法检测血清IgG验证定量实验精密度”。

2. 数据分析原理 确定纳入参考人群的标准，选择参考个体，按检测目的收集标本，并在检测系统性能良好的状态下检测入选标本IgG浓度，收集检测结果，绘制结果的数据分布图，了解数据的分布特性。若数据呈高斯正态分布，或者数据经转换后亦呈高斯分布，通常按$\bar{x}\pm1.96s$表示95%数据分布范围来确定血清IgG的参考区间。

【试剂与器材】

参见“速率散射比浊法检测血清IgG验证定量实验精密度”。

【操作步骤】

1. 确定参考个体及排除非参考个体的原则参见“血清IgG检测的参考区间验证”。

2. 按照血清IgG在临床使用的要求选择参考个体，并考虑是否有分组的必要。为确保参考范围数据的可靠性，建议至少取120个参考个体，若还需要分组统计，则每个分组应有120个参考个体。

3. 在良好的质量控制条件下，采用速率散射比浊法对标本进行检测，获取检测结果。

【结果判断】

1. 绘制分布图，了解数据的分布特性。若数据呈高斯正态分布，或者数据经转换后亦呈高斯分布，可按$\bar{x}\pm1.96s$表示95%数据分布范围确定参考区间。

2. 数据中的疑似离群点的判断　参照检测血清 IgG 实验，进行临床可报告范围验证实验中采用 Q 检验法确定离群点。若有离群点被剔除，应将其他数据补上。

【实验讨论】

参考区间单双侧确定：根据一个指标过大、过小是否均属异常，决定该指标的参考区间是双侧区间还是单侧区间。若一个指标过大、过小均属异常，则相应的参考区间既有上限又有下限，是双侧参考区间。符合正态分布的数据，参考区间通常采用 $\bar{x} \pm 1.96s$ 表示，不符合正态分布的数据应采用 2.5% 和 97.5% 百分位数表示。若一个指标仅有过大属异常，则此指标的参考区间只有上限，是单侧参考区间；若一个指标仅有过小属异常，则此指标的参考区间只有下限，也是单侧参考区间。对于符合正态分布的数据，单侧上限 95% 区间通常为 $\bar{x}+1.645s$，单侧下限为 $\bar{x}-1.645s$，不符合正态分布的数据采用百分位数法定义 95% 参考区间。

试设计建立甲胎蛋白（AFP）单侧参考区间。

附：免疫试剂盒说明书基本要求

免疫试剂盒是一类以抗原 - 抗体反应为基础，对目标待测物进行检测的体外诊断试剂。按照我国《体外诊断试剂注册与备案管理办法》的要求，所有检测试剂盒必须提供说明书。免疫试剂盒说明书应包括以下基本内容。

【产品名称】

1. 通用名称　通用名应当符合《体外诊断试剂注册与备案管理办法》中的命名原则。《中国生物制品规程》收载的品种，其通用名、英文名应与《中国生物制品规程》一致。

2. 商品名称　同时标注通用名称和商品名称时，应当分行，不得连写，并且商品名称的字数不得大于通用名称的两倍。不得使用夸大、断言产品功效的绝对化用语，不得违反其他法律、法规的规定。

【包装规格】

注明可测试的样本数，如 ×× 测试 / 盒、×× 人份 / 盒、××ml。

【预期用途】

详细说明产品的预期用途，如定性或定量测定、筛查、自测、确认等。说明与预期用途相关的临床适应证背景情况，说明相关的临床或实验室诊断方法等。

【检验原理】

详细说明实验原理、方法，必要时可采用图示方法描述。

【主要组成成分】

1. 产品中包含的试剂组分　包括：①说明名称、数量，每个组成成分在反应体系中的比例或浓度，如果较易影响操作，应提供其生物学来源、活性及其他特性。②明确说明不同批号试剂盒中各组分是否可以互换。

2. 产品中不包含，但为该实验必需的试剂组分，生产企业应列出此类试剂的名称、纯度，提供稀释或混合方法及其他相关信息。

3. 标准品（校准品）和质控品　包括：①注明主要组成成分及其生物学来源；②注明标准品（校准品）的定值及其溯源性；③注明质控品的允许范围。

【储存条件及有效期】

1. 说明产品的储存条件，如2～8℃、-18℃以下，防止冷冻等。其他影响稳定性的条件如光线、湿度等也必须说明。如果打开包装后产品或工作液的稳定性不同于原包装产品，则打开包装后产品或工作液的储存条件也必须注明。

2. 有效期　说明在规定储存条件下的有效期。如果打开包装后产品或工作液的稳定性不同于原包装产品，则打开包装后产品或工作液的有效期也必须注明。

【适用仪器】

说明可适用的仪器，并提供与仪器有关的所有信息以便帮助用户能够作出选择。

【样本要求】

应在以下几方面进行说明：①在样本收集过程中的特别注意事项；②为保证样本各组分稳定所必需的抗凝剂或保护剂；③已知的干扰物；④能够保证样本稳定的储存、处理和运输方法。

【检验方法】

为保证实验的正确进行，应在以下几方面对实验每一步进行详细说明：

1. 试剂配制　各试剂组分的稀释、混合及其他必要的程序。

2. 必须满足的实验条件　如pH、温度、每一步实验所需的时间、波长、最终反应产物的稳定性等。实验过程中必须注意的事项。

3. 校准程序（如果需要）　标准品（校准品）的准备和使用，标准曲线的绘制方法。

4. 质量控制程序　质控品的使用、质量控制方法。

5. 实验结果的计算　包括对每个系数及对每个计算步骤的解释。如果可能，应举例说明。

【参考值（参考区间）】

说明参考值（参考区间），并简要说明参考值（参考区间）的确定方法。

【检验结果的解释】

说明可能对实验结果产生影响的因素；说明在何种情况下需要进行确认实验。

【检验方法的局限性】

说明该检验方法的局限性。

【产品性能指标】

说明该产品的主要性能指标。

【注意事项】

注明必要的注意事项，如本品仅用于体外诊断等。如该产品含有人源或动物源性物质，应给出具有潜在感染性的警告。

【参考文献】

注明引用的参考文献。

【生产企业】

指该产品的生产企业，按下列方式列出：企业名称、地址（须标详细地址；注册地址和生产地址不同的，应分别列出）、邮政编码、电话和传真号码、网址。进口产品还应有售后服务单位的名称、地址、联系方式。

【医疗器械生产许可证编号】

境内医疗器械生产企业应注明生产企业许可证编号。

【医疗器械注册证书编号】

注明该产品的注册证书编号。

【产品标准编号】

注明该产品的产品标准编号。

【说明书批准日期及修改日期】

注明该产品说明书的批准日期。如曾进行过说明书的变更申请，还应该同时注明说明书的修改日期。

由于免疫试剂盒产品种类繁多，说明书基本要求不能涵盖所有使用该类产品的特殊情况，对于特殊情况，可以另行增加相关条目。

（牛 倩）

附 录

附录1 免疫学实验常用试剂的配制方法

一、常用缓冲溶液

1. 磷酸盐缓冲液（PBS）

pH	1mol/L K_2HPO_4/ml	1mol/L KH_2PO_4/ml
5.8	8.5	91.5
6.0	13.2	86.8
6.2	19.2	80.8
6.4	27.8	72.2
6.6	38.1	61.9
6.8	49.7	50.3
7.0	61.5	38.5
7.2	71.7	28.3
7.4	80.2	19.8
7.6	86.6	13.4
7.8	90.8	9.2
8.0	93.2	6.8

注：混合两种1mol/L贮存液后，用蒸馏水稀释至1 000ml。

2. pH 9.6的0.05mol/L碳酸盐缓冲液（包被稀释液）

Na_2CO_3	1.6g
$NaHCO_3$	2.9g
NaN_3	0.2g
加蒸馏水至	100ml

3. pH 7.2的0.015mol/L PBS

NaCl	6.8g
Na_2HPO_4	1.48g
KH_2PO_4	0.43g
加蒸馏水至	1 000ml

4. pH 7.4的0.01mol/L PBS

KH_2PO_4	0.2g
$Na_2HPO_4 \cdot 12H_2O$	2.9g

KCl	0.2g
NaCl	8g
Tween 20	0.5ml
加蒸馏水至	1 000ml

注：加蒸馏水至 500ml，配制 pH 7.4 的 0.02mol/L PBS

5. Hanks 液（无 Ca^{2+}、Mg^{2+}）配制法

NaCl	4.0g
KCl	0.2g
$Na_2HPO_4 \cdot 12H_2O$	0.06g
KH_2PO_4	0.03g
葡萄糖	0.5g
双蒸水	500ml
1% 酚红液	1ml

将上述成分混合后溶解，113℃灭菌 15 分钟，于 4℃冰箱保存，临用前用无菌的 3% $NaHCO_3$ 调 pH 至 7.2～7.4。

6. pH 8.6 的 0.05mol/L 巴比妥缓冲液

巴比妥	1.84g
巴比妥钠	10.3g
加蒸馏水至	1 000ml

7. pH 5.6 的 0.2mol/L 乙酸 - 乙酸钠（HAC-NaAC）缓冲液

（1）0.2mol/L 冰乙酸

冰乙酸	11.6ml
加蒸馏水至	1 000ml

（2）0.2mol/L 乙酸钠

无水乙酸钠	16.4g
加蒸馏水至	1 000ml

（3）pH 5.6 的 0.2mol/L HAC-NaAC 缓冲液：取 0.2mol/L 冰乙酸 0.9ml 加入 0.2mol/L 乙酸钠 9.1ml，混匀。

8. pH 7.4 巴比妥缓冲液（BBS）

（1）贮存液

NaCl	85g
巴比妥	5.75g
巴比妥钠	3.75g
$MgCl_2$	1.017g
无水 $CaCl_2$	0.166g

上述逐一加入热蒸馏水中溶解，冷却后加蒸馏水至 2 000ml，过滤，4℃条件下保存。

（2）应用液：贮存液 1 份加入蒸馏水 4 份，当日配用。

9. pH 8.4 的 0.1mol/L 硼酸盐缓冲液

四硼酸钠（$Na_2B_4O_7 \cdot 10H_2O$）	4.29g
硼酸（H_3BO_3）	3.40g

溶解后加蒸馏水至1 000ml，用G3或G4玻璃滤器过滤。

10. PEG-NaF稀释液

PEG 6000	4.1g
NaF	1.0g

溶于pH 8.4的0.1mol/L硼酸盐缓冲液100ml中。

11. pH 8.2的0.01mol/L甘氨酸缓冲盐水

甘氨酸	0.751g
浓HCl溶液（12mol/L）	
双蒸水（或pH 6.4～7.0的PBS）	

将浓盐酸用双蒸水稀释为1mol/L，0.751g甘氨酸溶解于60ml双蒸水中，用1mol/L盐酸调pH为8.2，补加双蒸水定容到100ml，此溶液为0.1mol/L pH 8.2甘氨酸，放于4℃冰箱内保存，使用双蒸水稀释为0.01mol/L。

12. 红细胞裂解液

（1）原液1号

葡萄糖	10g
KH_2PO_4	0.6g
Na_2HPO_4	1.48g
5g/L酚红溶液	20ml
加双蒸水定容至	1 000ml

（2）原液2号

$CaCl_2 \cdot 2H_2O$	1.86g
氯化钾	4.0g
NaCl	80g
$MgCl_2$	1.04g
$MgSO_4 \cdot 7H_2O$	2.0g
加双蒸水定容至	1 000ml

（3）应用液

原液1号	10ml
原液2号	10ml
加双蒸水定容至	100ml

二、常用染色试剂

1. 瑞氏染液

瑞氏染料	1g
甲醇（AR）	600ml

先称1g干燥瑞氏染料放置于研钵内，充分研磨至细粉末，加少许甲醇溶解、研磨，将上层液体倒入清洁棕色瓶内（最好用甲醇空瓶），再加甲醇研磨，重复数次，至乳钵内染料及甲醇用完为止，摇匀，密封瓶口，存于室温下暗处。

2. 吉姆萨染液

吉姆萨染料（粉末）	0.75g

甲醇（AR） 50ml

甘油（AR） 50ml

先取吉姆萨染料 0.75g 放入研钵中，逐渐倒入甘油研磨，置于 55～60℃水浴中 1.5～2 小时后，加入甲醇 50ml，静置数日，过滤后（或不过滤）即成吉姆萨染液原液。临染色前，于 10ml 蒸馏水中加入上述吉姆萨染液原液 1ml，即成吉姆萨染液。

3. 瑞吉 - 吉姆萨染液

瑞吉染液 5ml

吉姆萨染液 5ml

双蒸水（或 pH 6.4～7.0 PBS） 6ml

三者混匀即成，如有沉淀出现，则须重新配制。

4. 台盼蓝染液

（1）2% 台盼蓝（Trypan-blue）水溶液

台盼蓝 2g

蒸馏水 100ml

将台盼蓝 2g 放入研钵中，边研磨边加蒸馏水溶解，滤纸过滤后置于 4℃冰箱保存。

（2）PBS（pH 7.4 的 0.02mol/L PBS）

（3）台盼蓝染液：临用前取 2% 台盼蓝水溶液和 0.02mol/L pH 7.4 的 PBS 等量混合，以 2 000r/min 离心 10 分钟，取上清供染色用。混合后的染液存放过久易出现沉淀，故应新鲜配制使用。

三、酶联免疫吸附试验常用试剂

1. 酶标用洗涤液配制 将 Tween 20 按终浓度 0.05% 加入 pH 7.4 的 PBS 中，充分混匀，制成 PBS-Tween 20 溶液。

2. 酶标用稀释液配制 将牛血清白蛋白（BSA）按终浓度 1% 加入 pH 7.4 的 PBS 中，充分混匀，制成 1%BSA-PBS 溶液。

3. HRP 显色底物溶液配制

（1）底物液 A［3，3′，5，5′- 四甲基联苯胺（TMB）］

TMB 200mg

无水乙醇 100ml

加双蒸水至 1 000ml

（2）底物液 B（缓冲液）

Na_2HPO_4 14.6g

柠檬酸 9.33g

0.75% 过氧化氢尿素 6.4ml

加双蒸水至 1 000ml

调 pH 至 5.0～5.4

4. OPD-H_2O_2 溶液（HRP 显色底物溶液）

（1）邻苯二胺（OPD）稀释液

19.2g/L 柠檬酸 48.6ml

71.7g/L $Na_2HPO_4 \cdot 12H_2O$ 51.4ml

（2）OPD-H_2O_2 溶液

OPD	40mg
OPD 稀释液	100ml
30% H_2O_2	0.15ml

5. DAB 溶液（HRP 显色底物溶液）　3，3′- 二氨基联苯胺（DAB）6mg 溶于 50mmol/L pH 7.6 的 Tris 溶液 10ml，滤纸过滤。并加 30% H_2O_2 10μl。

6. 2mol/L H_2SO_4（ELISA 终止液）

98% H_2SO_4（18mol/L）	100ml
双蒸水	800ml

先取双蒸水 600ml，将 98% H_2SO_4 100ml 缓慢滴加并不断搅拌，再加入 200ml 双蒸水，共 900ml。

四、其他试剂

1. 饱和硫酸铵溶液

硫酸铵	767g
加蒸馏水至	1 000ml

将 767g 硫酸铵边搅拌边缓慢加到 1 000ml 蒸馏水中，用稀氨溶液或硫酸调 pH 至 7.0，此即饱和度为 100% 的硫酸铵溶液（4.1mol/L，25℃）。

2. Alsever 溶液

葡萄糖	2.05g
柠檬酸钠	0.89g
柠檬酸	0.05g
氯化钠	0.42g
3% 碳酸氢钠（3% $NaHCO_3$）	适量
蒸馏水	100ml

用无菌的 3% $NaHCO_3$ 调 pH 至 7.2～7.4，113℃灭菌 15 分钟，置于 4℃冰箱保存。

附录 2　临床免疫实验室主要检测技术平台和检验项目

一、临床免疫实验室主要检测技术平台

1. 免疫浊度技术及自动化免疫比浊仪
2. 固相酶免疫分析技术及自动化酶免疫分析仪
3. 化学发光免疫分析技术及全自动化学发光免疫分析仪
4. 免疫荧光技术及时间分辨荧光免疫分析仪和荧光显微镜
5. 流式细胞技术及自动化流式细胞仪
6. 免疫电泳技术及电泳分析系统
7. 固相膜免疫分析技术及胶体金试纸
8. 免疫凝集分析技术及自动化血型分析仪

9. 放射免疫分析技术及γ计数仪

10. 免疫组织化学技术

二、临床免疫实验室开展的常见检验项目

1. 乙型肝炎标志物检查 乙型肝炎表面抗原（HBsAg）、乙型肝炎表面抗体（HBsAb）、乙型肝炎 e 抗原（HBeAg）、乙型肝炎 e 抗体（HBeAb）、乙型肝炎核心抗体（HBcAb）、乙型肝炎核心抗体 -IgM（HBcAb-IgM）、乙型肝炎病毒外膜蛋白前 S1 抗原（Pre-S1Ag）、乙型肝炎病毒外膜蛋白前 S1 抗体（抗 -PreS1）、乙型肝炎病毒外膜蛋白前 S2 抗原（PreS2Ag）、乙型肝炎病毒外膜蛋白前 S2 抗体（抗 -PreS2）。

2. 肿瘤标志物检查 甲胎蛋白（AFP）、癌胚抗原（CEA）、总前列腺特异性抗原（t-PSA）、游离前列腺特异性抗原（f-PSA）、神经元特异性烯醇化酶（NSE）、CYFRA21-1、CA125、CA19-9、CA15-3、CA-242、异常凝血酶原（PIVKA-Ⅱ）。

3. 甲状腺功能检查 游离 T_3（FT_3）、游离 T_4（FT_4）、总 T_3（TT_3）、总 T_4（TT_4）、促甲状腺激素（TSH）。

4. 性激素测定 促卵泡激素（FSH）、雌二醇（E_2）、黄体生成素（LH）、催乳素（PRL）、孕酮（PRO）、睾酮（TES）、人绒毛膜促性腺激素（hCG）。

5. 类风湿关节炎检查 类风湿因子（RF）、抗角蛋白抗体（AKA）、抗环瓜氨酸肽（CCP）抗体、抗脱氧核糖核酸酶（ADNase-B）。

6. 免疫球蛋白检查 免疫球蛋白 A（IgA）、免疫球蛋白 E（IgE）、免疫球蛋白 G（IgG）、免疫球蛋白 M（IgM）、免疫球蛋白 E（IgE）、IgG1 亚型、IgG2 亚型、IgG3 亚型、IgG4 亚型、κ轻链（KAP）、λ轻链（LAM）。

7. 肾功能监测 尿微量白蛋白（MA）、尿免疫球蛋白（IgU）、尿转铁蛋白（TRU）、α_1- 微球蛋白（A_1M）、α_2- 巨球蛋白（A_2G）、β_2- 微球蛋白（β_2-MG）。

8. 炎症状态监测 白蛋白（ALB）、α- 酸性糖蛋白（AAG）、抗胰蛋白酶（AAT）、铜蓝蛋白（CER）、C 反应蛋白（CRP）、触珠蛋白（HP）、抗链球菌溶血素 O（ASO）。

9. 肝脏疾病检查 抗胰蛋白酶（AAT）、抗凝血酶Ⅲ（ATⅢ）、铜蓝蛋白（CER）、补体 C3（C3）、补体 C4（C4）、免疫球蛋白 A（IgA）、免疫球蛋白 M（IgM）、尿转铁蛋白（TRU）。

10. 补体测定 补体 C3（C3）、补体 C4（C4）、总补体效价测定（CH_{50}）。

11. 贫血检查 叶酸（FA）、维生素 B_{12}（$VitB_{12}$）、血清铁蛋白（SF）。

12. 糖代谢测定 C- 肽（C-P）、胰岛素（INS）。

13. 抗中性粒细胞抗体测定 抗中性粒细胞胞质抗体（胞质型，cANCA）、抗中性粒细胞胞质抗体（核周型，pANCA）、抗蛋白酶 3 抗体（PR3）、抗髓过氧化物酶抗体（MPO）。

14. 抗可提取性核抗原（ENA）抗体测定 抗 Sm、抗 ulRNP、抗 SSA、抗 SSB、抗 SCL-70、抗 JO-1、抗核糖体 P 蛋白。

15. 自身抗体测定 抗核抗体（ANA）、抗着丝点抗体（ACA）、抗平滑肌抗体（SMA）、抗心肌抗体（AHA）、抗线粒体抗体（AMA）、抗胃壁细胞抗体（APCA）、抗骨骼肌抗体（ASA）、抗 ds-DNA 抗体、抗角蛋白抗体（AKA）、抗甲状腺球蛋白抗体（TG）、抗甲状腺微粒体抗体（TPO）、抗胰岛细胞抗体、抗卵巢抗体、抗子宫内膜抗体（EMAb）、抗蛋白酶 3（PR3）抗体、抗髓过氧化物酶抗体（MPO）、抗心磷脂（ACL/ACA）抗体、抗 β_2- 糖蛋白 1（β_2-GPI 1）抗体、抗内皮细胞抗体（AECA）、抗肾小球基底膜抗体（GBM）、抗骨骼肌抗体（ACh-R）、慢

性炎症性肠病自身抗体（CIBD）、抗精子抗体（ASAb）、抗胰岛细胞/抗谷氨酸脱羧酶抗体（ICA/GAD）、抗谷氨酸受体抗体（NMDAR）、抗磷脂酶 A2 受体抗体（PLA2R）、抗肝肾微粒体抗体（LKM）、抗可溶性肝抗原/肝-胰抗原抗体（SLA/LSP）、SP100 抗体。

16. TORCH 检查 弓形体抗体 IgM/IgG、风疹病毒抗体 IgM/IgG、巨细胞病毒抗体 IgM/IgG、单纯疱疹病毒Ⅰ型抗体 IgM/IgG、单纯疱疹病毒Ⅱ型抗体 IgM/IgG。

17. 梅毒螺旋体抗体测定 甲苯胺红不加热血清试验（TRUST）、梅毒螺旋体明胶颗粒凝集试验（TPPA 试验）、梅毒螺旋体抗体酶联免疫吸附试验（TP-ELISA）、荧光梅毒螺旋体抗体吸收试验（FTA-ABS 试验）。

18. EB 病毒抗体测定 EB 病毒衣壳抗原 IgA 抗体、EB 病毒早期抗原 IgA 抗体、EB 病毒 Rta 蛋白 IgG 抗体、EB 病毒衣壳抗原 IgM 抗体、EB 病毒衣壳抗原 IgG 抗体、EB 病毒早期抗原 IgG 抗体、EB 病毒核抗原 IgG 抗体、EB 病毒衣壳抗原 IgG 抗体亲和力。

19. 呼吸道感染病原体检查 八项呼吸道感染病原体 IgM（嗜肺军团菌、肺炎支原体、肺炎衣原体、腺病毒、呼吸道合胞病毒、甲型流感病毒、乙型流感病毒、副流感病毒）、五项呼吸道感染病原体 IgM[肺炎支原体（MP）、肺炎衣原体（CP）、腺病毒（ADV）、呼吸道合胞病毒（RSV）、柯萨奇病毒 B 组]、肺炎支原体抗体总抗体、肺炎支原体抗体 IgM。

20. 阿尔茨海默病相关生物标志物测定 阿尔茨海默病相关神经丝蛋白（AD7C-NTP）、人β淀粉样蛋白 1-42（Aβ1-42）、人磷酸化 tau-181 蛋白。

21. 其他常见病原体抗体测定 甲型肝炎病毒抗体、丙型肝炎病毒抗体、丁型肝炎病毒抗体、戊型肝炎病毒抗体、HIV 抗体、结核分枝杆菌抗体、沙眼衣原体抗体、登革病毒抗原与抗体、人 T 淋巴细胞白血病病毒抗体、细小病毒 B19 抗体。

22. 细胞免疫功能检查 总 T 淋巴细胞（$CD3^+$）、辅助性 T 细胞（$CD3^+CD4^+$）、抑制性 T 细胞（$CD3^+CD8^+$）、自然杀伤细胞（NK 细胞）、抑制细胞诱导亚群（$CD4^+CD45RA^+$）、辅助细胞诱导亚群（$CD4^+CD29^+$）、杀伤细胞亚群（$CD8^+CD28^+$）、抑制细胞亚群（$CD8^+CD28^-$）、活化 T 细胞（$CD3^+$/HLA-DR^+）、静止 T 细胞（$CD3^+$/HLA-DR^-）、活化 B 细胞（$CD3^-$/HLA-DR^+）。

23. 其他 肥达试验、外斐反应、冷凝集试验、嗜异性凝集试验、降钙素原测定、布鲁氏菌凝集试验、唐氏筛查实验等。